영어의 세계속으로

역사 · 문화 · 어원 산책

| **일러두기** |

1. 인명, 지명, 작품명은 한글 맞춤법 외래어 표기법에 따라 표기했으며, 브리태니커 백과사전을 참조했다.
2. 용어에 대한 영어표기는 본문에 함께 표기하였다.
3. 본문에서 사용한 부호와 기호의 뜻은 다음과 같다.
   - 저서, 신문, 잡지 : 《 》
   - 개별작품, 논문, 기사 : 〈 〉
   - 강조와 인용 : ‘ ’, “ ”

영어의 세계속으로

역사 · 문화 · 어원 산책

박영배 지음

KM 경문사

책 머리에

창세기 11장에는 "온 땅의 언어가 하나요, 말이 하나이었더라."라는 구절이 나온다. 노아의 홍수 이후에 바빌로니아 땅의 시날 평야에 정착한 노아의 후손들은 성읍과 탑을 쌓아 그 꼭대기를 하늘에 닿게 하려고 하였다. 그리하여 이들은 "우리 이름을 내고 온 지면에 흩어짐을 면하자." 고 하였다.

하느님이 이들을 보시고 "그들의 언어를 혼잡케하여 그들로 서로 알아듣지 못하게" 하고자 하였다. 그 후, 이들은 성 쌓기를 그쳤고 그 이름을 바벨Babel이라고 하니, 여호와께서 거기서 온 땅의 언어를 혼잡케 하였고 그들을 온 지면에 흩어지게 하였다고 기록되어 있다.

우리에게 익숙한 바벨탑의 이야기이다. 전 세계에는 5천여 개의 언어가 존재한다. 그러나 전 세계에서 사용되는 언어 중에서 영어만큼 광범위한 분야에 걸쳐 쓰이고 있는 언어는 드물 것이다. 정치, 경제, 사회, 문화는 물론 항공분야, 스포츠, 연예, 오락, 영화산업 그리고 컴퓨터 첨단정보산업이나 심지어는 전쟁에 이르기까지 영어는 우리의 일상생활 깊숙이 들어와 있다.

영어의 세계화globalisation라는 말은 1960년대에 들어와 오늘날 우리가 쓰는 의미로 이미 사용되기 시작하였다. 1980년대 중반 영국 BBC에서 방영된 다큐멘터리 시리즈 〈영어이야기〉를 만든 필자 중의 한 사람인 로버트 맥크럼R. McCrum은 그의 최근 저서 〈글로비시Globish〉에서 영어의 세계화는 구텐베르크이래 최대의 IT 혁명과 더불어 500년 만에 인류가 마주한 가장 총체적인 사회변화를 계속해서 촉진해 왔다고 쓰고 있다.

21세기의 사무엘 존슨Samuel Johnson이라고 일컫는 웨일즈 태생의 영어 학자 크리스털D. Crystal은 현실적으로 영어가 세계어가 되기 위해서는 그 나라의 정치적인 힘, 즉 군사력이 중요한 역할을 한다고 주장한다. 이 말은 역사가 증명하고 있다. 2천여 년 전 그리스어가 중동지방에서 국제적인 의사소통을 위한 언어가 아니었던가? 플라톤과 아리스토텔레스의 지성知性때문만이 아니었다. 알렉산더 대왕이 휘두른 창과 방패 덕분이었다. 라틴어가 유럽 전역에 널리 퍼진 원인은 무엇이었는가? 로마제국의 강력한 군대 덕분이다. 아랍어가 북아프리카와 중동에서 널리 쓰인 것도 8세기 무어족의 군사력과 함께 퍼진 이슬람교 덕분이다. 기원 43년 로마는 바다건너 섬나라 영국을 정복하고 로마로 철수하기까지 360여 년간 영국에 라틴어를 퍼뜨렸다. 로마의 군사력 덕분이었다.

라틴어가 섬나라 영국에서 사용되고 있을 때 영어는 존재하지 않았다. 영국에서 영어가 쓰인 것은 로마가 본국으로 철수하고 나서도 300년이 훨씬 지난 뒤의 일이다. 당시 영어는 오늘날 우리가 사용한 영어와는 전혀 딴판인 발음과 철자, 문법을 가진 고대영어Old English였다. 고대영문학의 백미白眉로 일컫는 베오울프Beowulf라는 영웅서사시는 마치 우리나라 고대 시가인 향가鄕歌를 읽는 것과 같은 느낌을 갖게 한다. 8세기 초 영국에서 맨 처음 쓰이기 시작한 영어는 오랜 세월동안 끊임없이 변천하면서 전 세계로 퍼져나가 현재 우리가 쓰는 것과 같은 다양한 모습을 띤 영어로 탈바꿈하였다.

영어의 역사에는 영국 왕실의 역사가 진하게 배어 있다. 군웅할거 하던 고대 영국을 바이킹족으로부터 수호한 앨프레드Alfred 이후 엘리자베스 2세 여왕에 이르는 오늘날까지 영국 왕실은 영어의 역사와 더불어 영화榮華와 부침浮沈을 거듭해 왔다. 세계 제2차 대전 이후 미국의 막강한 군사력, 정치력에 힘입어 미국영어가 급부상하면서 이제 미국영어는 영어의 세계화에 중요한 몫을 담당하고 있다.

한 때 해가 지지 않는 나라로 20세기 초까지 막강한 해군력을 자랑하고 도처에 식민지를 거느렸던 영국인의 언어인 영국영어는 오랜 역사와 문화 그리고 전통으로 인해 그 맥을 면면히 이어져 내려오고 있다.

이 책은 모두 3부로 이루어져 있다. 〈제1부〉는 영어에 대한 다양한 이야기를 담고 있다. 영미영어의 차이에서부터 흑인영어, 영화를 통한 영어의 이해, 어원과 만화, 문화표현의 차이, 지명과 은유적 표현, 영어를 통한 그리스 · 로마신화, 셰익스피어 영어, 피진 · 크리올어에 이르기까지 영어와 관련된 여러 가지 이야기를 통해 영어의 다양한 모습을 전달하려고 하였다. 지구상에는 우리가 흔히 알고 있는 영미영어와는 전혀 다른 유형의 영어를 사용하는 나라와 그 사용자가 있음을 아는 것도 세계어로서의 영어를 전반적으로 이해하는데 도움이 될 것이다.

〈제2부〉는 영어의 어원에 관한 이야기이다. 알파벳의 역사에서부터 잡지 magazine라는 말이 영어에 들어온 유래, '단두대'를 발명한 사람의 이름을 따서 만든 길로틴guillotine을 비롯하여 영어에 등장하는 수많은 고유명사의 유래, 중세 연금술사에 의해 탄생한 '연금술사의 돌philosopher's stone'이란 말은 무엇을 뜻하는지, 영화로 만들어져 큰 인기를 얻은 프랑켄슈타인이란 말은 어떻게 해서 괴물이 되었는가, 요즘 많이 쓰는 멘토Mentor에 대한 흥미로운 이야기, 히야신스 hyacinth라는 꽃이 탄생하게 된 슬픈 사연은 무엇인지, 사관생도를 일컫는 cadet라는 말의 복잡하고 신기한 유래, '바보, 백치'를 뜻하는 cretin이 한 때 '그리스도인'이라고 불렸던 이유는 무엇이었는지, 고릴라gorilla가 탄생하게 된 우습고 신비스러운 이야기, doctor가 '의사'라는 의미로 쓰이게 된 사연, 궁전을 뜻하는 palace와 로마 황제 네로에 얽힌 재미있는 사연, 우편집배원postman이 '로맨스를 일깨워 주는 사람'이란 의미로 쓰이게 된 사연 등, 영어 어휘가 지닌 흥미진진한 어원과 역사가 이 안에 담겨 있다.

〈제3부〉는 영국의 왕실에 관한 이야기이다. 영어를 전혀 못한 노르만왕조의 초대 왕이었던 윌리엄과는 달리, 영어를 프랑스어 대신 모국어로 사용한 헨리 4세, 당당한 체구에 멋진 붉은 머리털을 지니고 여섯 명의 아내를 거느렸던 헨리 8세, '피의 메리'로 불린 메리 여왕의 불운한 삶, 셰익스피어의 열렬한 후원자였던 엘리자베스 1세, 참수형을 당한 찰스 1세, 런던화재 때 직접 나서서 불을 끈 찰스 2세, 울음을 그치지 않았던 울음보 메리 2세, 농부 조지란 별명을 얻은 조지 3세, 왕가의 명칭을 윈저로 바꾼 조지 5세, 평민인 심슨부인과 결혼, 자유분방한 생활을 하다 암으로 죽은 조지왕의 아들, 에드워드 8세, 지독한 애연가였던 조지 6세 등, 앨프레드 왕부터 윌리엄 1세의 후손인 엘리자베스 2세 여왕에 이르기까지 영국의 왕과 여왕에 얽힌 잘 알려지지 않은 이야기를 모아서 엮었다.

이 책이 만들어지기까지 멋진 삽화와 사진, 그리고 산뜻한 표지디자인으로 예쁜 책을 만드느라고 수고를 아끼지 않은 편집진 여러분의 노고에 감사드린다.

2013년 11월
취송서실(翠松書室)에서
박영배

차례

이야기

이야기

CONTENTS

3 영국의 왕과 여왕의 이야기

CONTENTS

1 영어 이야기

여기에 실린 글은 2000년 3월 24일부터 7월 21일까지 4개월에 걸쳐 조선일보에 인기리에 연재되었던 〈영어 이야기〉를 깁고 고쳐서 쓴 글이다. 영어 이야기는 일반인들을 위해 영어가 지닌 다양한 속성을 보여주고 영어에 대한 일반인들의 그릇된 관심을 바로잡아 영어를 올바로 이해하자는 취지로 연재되었다. 여기에 실린 내용은 지면관계로 연재물에서 빠진 부분을 보충하면서 내용 전반에 걸쳐 부족한 부분을 깁고 다듬어 정리한 것이다.

01

A Story of English

영국 영어와 미국 영어

표현부터 뉘앙스까지

표현부터 뉘앙스까지 차이, 여행자용 영미英·美 사전도 등장

한국 사람이 영국을 처음 방문한다. 런던 히드로 공항에 내려, elevator 승강기lift와 subway 지하철underground을 찾지 못해 순간적으로 당황할 것이며 apartment 아파트flat에서 first floor 1층 ground floor을 찾느라고 다소 고생할 것이다. 요크에 있는 친구를 만나러 가려고 round trip ticket 왕복표return ticket를 끊을 때 창구에서 순간적으로 혼란을 일으킬 것이다.

한국 사람들이 흔히 접하는 영어는 사실 미국 영어다. 영국 현지에서 쓰는 영어와는 다른 점이 적잖아, 여행자를 위한 영미(영국어 ↔ 미국어) 포켓 사전까지 있을 정도다. 그러나 위 이야기는 다소 과장된 점이 없지 않다. 기본적으로 영국 영어에 익숙한 사람은 미국 영어에도 익숙하니까.

세계 공통어는 미국식美國式 영어

한마디로 영어라고 하지만, 이제 세계 10억 인구가 사용하는 세계 공통어(lingua franca, 링구아 프랑카)로서의 영어는 한 가지가 아니다. 16세기 엘리자베스 여왕 1세 치하에서 프랜시스 드레이크경Francis Drake(1540~1595)이 스페인 무적함대를 무찌르고 제해권을 장악하면서 영어는 신대륙과 아프리카, 아시아로 제국의 언어를 전파했고, 18세기 이후 수많은 형태와 억양의 영어를 만들며 명실상부하게 링구아 프랑카로 자리 잡았다. 영국 영어와 미국 영어가 다르고 또 호주, 캐나다, 인도, 아프리카, 그리고 동남아 영어가 모두 특색 있는 억양과 어휘로 이루어진다.

프랜시스 드레이크경

20세기 미국의 성장은 링구아 프랑카로서 영어의 지위를 더욱 확고하게 하며, 동시에 미국 영어가 영국 영어보다 더 많이, 더 널리 쓰이는 상황을 만들었다. 미국이 노르망디 상륙 작전으로 제2차 세계 대전을 승리로 이끌면서, 그리고 인터넷으로 세계를 정복하면서, 21세기 초 링구아 프랑카는 영어 중에서도 미국 영어다.

영국 영어와 미국 영어는 위에 예로 든 것처럼 아예 단어가 다른 것부터, 철자법 차이, 한 단어를 다른 뉘앙스로 쓰는 것까지 다양한 차이가 있다. 예를 들어, quite라는 어휘는 영국 영어에서는 부정적이거나 중립적인 의미를 가지고 있는 반면, 미국 영어에서는 긍정적인 의미로 쓰여, 'it was quite good.' 에서 quite를 강조하여 말하면 '다소somewhat, rather' 란 의미로 쓰이는 데 비해, '매우very, extremely' 란 뜻을 나타내지는 않는다. 미국 영어의 기반은 16세기 신대륙 이민자들이 가져간 셰익스피어와 밀턴John Milton(1608~1674)의 영어다. 그러나 독립 전쟁 후, 국가 의식이 확고해진데다 사전 편찬자 웹스터의 영향으로 영국 영어와는 다른 독특한 어법과 발음, 철자 및 표현이 발전하게 된다.

세련된 표준 영어 구사해야

영국 영어의 표준 발음이라고 불리는 용인발음Received Pronunciation: RP은 대학 교육을 받은 사람이라면 방언 악센트 없이 구사할 수 있어야 한다. 소위 'BBC 영어'가 바로 이것으로, 사회적인 의미가 크다. 'BBC 영어'는 영국의 사립학교(영국에서는 public school이라고 함)에서 가르치는 표준 영어로서, 영국이 2차 세계대전이 일어나기 전 인도를 비롯한 식민지(후에 영연방) 국가에도 전파한 '용인발음'에 의한 영국식 표준 영어다. RP를 구사하는 영국인은 전체 영국인구의 3%에 불과하나, 그 영향력은 대단해서 신세계(미국)를 찾아 맨 처음 미국에 건너간 청교도들이 정착했던 북동부 여러 주에서는 오늘날에도 영국식 표준 영어가 쓰이고 있고, 1930년대 할리우드 영화계에서는 미국 상류층의 배역을 맡은 배우들이 우아하고 멋진 영국식 표준 말씨를 구사했다. 뉴욕의 금융가로 손꼽히는 월가와 매디슨가에서는 1950년대 주요 고객을 모시기 위해 회사 중역들이 한때 영국 출신의 비서를 고용한 적도 있었다.

미국 영어에는 용인발음 같은 표준 발음이 없는 대신 일반 미국 영어(General American: GA)라는 것이 있다. 방송에서 표준으로 삼는 영어(미국 영어)는 GA와 뉴잉글랜드 방언의 중간 성격인 내륙 북부 방언이다.

영어를 외국어로 배우는 우리로선, 영국 영어냐 미국 영어냐는 전혀 중요하지 않다. 저속한 표현 대신 품위 있고 세련된 영어, 그리고 교양인으로서 표준 영어를 구사할 수 있는 능력을 키우는 것이 무엇보다도 중요하다.

02

A Story of English

세계 각국의 영어

나라마다 악센트 발음차이

호주와 뉴질랜드 영어

2천여 년 전 북서유럽 해안에 흩어져 살던 오늘날 영국인의 조상 앵글로색슨 민족. 로마 역사가 타키투스Tacitus는 이들을, 대지의 여신에 희생물이 된 7개의 부족 가운데 하나라고 기록했다. 이들의 언어가 오늘날 전 세계에 널리 퍼져 쓰일 줄 아마 상상도 못했으리라.

영국과 미국 이외에 영어를 모국어로, 제2언어로, 또는 외국어로 사용하고 있는 나라는 전 지구에 퍼져있다. 이들 세계 각국 영어는 영어가 전래된 시기와 발원지, 현지 원어와의 관계에 따라 상당히 다른 양상을 보인다. 남반구에 위치한 호주와 뉴질랜드는 영어가 모국어다. 두 곳 다 원류는 영국 영어이다.

오래 전 일인데, 시드니 공항에서 필자를 태운 택시 기사가 친절하게 말을 걸어왔다. "디쥬 캄 투다이?" 투데이today를 호주에서는 투다이로 발음한다. 런던 토박이 사투리cockney다. 필자의 귀에는 "죽으러 왔느냐?"로 들렸다. 그러나 요즘은 미국 영어의 영향이 눈에 띠게 늘어나고 있으니, 이런 말도 더 듣기 어려울지 모르겠다.

뉴질랜드는 호주보다는 다소 늦은 1790년 무렵, 유럽 무역상들이 정착하기 시작했다. 영국의 전통과 가치 선호가 호주에서보다 더 강하게 나타나는 뉴질랜드 영어는 그래서 더 영국적이다. 남반구 영어 인구는 두 나라 합쳐 2400만 명이다. 동남아시아 영어도 독특하기로 손꼽힌다.

인도, 영어구사력은 신부감을 고르는 필수 조건

영어 사용 인구로 말하면 인도는 미국과 영국 다음으로 세계 3위다. 1600년 영국이 동인도 회사를 만들어 인도에 온 이래 1947년 인도가 독립할 때까지 350년 가까이 인도를 통치하는 동안 영어는 정부, 행정, 법률과 교육은 물론 매스미디어와 여행에 이르는 사회 전 분야에 걸쳐 주요한 언어가 됐다.

공식적으로는 힌디어Hindi가 공식 언어이나 '신부감' 필수 조건으로 영어 구사력을 꼽을 정도로 영어는 인도에서 '준 공식 언어' 대접을 받고 있다. 인도 영어는 특유의 악센트에 [r] 발음이 강해, 영국 표준영어와는 또 다른 느낌이다. 1960년대 이후 인도 작가 나라얀Narayan을 중심으로 '영어의 인도화Indianization'가 주창되기도 했다. 미국 영어가 발전을 거듭하여 오늘에 이른 것처럼 인도 사람은 영미영어를 흉내 내지 말고 인도인 악센트로 영어를 말하자는 운동이다.

싱가포르 영어 · 홍콩 영어

이것은 싱가포르나 홍콩 영어에도 그대로 적용된다. 필자가 80년대 중반 런던대학에서 연구하던 당시 만난 홍콩대학 영문과 중국인 교수의 영어는 광둥어 악센트가 강력히 실린 것이었다. 싱가포르는 중국인, 인도인, 말레이인 등 다인종 사회로, 이들을 하나로 결속시키는 데 영어가 큰 힘을 발휘한다. 1950년대에 싱가포르에서는 이중언어교육제도bilingual educational system가 도입되고 중국어, 말레이어, 타밀어와 함께 영어가 주요 언어로 쓰였으나, 정부와 법률 및 교육 언어는 다름 아닌 영국식 영어였다.

한 조사에 의하면 싱가포르인 중 40세 이상은 27퍼센트가, 15~20세의 젊은이들은 87퍼센트가 영어를 듣고 이해할 수 있다고 한다. 한국식 영어Korean English는 어떤가? 한국식 엉터리 영어Konglish를 말하라는 것이 아니라, 한국인 특유의 악센트와 발음이 부끄러워 주눅들 필요가 없다는 것이다. 의사소통에 지장이 없는, 그리고 품위 있고 적절한 표현을 할 수 있는 영어를 구사한다는 범위 안에서 얼마든지 가능하다. 그런 의미에서 인도 영어처럼, 우리 실정에 맞는 한국 영어 구사력이 필요한 때다. 원어민의 영어를 지나치게 모방하려는 것 또한 문제가 아닐까?

아프리카 영어

우간다나 나이지리아에서 온 영어 교사들을 만나 얘기하다 보면 아프리카 영어의 특징을 알 수 있다. 이들은 back과 bag을 거의 구분하지 못한다. 그래도 말은 통한다. 나이지리아만 해도 아프리카에서 가장 많은 9천 만이 넘는 인구에다 200~400개나 되는 토착어가 쓰이는 나라다. 영어를 아는 인구는 전체의 사분의 일에 지나지 않으나, 정부, 상업, 매스 미디어, 교육에 영어가 공용어로 쓰이고 영자 신문도 10개나 된다. 문학작품은 모두 영어로 출판되고 있다. 나이지리아 영어는 영국식 발음을 선호하고 있으나, 토착어의 영향을 받아 발음과 어형, 문법이 영미영어와는 많이 다르게 쓰인다. 가령, /p/와 /f/를 혼동하거나(토착어 중의 하나인 하우사어(Hausa)에 /p/가 없음), 동사의 시제표시를 하지 않는다. 관사(an, the)를 생략하거나 잘못 사용하는 일도 흔하다. 토착어인 요루바어Yoruba의 영향으로 남녀 구분없이 Fellow라는 말을 쓰는 것도 흥미롭다.

우리가 미국인이나 영국인처럼 영어를 유창하게 말할 수 없다고 해서 기죽을 필요는 전혀 없다. 그들에게야 특별한 노력이 필요 없는 모국어 아닌가!

03

A Story of English

미국 흑인 영어
아프리카 식 표기 · 발음

영가靈歌 통해 남부서 북부로 퍼져

필라델피아는 미국에서 가장 오래된 흑인 자유 지역 사회 중 하나다. 이곳 도서관협회에는 1820년대 흑인 중산층의 특징을 엿볼 수 있는 풍자만화가 보존되어 있다. 백인들이 그린 것이지만, 자세히 들여다보면 I'll tank you for anudder cup(한잔 더 주시면 좋겠네요); None but the brave deserve de fair(용감한 자만이 미인을 차지할 수 있는 법) 같이, 당시 흑인들이 쓰던 영어가 잘 나타나 있다. 발음, 철자도 틀리고, 인칭과 시제 등 문법도 틀린 영어들이다.

흑인 영어가 Ebonics로

요즘 언어학자들 사이에는 이것도 영어의 한 유형variety으로 인정하자는 견해가 높아지는 추세다. 흑인 영어를 적법하게 인정하여 학교에서 가르치고 있는 곳도 미국의 여러 도시에 산재해 있다.

15세기 중엽부터 노예무역에 종사했던 포르투갈인과 스페인인들은 아프리카인들을 Negro라고 불렀다. 이 말은 '검나'를 뜻하는 라틴어 niger에서 온 말이다. 이 모욕적인 말은 1960년대에 전개된 미국 흑인들의 공민권운동을 통해 black이라는 말로 바뀌었고 1970년대 이후에는 흑인과 흑인 영어를 Ebonics로

부르기 시작하였다. 아프리카를 상징하는 흑단나무 ebony와 소리를 뜻하는 phonics를 합성한 단어다.

짙은 아프리카 식 악센트를 지닌 갈라영어

조지아 주와 남캐롤라이나 주 연안에서 조금 떨어진 곳에 있는 시아일랜드 제도Sea Islands. 이곳은 오늘날 미국인들에게는 거의 잊혀진 지역이지만, 아프리카와 미국 문화 사이, 흑인 역사의 '잃어버린 고리missing links'를 연결해주는 유서 깊은 곳이다. 이곳에는 17세기 미국으로 건너 온 아프리카 노예들이 300여 년간 변함없이 쓰던 노예영어slave English 흔적이 아직도 남아 있다. 그것이 곧 갈라Gullah 영어이다. 이 섬에 흩어져 사는 약 25만 명의 흑인들은 아프리카적인 요소를 가장 많이 간직하고 있는 이 영어를 아직도 사용하고 있다. I gwine; I getting ready; he fat 등. 이들은 oyster를 ashter, crab를 rusty, they를 dey, that을 dat이라고 부른다. 짙은 아프리카 식 어투와 악센트다.

흑인 영어의 생생한 표현, 미국 영어에 그대로 남아

흑인 영어연구의 권위자인 미국의 딜러드Dillard교수는 영국 소설가 찰스 디킨스를 인용, 19세기 말까지 미국 남부 상류층 여인들은 흑인들과 똑같은 영어를 구사했다고 얘기하고 있다. 미국인에 대한 조롱이 담긴 디킨스의 이 과장된 말 속에 흑인 영어의 진실이 숨어있다. 19세기 후반 남부 흑인 문화는 북부 산업 도시로 급속히 퍼져 나갔다. 주로 음악을 통해서였다. 흑인들이 부르던 초기 영가에

서 재즈와 블루스를 거쳐 소울, 그리고 최근의 랩에 이르는 광범위한 음악 영역에서 흑인들이 만들어낸 수많은 생생한 영어 표현은 백인 영어에 고스란히 흡수되고 있다.

저항과 반항의 세월이 남긴 흑인 영어의 진실

미국 내 흑인 영어를 가장 잘 나타내고 있는 것은 ghetto(흑인 빈민가를 이르는 말) 영어다. 발음도 다르지만, 뜻도 정반대이거나 전혀 다른 경우가 많다. fierce를 '뛰어나다'로, fresh를 '좋다'로, wack을 '우둔한'이라는 뜻으로 쓰는 것이 대표적 예다. That's bad는 That's good의 의미로 써야 흑인사회에서는 의사가 서로 통한다. 저항과 반항의 세월이 만든 흑인 영어의 특성이다. 그러나 영어를 외국어로 배우는 우리의 입장은 분명하다. 비록 흑인 영어가 역사적으로 미국 영어에 많은 영향을 끼쳤고, 그것까지 알아들을 수 있으면 좋겠지만, 우리가 표준으로 배워야할 영어는 아니다.

04

A Story of English

표준영어

중세 런던의 '공문서公文書 영어'가 모체

현대 표준영어의 기원은 중세 영국 영어, 그 중에서도 런던영어에서 찾을 수 있다. 14세기 중엽 프랑스어와 라틴어가 영국에서 서서히 사라지면서 새로운 형태의 표준어 사용을 필요로 하기 시작했다. 런던 영어를 표준화된 단일 언어로 채택하려는 기대가 높아지면서 왕들이 정부기관이나 재판소에서 쓰이는 영어를 표준영어로 쓰는 정책을 취하기 시작했는데 이것이 곧 오늘날 영국 표준영어의 모체가 된 공문서 영어Chancery English로, 1700년에 이르러 현재 모습으로 정리된다.

당시 표준영어는 교육받은 상류층 런던 주변지역 사람들의 언어로 가장 훌륭한 언어로 간주되었다. 사립학교public school에서 표준영어로 교육받은 엘리트들이 옥스퍼드대학과 캐임브리지대학을 거쳐 사회 지도적 위치에 진출하면서 영국 표준영어는 정치, 사회, 경제적으로 영향력을 끼치는 소수 지도그룹의 영어가 되었다. 이 시절 영어는 메이플라워호를 타고 신대륙에 상륙한 정착민들에 의해 미국에 이식되었고, 지금도 매사추세츠 플리머스 지역에 가면 관광객을 위해 이 영어를 말해주는 것을 볼 수 있다.

투박한 런던 사투리에서 품위 있는 표준영어로

'표준' 이라는 용어는 1980년대 이후 널리 논의되기 시작하였고 특히 영국에서는 초중등학교 교육과정에서 이 문제에 큰 관심을 보였다. 문법적으로는 시제와 인칭을 일치시키고, 전치사를 정확히 사용하는 것이 중요하며 발음은 지방의 억양이나 흐림이 없어야 하는 등 교육에 의해 만들어지는 것이 표준영어다. 영화 '마이 페어 레이디'는 투박한 런던 사투리를 품위 있는 표준영어로 바꾸는 과정을 재미있게 보여주는 예다.

표준영어와 지역영어의 차이

표준영어는 한 국가 내 소수 그룹(뉴스캐스터 등)이 실제로 사용하는 영어로, 일종의 위신prestige을 지닌다. 미국의 언어학자 슬레드James Sledd는 "정치, 사회적으로 세력과 영향력을 지닌 사람들이 사용하는 영어가 표준영어"라고 말한다. 그만큼 표준영어가 사회적으로 중요하다는 이야기다. 학자들은 BBC 영어나 the Queen's English라고 하는 것을 표준영어의 한 유형으로 간주한다.

표준영어와 지역 영어는 어떻게 다른가? 몇 가지 예를 들어보자.

- I were going down the road. We was going down the road. (표준영어로는 I was, we were이나 방언에서는 동사의 과거형이 혼동됨)
- She gave it her friend. (표준영어에서는 She gave it to her friend. 또는 She gave her friend it.)
- The water was dripping out the tap. (표준영어에서는 out 대신 out of)
- Will you buy me two pound of apples? (표준영어로는 pounds. 그러나 표준영어에서도 ten-mile walk, thousand-meter race와 같이 복수 명사를 쓰지 않는 표현도 있다)
- Leave your things here while you come back. (영국 북부 지역 방언. 표준영어로는 while 대신 until)

05

A Story of English

음성학적 특징

News, 영국식으로는 '뉴스', 미국식으로는 '누스'

영국 표준영어의 발음에는 몇 가지 뚜렷한 음성학적 성격이 있다.

맨 처음에 오는 r(예: read, ring, real)이나 모음으로 시작하는 단어 앞에 오는 경우(예: far away)를 제외하고는 'r'을 전혀 발음하지 않는다. lord, burden, George, sir, dear, bother, mother 등은 각각 로드, 버든, 조지, 써어, 디어, 바더, 마더라고 굴림 없는 발음을 하게 된다. 미국에서는 동부, 남부 일부 지역에서 영국 표준 발음처럼 r을 발음하지 않고 묵음화 하기도 하지만, 대개 혀를 굴려 'r'를 발음하는 것이 대세다.

BBC 방송 진행자의 발음에서도 들을 수 있듯이 영국 표준영어의 음성적 특징이 그대로 드러나는 것은 모음에서다. 몇 가지 특징적 예를 들자면, 18세기까지만 해도 영미 영어에서 똑같이 발음하던 plant, grass, dance, chance, can't, pass, fast, answer의 a는 영국 표준영어에서 [아]로 발음하지만, 미국 영어에서는 [애]로 발음한다. simultaneously, albino, candidate, anti-의 i는 미국 영어에서는 이중 모음 [아이]으로 발음하나 영국 표준영어에서는 단모음 [이]으로 발음한다. laboratory, adversary, hereditary는 영국 표준영어에서는 두 번째 음절을 강하게 읽어야 하나, 미국 영어에서는 그와는 달리 첫 음절을 강하게 읽는다. news, duke, duty와 같은 단어도 표준영어에서는 반모음 [j]를 넣어 'ju'로 발음하나 미국 영어에서는 단모음 'u'로 발음한다. 예를 들면, news가 영국 영어로는 '뉴스'지만, 미국 영어로는 '누스'로 들리는 것이다.

영국 표준영어의 특징

또 하나, 영국 표준영어의 음성적 특징은 letter, water, better, writing에서 t를 유성음화하지 않고 무성음 그대로 발음한다는 것이다. 따라서 '레터', '워터', '베터', '롸이팅'과 같이 발음하게 된다. 이와는 달리, 미국 영어에서는 /t/가 유성음화되어, writing과 riding이 귀로는 구분하기 어렵다.

영국 표준영어와 미국 영어의 음성학적 차이는 단어 하나하나에서뿐 아니라 문장 전체에서도 나타난다. 예를 들어 Are you sure?란 문장을 보자. 영국 표준영어에서는 are와 sure에 강세를 두고 'r'을 발음하지 않는 "아유 슈어 (↗)"로 발음해야 하나 미국 영어에서는 문장 끝부분만 강세를 두어 올려 "아 (ㄹ)유 슈어(ㄹ) (↗)"라고 하게 된다. 'My hobby is collecting stamps.' 같은 경우, 영국 표준영어에서는 세 박자로 읽지만 미국 영어에서는 두 박자로 읽는다.

세계 표준영어에는 회의적

그렇다면, "세계 표준영어World Standard English"가 존재할 수 있을까? 이러한 물음에 대해 영어학자들은 회의적이다. 인터내셔널리즘과 정체성identity 두 가지 요소가 충돌요인이 된다고 보고 있다. 그러나 우리처럼 영어를 외국어로 배우는 입장에서는 영국 영어든 미국 영어든 표준영어를 배워야 하는 것은 당연하다. 영어를 외국어(또는 제2언어)로 배우는 나라들은 표준영어 또는 표준화된standardizing 영어를 보급하기 위해 끊임없이 노력하고 있다.

06

A Story of English

철자와 발음의 차이 (1)

• • 필자가 중학교에 다니던 때는 영어 참고서라고는 교과서 밖에 없던 시절이었다. 영어 교과서에 나오는 영어 단어 하나, 문장 하나로 그대로 금과옥조金科玉條로 여기던 때였으니 지금 생각해도 영어 학습에 많은 변화가 일어난 것 같다.

영어 단어를 배워 나가면서 철자는 똑같은데 발음은 여러 가지로 다르게 하는 것이 당시로서는 필자에게 매우 신기하면서도 흥미롭게 보였으니까 말이다. city와 can의 c는 똑같은 철자이면서도 왜 다르게 발음되는 걸까? host의 [h]는 발음이 되는 반면, honest의 [h]는 왜 발음이 안 되는 걸까? author와 either의 [th]는 왜 각각 다른 발음으로 내야 할까? head와 forehead의 head는 똑같은 철자이면서 왜 발음은 다르게 내야 할까? 그야말로 궁금한 것이 꼬리에 꼬리를 물고 나타나서 10대 시절의 필자를 흥분케 하고 잠 못 이루게 하였다.

Wednesday라는 단어는 철자와 발음이 일치하지 않아서 필자를 괴롭히던 많은 단어 중의 하나였다. 이 단어를 외우기 위해 우선 철자대로 [웨드네스데이]로 읽어 철자를 익힌 다음, 원 발음대로 [웬스데이]로 읽던 기억이 아직도 새롭다.

영어와 달리, 우리말에서는 똑같은 철자라도 소리의 길고 짧음으로 뜻을 구별한다. '눈에 눈이 들어가니 눈물이냐, 눈물이냐' 에서 두 번째 '눈:' 과 '눈:물' 은 눈雪, snow이란 뜻이므로 길게 발음해야 한다.

철자 그대로 발음하는 것도 좋지만, 발음을 잘못하면 큰 낭패를 보는 경우가 적지 않다는 것은 외국을 여행하는 이들이 자주 느끼는 일이다.

영국의 런던에 온 한국인이 한국에서 인기가 있는 골프채를 사러 백화점에 갔다. 진열된 골프채를 보더니 자기가 찾던 혹카이 골프채라고 반가와 하더란다. 웬 난데없이 일본 말인가 했는데 알고 보니 골프채에 매hawk의 눈eye이 그려진 hawk eye였단다.

영어는 대체로 철자와 발음이 일치하는 경우가 많지만, 그 차이가 큰 경우도 적지 않아서 영어를 처음 배우는 이들에게는 이것 때문에 영어 학습에 곤혹스러움을 겪는 경우가 종종 있다. 영국의 런던에 가면 지하철역 이름 중에 발음을 어떻게 해야 할지 어리둥절하게 만드는 것들이 있다. Holborn, Leiceister, Norwich와 같은 단어는 철자대로 발음되지 않는다. 참고로, 이 세 단어는 각각 [호-본], [레스터], [노리지]로 발음된다.

캐나다의 토론토에도 동서와 남북으로 뚫린 지하철역 이름 중에 Spadina, Younge, Mississauga 등과 같은 이름들이 있다. 철자만 보면 발음하기가 만만치 않을 것이다. light, lad, low의 [l], milk, film, dole의 [l], 그리고 palm, psalm, almond의 [l]은 모두 음색을 달리하여 발음해야 하며, often, soften, fasten 등과 같은 단어에서 often의 [t]는 발음이 되기도 하고 뒤의 두 단어처럼 묵음이 되기도 한다. 그런가하면, break와 breakfast에 나오는 break는 각각 발음이 다르고, clap과 clapboard의 clap 또한 발음이 전혀 다르다.

어디 그뿐인가. through, enough, thought, although, thorough와 같은 단어에 나오는 ough의 발음은 그야말로 천차만별이다. 영국의 런던 중심을 흐르는 강과 미국의 코네티컷 주에 있는 강 이름인 Thames의 발음이 각각 다르다는 사실을 아는가? bagel, guard, ghost, vogue, fatigue에 나오는 [g]의 발음과 gene, surgeon, region, badge, spinach에 나오는 [g/ch]의 발음, 그리고 genre, garage, rouge, prestige에 나오는 [g]의 발음에 이르면 영어 철자와 발음사이에는 커다란 차이가 있음을 알게 된다.

그러면, 영어의 철자를 학습할 때 어떻게 하는 것이 좋은 방법일까? 영어의 철자는 언뜻 복잡하고 혼란스러워 배우기가 힘든 것 같으나, 철자와 발음사이에 일정한 원칙(규칙)이 있다는 것을 알면 그렇게 어렵지 않다. 이 원칙은 하루아침에 학습할 수 있는 것이 아니라 오랜 기간 동안 노력하면서 얻을 수 있는 것이다. 철자 그대로 발음연습을 하는 것은 일시적으로는 효과가 있을지 모르나 장기적으로는 잘못된 언어습관을 기를 뿐이다.

07

A Story of English

철자와 발음의 차이 (2)

묵음 · 철자법 프랑스어 영향 많아

영어 철자와 발음의 차이가 심각하다는 것은 버나드 쇼George B. Shaw(1856~1950)의 재미있는 예화가 잘 증명해준다. 영국의 극작가인 쇼는 영어 철자가 어느 정도로 불규칙한가를 ghoti라는 철자의 발음으로 제시하고 있다. 이 무의미한 단어의 발음은 fish와 발음이 똑같다. gh(enough), o(women), ti(nation)의 해당 철자 발음을 합성해 만든 것이다. 쇼는 영어를 규칙적으로 쓸 수 있는 40개의 새로운 알파벳을 만든 작가로도 유명하다.

영국의 문호 셰익스피어는 생전에 자기 마음대로 세 가지의 서명을 만들어 쓰고, 성性도 Shakspere, Shakspeare 등 오늘날 우리가 쓰는 표준 철자인 Shakespeare와는 다른 두 가지 철자로 사용하였다. 당시만 하더라도 고유 명사의 철자가 고정되어 있지 않았던 것이다.

오늘날 우리가 사용하는 영어 철자는 실제로 천 년이 넘는 오랜 기간에 걸쳐 변천해 온 영어의 역사를 그대로 반영하고 있다. 노르만족이 영국을 정복한 후 250여 년간 프랑스어가 영국의 국어가 되면서 철자도 프랑스어 식으로 많이 바뀌었다. 영어의 cw-가 프랑스식 qu-로 바뀐 것이 대표적인 예로, queen, quick가 바로 그 결과다. 고유 토착영어인 niht(밤, 夜)같은 단어도 h 대신 gh로 바뀌었다. 묵음 또한 프랑스어 영향이다.

receipt영수증, debt빚, doubt의심 같은 단어는 프랑스어 receite, dette, doute에서 각각 들어왔지만, 여기 라틴어 영향으로 p와 b가 끼어들어 현재와 같은 묵음으로 남게 됐다.

발음과 철자의 거리는 점점 더 멀어져

15세기말 인쇄술이 유럽 대륙에서 영국에 도입되면서 철자는 비교적 안정되었으나, 이 시기에 발음은 또 다시 커다란 변화를 겪었다. 가령, name의 [a]는 11세기까지만 해도 "아-"라고 길게 발음하던 단어였으나 15세기에 들어와서 현재와 같은 [에이]발음으로 변했다.

영국에서도 근 1세기에 가까운 철자개혁운동이 일어났지만, 아직도 영어의 철자는 쇼Shaw의 유언과는 달리 발음과는 점점 더 거리가 멀어져가고 있다.

08

A Story of English

영어는 왜 세계어가 되었을까? (1)

영어 사용인구의 대부분, 북미지역의 미국인이 차지

16세기 이전만 하더라도 영어는 세계어라는 지위를 차지하지 못하였다. 이 당시 전 세계에서 영어를 모국어로 사용하는 인구는 5~7백만 명 정도에 불과하였고 영국의 본토와 주변의 여러 섬에 거주하는 이들이 대부분이었다. 그러나 엘리자베스 1세의 통치가 끝나가는 무렵1603에서 엘리자베스 2세의 통치가 시작되는 시기1952에 이르는 350년 사이에 영어 사용인구의 수는 거의 50배 가까이 증가하여 2억 5천만 명에 이르게 되고, 이들 대부분이 영국을 벗어난 지역에 거주하였는데, 이들의 대다수는 북미지역에 거주하는 미국인들이었다.

인구수보다는 강한 정치력, 경제력이 뒷받침

언어 사용인구의 수를 세계어가 되기 위한 척도로 삼는 것은 물론 무의미하다. 그 좋은 예가 한 때 로마제국의 언어로 쓰인 라틴어이다. 로마제국시대에 라틴어가 세계어가 된 것은 이들이 지배한 주변 속국들의 인구보다 로마의 인구가 훨씬 더 많아서 된 것이 아니었다. 로마의 힘, 즉 군사력이 강했기 때문이었다. 로마의 힘이 강했을 때에는 라틴어가 유럽 전역에서 사용되었으나, 후에 로마의 군사력이 쇠약해지면서 라틴어 또한 약해져서 오늘에 와서는 군사력이 아닌 로마 가톨릭 교회의 힘 덕분에 교육 분야에서 세계어로서 명맥을 유지해 오고 있다. 정치력 특히 강한 군사력을 바탕으로 한 민족이 사용하는 언어는 세계어가 될 확률이 높다. 여기에는 물론 강한 경제력이 뒷받침되어야 한다. 영어는 오랜 역사를 통해 이런 사실을 잘 설명해 주고 있다.

로마인의 언어인 라틴어가 영국에서 먼저 쓰여

2만 년 전 혹은 이십 만 년 전에 이 지구상에서 맨 처음 쓰인 말이 어떤 것이었는지는 기록이 남아 있지 않아서 정확히 알 수 없다. 그러나 적어도 지금으로부터 1600년 전으로 거슬러 올라가 본다고 하더라도, 영어라고 불리는 언어는 그때까지 이 지구상에 존재하지 않았다. 기원 후 5세기 초 로마인이 영국을 정복한 후 360여 년간 영국을 지배하면서 로마의 발달된 문명이 영국에 들어오고 로마인의 언어인 라틴어가 영국에서 쓰이게 된다. street, beer, butter, cheap, mile, wine 등과 같은 영어의 어휘는 이 시기에 라틴어에서 영어에 들어와 오랜 세월동안 쓰이면서 영어의 모습으로 변한 것들이다.

09

A Story of English

영어는 왜 세계어가 되었을까? (2)

영어 이전에 루운 문자가 영국에서 쓰여

영어가 세상에 비로소 등장한 것은 기원 후 5세기 중엽 로마인들이 그들 나라로 철수하면서 오늘날 영국인의 조상이 된 앵글로색슨족이 북해를 건너 영국으로 침략해 들어오면서부터이다. 앵글로색슨족은 영어를 들여온 것이 아니라 신비로운 문자로 된 루운 문자runes라는 것을 가져다가 한동안 사용하였다. 20세기에도 루운 문자는 신비와 상상의 세계를 묘사하는 이야기에 종종 사용되고 있다.

《반지의 제왕》을 쓴 톨킨J.R.R.Tolkien(1892~1973)은 이 소설의 신비스러운 과거를 노르웨이의 전통과 연결시켜 묘사하느라고 애썼는데, 이때 그가 고안한 말이 노르웨이 신화에 나오는 인간의 영역인 미드가드Midgard를 글자그대로 옮겨 만들어낸 중지中地, Middle-Earth라는 말이다.

그 후 고대 영국에서 쓰인 영어는 격case, 수number, 성gender에 따라 현대 독일어처럼 매우 복잡하게 변화하였다. 가령, 성경에 나오는 주기도문Lord's Prayer

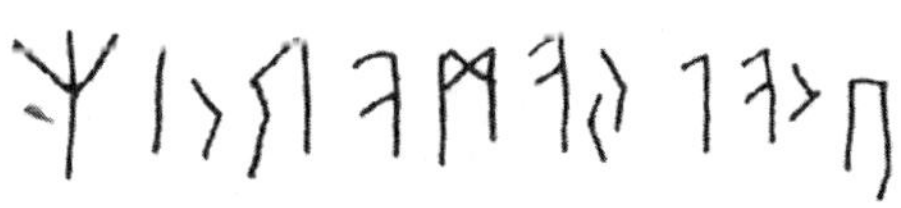

루운 문자

을 고대영어로 적어 놓으면 이 분야에 전문적인 지식이 없는 사람이라면 우선 읽기부터 용이하지 않다는 것을 느낄 것이다.

> Fæder ūre, þū þe eart on heofonum, sīe ðīn nama ġehālgod. Tōbecume ðīn riċe. Ġeweorðe ðīn willa on eorþan swā swā on heofonum. Ūrne ġedæġhwāmlican hlāf sele ūs tōdæġ. And forġief ūs ūre gyltas, swā swā wē forġiefað ūrum gyltendum. And ne ġelǣd ðū ūs on costnunge, ac ālies ūs of yfele, Sōþliċe.

고대영어로 쓰인 주기도문

8세기 중엽 이후 10세기 말에 걸쳐 스칸디나비아반도에 살던 바이킹족이 바다를 건너 영국을 침략하게 되면서 덴마크어, 스웨덴어, 노르웨이어와 같은 여러 스칸디나비아어가 영어에 들어와서 쓰였는데, 이들 언어는 오늘날 Derby, Rugby, Johnson, Stevenson, Thomson에서처럼 영국의 지명이나 인명에 그 흔적이 많이 남아 있다. 우리가 오늘날 영어로 쓰는 대명사 they, their, them이나, 동사 are도 사실은 노르웨이어에서 영어에 가져다 쓴 어휘이다.

11세기 중엽 대륙의 노르만족이 영국을 침략하면서 영어의 모습도 또한 많이 변하게 되었다. 독일어와 같았던 영어의 옛 모습은 많이 사라지고 문장의 구조, 철자, 발음, 어휘, 의미가 이전의 영어 모습과는 상당히 다르게 변하였는데, 아직도 오늘날 쓰이는 현대영어와는 거리가 있었다. 중세영어 시기에는 영어가 다른 언어에 비해 프랑스어의 영향을 가장 많이 받았는데, night, enough, church, house에 엿보이는 *gh*, *ch*, *ou*는 프랑스어의 철자 방식을 따른 것이다.

10

A Story of English

영어는 왜 세계어가 되었을까? (3)

셰익스피어, 영어를 풍요롭게 만든 장본인

15세기 이후 17세기 초까지 이어지는 시기는 영어를 훗날 세계어로 만든 중요한 시기로, 셰익스피어가 활동한 시기이며, 고전어의 부흥이 이루어진 르네상스 시기이며 종교개혁, 코페르니쿠스와 아메리카 발견의 시기였다. 이 시기에 영어를 풍부하게 하는 고전어가 수없이 영어에 유입되었고, 오늘날 쓰이고 있는 수많은 관용어구는 셰익스피어의 작품 속에서 처음으로 발견된 것들이었다. *salad days*(풋내기시절), *It's Greek to me*(나로선 알아들을 수 없는 말), *Brevity is the soul of wit*(간결은 지혜의 정수) 등과 같은 예는 영어에서 많이 인용되고 있는 표현들이다.

영국영어, 신대륙에서 새로운 모습으로 탈바꿈

영국에서 쓰이던 영어는 영국이 스페인의 무적함대를 무찌르고 인도와 파키스탄 그리고 아프리카의 여러 나라를 식민지로 다스리면서 급속히 퍼져 나갔다. 그러나 무엇보다도 영어가 세계어로서 그 지위를 향상시키는 데 크게 기여한 것은 16세기 말 월터 롤리Walter Raleigh의 신대륙 탐험에서 비롯되었다. 후에, 청교도들이 신대륙을 찾아 뉴잉글랜드에 정착하면서 영국영어는 새로운 환경에 적응하

셰익스피어 생가

는 영어의 모습으로 탈바꿈하게 되어 후에 미국 영어의 효시가 되었다. 1790년 최초로 인구조사가 실시된 대륙의 인구는 약 400만에 달했고 그 대부분은 대서양 연안에 거주하였다. 서부개척이 이루어진 1세기 후의 미국의 인구는 5천만을 넘어 대륙 전역에 확산되었다.

19세기 이후 유럽에서 미국으로 건너 온 이민의 수는 폭발적으로 증가하였고 동시에 방대한 수의 신조어와 관용어구가 영어에 도입되어 초기 미국 영어의 사회, 문화적인 요소에 활력을 불어 넣었다. bartender(바텐더), bootleg(밀수), cowboy(카우보이), popcorn(팝콘), stagecoach(역마차), hit the jackpot(크게 성공하다), the real McCoy(진짜)와 같은 것들은 미국적인 영어의 특징을 잘 보여주는 표현이다.

제2차 세계대전의 승리로 군사, 정치, 경제, 문화면에서 미국이 막강한 힘을 과시하게 되면서 20세기 후반의 미국 영어는 전 세계의 비즈니스, 교육, 과학, 정치, 대중음악에 이르기까지 깊숙이 파고들어 널리 쓰이고 있다. 오늘날 영어는 지구상의 어느 다른 언어보다도 풍부한 어휘를 자랑한다. 가령, 웹스터 영어사전에 올라와 있는 영어의 어휘는 45만 단어인데, 옥스퍼드 영어사전에는 61만 5천 단어가 올라와 있다. 그러나 이들 사전에는 20세기 후반 과학의 눈부신 발달로 생겨난 수많은 새로운 어휘들은 상당수 포함되어있지 않다. 일상생활에서 흔히 쓰이는 어휘가 독일어의 18만 4천 단어, 프랑스어의 10만 단어인데 비하면 영어는 20만 단어에 이른다.

버크필드

영어는 다른 언어에 비해 동의어가 매우 풍부하다. 가령, 영어의 house /home, mind/brain, man/gentleman, I wrote/I have written을 프랑스어로는 구분할 수 없다. 스페인어에서도 chairman/president의 구분이 어려우며 이탈리아어에서는 wishful thinking (부질없는 기대)에 대응하는 꼭 맞는 표현이 없다. 이들 언어에는 영어처럼 동의어/반의어의 보고寶庫를 담은 사전*Roget's Thesaurus*이 없다. 영어 이외의 언어를 사용하는 이들 중에는 영어에 이런 사전이 있다는 것조차 모르는 이들이 의외로 많다. 옥스퍼드 영어사전 편찬자의 한 사람으로 유명한 버크필드Robert Burchfield(1923~2004)는 '정치, 사회적인 대변동이 일어나지 않는 한, 영어는 앞으로도 계속 세계어로 쓰일 것이다'라고 말하고 있다.

11

A Story of English

영어를 잘 한다는 것 (1)

굳은 표현 벗어나 '살아있는 영어' 배울 때

실제로 있었던 얘기다. 미국 일리노이 대학에 갓 입학한 한국 학생에게 미국 학생이 다정한 미소를 띠고 다가와 "Hi, What's the good word?" 라고 인사를 건넸다. 영어만큼은 자신 있다고 스스로 자부하던 한국 학생은 얼어버렸다. 꾀를 낸 그는 다른 미국 학생에게 다가가서 "Hello, What's the good word?" 라고 물었지만, 대답을 듣고 더 당황했다. 대답이 "Oh, not much." 였기 때문이다.

우리는 중고교 영어교과서에 나오는 격식화된 영어 표현에 익숙해 있다. 가령, How are you? 라고 물으면 예외 없이 Fine, thank you. And you?라고 묻게 되어 있다. 그러나 실제로는 이보다 훨씬 다양한 표현이 쓰인다. How are you? 외에도 How's it going?이나 How are you doing?, How's everything? 그리고 위에 든 What's the good word? 그리고 친한 사이에서 격의 없이 쓰는 What's up? 까지 친소 관계나 상황에 따라 여러 가지 표현이 있다. 대답도 천편일률로 Fine 이라고 할 것이 아니라 Good, All right, Okay, Not bad 등 다양하다.

영어를 잘 한다는 것은 틀에 박힌 교과서적인 표현을 뛰어넘어 우리가 만나는 상대방의 지위와 신분, 그리고 상황에 알맞는 영어 표현을 구사하는 것이다. 언제 어디서 누구를 만나더라도 항상 똑같은 표현(문체)을 사용하는 것은 어색하지 않은가? 신분과 계층, 친분관계 등에 따라 같은 내용도 전혀 다른 표현이 사용되어야 한다. 언어학자 마틴 주스Martin Joos가 예시하는 사례를 보자. "지금 곧 이층으로 올라가 주세요."를 영어로 한다면, 가장 딱딱한 표현은 Visitors should make their ways at once to the upper floor by way of the staircase. 일 것이고, 일반적인 상황에서는 Time you all went upstairs at once. 그리고 가장 친근한 관계라면 Up you go, chap!이 알맞은 표현이 될 것이다. 차를 권할 때, Would you like some coffee?라고 예의를 차려 공손하게 말하는 경우도 있으나, 친한 사이라면 How about some coffee? 또는 Some coffee?라고 달리 말하는 게 좋은 예다.

영어를 잘 한다는 것은 때와 장소, 그리고 상황 여하에 따라 그때그때 적절한 표현을 사용하는 방법을 알고 있다는 것을 뜻한다. 영어를 외국어로 배우는 우리로서는 문법과 교과서 영어를 기초로 하되, 실생활에서 쓰이는 살아있는 영어 표현을 배우도록 노력해야 할 것이다.

12

A Story of English

영어를 잘 한다는 것 (2)

영문 이력서 못 쓰는 대학생 수두룩

여러 해 전의 일이다. 필자가 캐나다 토론토 대학에서 연구하고 있을 때 그곳에서 중세 철학을 공부하고 있는 한국인을 만났다. 유학 4년이 넘었는데 학업을 끝내려면 아직도 멀었다고 하였다. 직업상, 어느 때 영어가 가장 힘들다고 생각하는지 넌지시 물어 보았더니, 일상생활에서는 별로 불편을 느끼지 못하나 책을 읽고 과제물을 써가는 것이 무엇보다 고통스럽다고 했다. 논리적, 수사적, 문법적으로 좋은 글을 쓰는 일이 가장 힘들다는 것이었다. 영어에서는 구두점이나 쉼표 따위가 매우 중요한 구실을 하기 때문에 그 역시 쉽지 않다고 했다.

영어를 잘하려면 흔히 생각하는 듣기와 말하기 뿐 아니라, 읽고 쓰는 일도 매우 중요하다. 지금까지 우리 영어 교육에서 가장 소홀히 해 온 것은 영어로 글을 쓰는 훈련이었을 것이다. 영어로 된 글을 읽고 영어로 글 쓰는 훈련이 제대로 되지 않은 결과, 영문 이력서 하나 제대로 쓰지 못하는 대학생이 양산되고 있는 것이 오늘의 현실이다. 《영어로 글을 잘 쓰는 요령 *The Elements of Style*》이라는 책을 쓴 스트렁크 2세와 화이트 교수는 명확하면서도 정확하게, 그리고 간결하게 글을 쓰려면 '쓸데없는 말은 빼라! Omit needless words!' 고 외친다.

쓸데없는 말을 빼는 것은 단어 뿐 아니라 철자에도 해당한다. 문법적으로 맞아도, 말하고 쓰기 성가시면 빼버린다.

다음 사례를 보자. 영어에선 단수 명사 소유격에 'S를 붙이는 규칙Charles's friend, Burns's poems이 있다. 찰스 영국 왕세자가 어린 아이였을 때다. 편도선 수술 후 더 타임스 신문은 머리기사로 '찰스 왕자, 편도선 수술하다Charles' Tonsils Out' 라고 썼다. 외과 의사는 왕자의 목에서 편도선tonsils을 떼어냈으나, 더 타임스는 문법 규칙을 수술해 낸 셈이다.

영국이나 미국에서는 초등학교 2학년이 되면 본격적으로 에세이 쓰는 훈련이 시작되며, 학년이 올라갈수록 글쓰기 교육이 한층 더 철저하게 이루어진다. 글을 잘 쓰는데 무엇보다 중요한 훈련은 좋은 글(모델)을 많이 접해서 내면화하는 것이다. 처음에는 재미있고 쉬운 이야기책에서 시작, 점차로 정도를 높여 가는데, 이 과정을 통해 학생들은 영어가 지닌 독창적인 사고와 표현체계를 익히기 위한 논리적이고 수사적인 글쓰기의 기본 요령을 자연스럽게 터득하게 되는 것이다. 우리는 어떤가? 대학입학을 위한 논술시험을 위해 벼락치기로 공부하느라고 어려서부터 체계적이고 논리적인 쓰기 공부를 소홀히 하지 않았던가?

A Story of English 13

영어를 잘 한다는 것 (3)

영어의 중요성 - 날로 커져가

정보산업의 보고寶庫라 일컫는 인터넷과 SNS, 그리고 첨단 커뮤니케이션의 발달로 지구촌이 이웃처럼 매우 가까워진 시대. 인터넷이나 SNS, 트위터, 페이스북을 통해 사람들 간의 관계망을 구축하고, 뉴스와 정보를 주고 받거나, 또는 영어로 쓰여진 국내외 주요 신문기사를 읽는 일에서, 해외에 있는 사업상의 파트너나 거래처와 매일 전자편지email를 주고받는 일, 그리고 회사 안과 밖에서 영어로 화상회의를 진행하거나 영어로 쓰인 중요 문서를 읽고 팩스를 보내는 일에 이르기까지 영어가 이미 우리 생활 깊숙히 파고 들어온 지 오래다.

요즘은 노령화시대다. 주부나 노인들도 시대에 뒤질세라 인터넷을 배운다, 영어를 배운다 하고 온통 난리다. 이처럼 우리 주변에서 영어의 중요성은 날로 커가고 있는데 반해, 우리의 영어 구사능력은 예나 지금이나 변한 것이 별로 없다.

올바른 영어학습법을 알아야

모든 분야의 영어를 다 잘 할 수 있다고 기대하지 마라. 자신이 속한 직장이나 자신과 관련된 분야에서 쓰이는 영어로 듣고, 말하고, 읽고, 쓰는데 지장이 없으면 그것이 곧 영어를 잘 하는 것이다. 즉, 자기 분야의 영어 구사력에 초점을 맞추라는 뜻이다. 이것이야말로 국제화 시대의 올바른 영어 학습방법이다. 그러면, 영어를 잘 하기 위해서는 어떤 마음의 준비를 해야 할까?

무릇 모든 외국어 학습이 그렇듯이, 영어학습도 매일 조금씩 꾸준히 계획을 세워 실천해야 한다. 한 달 동안 공부할 분량을 며칠 사이에 한꺼번에 해치우는 식의 벼락치기 영어공부는 절대 금물이다. 로마가 하루아침에 이루어지지 않은 것처럼, 외국어도 하루아침에 숙달되지 않는다. 외국어 학습에는 무엇보다도 인내와 지구력이 필요하다. 느릿느릿 걸어도 황소걸음Slow and steady wins the race.이란 속담은 영어 학습에 꼭 알맞은 명언이다.

주옥같은 석학들의 명문읽기는 필수

다음으로는 석학들이 쓴 주옥같은 영어 명문名文을 많이 읽어야 한다. 문맥 속에서 자연스럽게 문법을 익히는 것은 물론, 영어의 구조도 파악하며 훌륭한 영어에 접할 수 있어 영어의 참 맛을 알게 되는 묘미를 느끼게 된다. 명문을 읽다가 감동적인 문장이 나오면 통째로 외워라. 적절한 때에 이들 명문을 영어회화에 활용할 수 있는 기회가 올테니 말이다.

영미문화와 관습을 익혀라

영미인들의 정신과 문화 그리고 그들의 전통과 관습이 녹아있는 영어를 잘 구사하려면 먼저 이들의 문화와 관습을 익혀야 한다. 나라마다 문화와 관습이 다르듯이 영어에서 사용하는 표현이 다른 문화권에서는 전혀 쓰이지 않는 경우도 매우 흔하다.

한 가지 사례를 들어보자. 덴마크 태생인 올슨 부인은 덴마크인 비즈니스맨의 아내이다. 이들 부부는 사업상 자주 미국 여행을 하는 편이다. 그녀는 모국어인 덴마크어 이외에 영어, 독일어 및 프랑스어 등 3개 외국어를 말하고 쓰는데 큰 지장이 없다. 그런 그녀가 미국영어를 사용할 때 가장 곤혹스러운 것은 미국인들이 자기에게 안녕하세요?Hello, how are you?라고 인사를 건넬 때이다. 어떻게 대꾸해야할지 모르기 때문이다. 덴마크 문화에는 이러한 인사 표현에 꼭 맞는 표현이 없다. 슈퍼마켓에 가서 점원에게 '안녕하세요?' 라고 물을라치면 그 점원은 하던 일을 멈추고 '아, 글쎄, 우리집 개가 병이 났지 뭐예요. 장모는 쓸개 때문에 고생이 심하고요. 그리고 …' 하면서 끊임없이 수다를 떤다는 것이 그녀의 얘기다. 미국문화와 덴마크 문화의 차이다.

영미인의 유머를 즐겨라

영미인들은 일상생활에서 유머를 매우 즐겨 사용한다. 미국의 레이건 대통령은 재직 시 미국인들이 매우 좋아하는 대통령이었다. 그가 총에 맞아 병원에 입원했을 때 옆에 서 있던 보좌관들을 향해 '여보게, 가게는 누가 돌보나?Hey, fellas. Who's tending the store?' 라고 말했다고 한다. '가게'는 '미국'을 뜻하며 병원에 모두 모여 있으면 누가 미국의 정치를 할 것이냐라는 멋진 유머였다. 외국계 회사에서는 사원을 채용할 때 성적보다는 유머감각이 뛰어난 사람을 오히려 더 선호한다. 공동체 생활에서는 때로 구성원간의 인간관계가 사업의 성패를 좌우하는 중요한 요인이 되는 경우가 많기 때문이다.

실수를 두려워해서는 안 된다. 영어는 외국어이지 모국어가 아니다. 문법과 발음이 다소 어색하면 쉬운 단어와 문장을 써서 천천히 그리고 분명하게 말하면 된다. 외국인과 영어로 말하기 전에 상대방에게 해야 할 말을 충분히 염두에 두고 연습해보는 것도 대화를 성공으로 이끄는 좋은 방법 중의 하나이다.

마지막으로, 영어 학습은 끊임없는 연습이 중요하다. 영어의 달인達人이 된 사람들은 한결같이 자신의 주변을 영어가 쓰이는 환경으로 만들면서 부단한 연습을 통해 상당한 경지에 도달한 사람들이다. 이 말은 아무리 강조해도 지나치지 않다. 어린애가 태어나서 모국어를 배우기까지 5년간 투자한 시간이 27000여 시간인데 비해 우리가 외국어 학습에 투자하는 시간은 놀랍게도 10년간 7천여 시간에 지나지 않는다는 사실을 명심해야 한다.

14

A Story of English

어린이처럼 영어를 배워야

영어를 전혀 못하던 아이

30대 중반의 주부 김 씨는 캐나다의 토론토에 가서 1년 반 동안 비즈니스 스쿨에 다니면서 다섯 살 된 딸아이를 유치원에 넣었다. 딸아이는 처음 두 달 동안은 영어를 전혀 알아들을 수가 없어서 집에만 오면 유치원에 가기 싫다고 졸랐다.

그런데, 두 달이 지나면서 딸아이는 서서히 영어를 알아듣기 시작하고 텔레비전에 나오는 드라마를 이해하기 시작하면서 영어에 흥미를 갖기 시작하였다. 유치원에서는 딸아이에게 일주일동안 읽을 쉬운 동화책을 매주 집으로 보내 주었고 주부 김 씨는 딸아이에게 매 쪽마다 그림과 다섯줄 정도의 영어문장이 들어 있는 캐나다 전래 동화책을 되풀이해서 읽어주었는데, 일주일이 거의 끝나갈 무렵이 되자 딸아이는 이 책의 내용을 거의 이해하는 것은 물론 어휘나 문장을 매우 자연스럽게 암기하더란다. 이 과정에서 엄마는 아이에게 문자 교육은 전혀 시키지 않았다.

자연스럽게 익힌 영어

이런 과정이 1년여 동안 반복되면서 딸아이는 또래의 수준에 맞는 다양한 영어를 말할 수 있는 정도에 접하게 되었다. 얼마 전에 귀국한 필자의 제자가 필자의 연구실을 방문하여 들려준 이야기다. 딸아이는 소리와 문자를 연결시켜주는 이른바 음철학습법phonics에 의한 학습방법이 아니라 듣기와 말하기를 통합하는 언어교육 프로그램에 의해 영어를 자연스럽게 배운 것이다.

인간의 언어능력은 블랙박스

심리언어학자들의 연구에 의하면 인간이 모국어를 가장 자연스럽게 배울 수 있는 적절한 시기는 5~6세에 해당한다고 한다. 이 시기에 이르면 모국어의 구조를 자유자재로 구사하고, 부모나 주위에서 때론 전혀 가르쳐 주지 않은 말도 창조적으로 사용할 수 있는 놀라운 언어능력도 갖추게 된다.

노엄 촘스키

인간의 이러한 언어능력을 가리켜 촘스키N. Chomsky (1928~)라는 미국 MIT의 언어학자는 이미 반세기 전에 '인간만이 언어습득능력'을 본능적으로 지니고 태어났다'고 말한 적이 있다. 이 언어습득능력은 일종의 블랙박스와 같은 것으로 무엇이 그 안에서 인간으로 하여금 언어를 습득케 하는지 아무도 해독할 수 없는 신비스러운 마법의 장치와도 같은 것이다.

어린이처럼 자연스런 학습 환경 조성이 중요

어린이는 태어나서 상당한 기간에 걸쳐 부모와 주위 사람들에게서 모국어를 끊임없이 들으면서 자란다. 아마도 잠자는 시간을 뺀 나머지 시간을 어린이는 이처럼 모국어가 사용되는 환경에 둘러 싸여서, 듣고 나름대로 이해(?)하면서 시간을 보낸다고 해도 지나친 말은 아닐 것이다. 그러다가 어린이는 어느 날 갑자기—그렇다 갑자기—말(모국어를)하기 시작한다. 그가 모국어를 말하기 시작할 때에는 이미 그 어린이의 머릿속에는 모국어의 복잡한 구조가 신기하게도 잘 정리된 채 차곡차곡 쌓여있게 되는 것이다. 이런 현상을 가리켜 우리는 어린이의 모국어 문법체계가 비로소 구조화되어 있다고 말한다.

다섯 살에서 초등학교 취학 전인 일곱 살 사이의 어린이들은 영어를 배우기에 매우 좋은 조건을 골고루 갖추고 있다. 토론토가 아니더라도 이들에게 영어를 배울 수 있는 최적의 환경을 만들어주고 적절한 학습방법을 활용할 수만 있다면 주부 김 씨의 딸아이가 학습한 과정을 그대로 이곳에 재현해 놓을 수 있다. 최적의 환경이란 어린이가 영어를 자연스럽게 익힐 수 있는 편안한 학습 환경을 만들어주는 것이다. 어린이 방 안에 영어 단어나 그림, 사진 등을 걸어 둔다거나 하여 어린이가 흥미를 느낄 수 있는 영어로 사방의 벽을 온통 장식하는 것이다. 한편, 어린이가 오디오로 듣거나 비디오로 영상을 보며 자연스럽게 영어를 따라 말할 수 있게 해주는 것이다. 마치 어린이가 부모나 주위 사람들에게서 무의식적으로 모국어의 구조를 익히듯이 자나 깨나 영어에 푹 빠지게 해주는 것이다. 이 시기의 어린이들은 엄마의 역할에 크게 좌우된다.

엄마는 아이에게 훌륭한 언어교사

엄마가 영어로 쓰인 그림 동화책을 되풀이해서 아이에게 읽어 주면 아이는 은연중에 동화책에 나오는 어휘나 문장을 통째로 외우게 되는데, 이것은 암기력이 가장 왕성한 아이에게는 매우 자연스러운 현상이다. 그렇게 해서 영어문장에 나오는 다양한 문법 지식을 아주 자연스럽게 터득해 나가게 된다. 문법교육을 따로 시킬 필요가 전혀 없다. 아이에게 엄마는 훌륭한 교사가 된다. 엄마가 발음이 좋지 않을 경우에는 발음이 정확한 외국인 교사를 통해 기초교육을 시키면 된다. '어릴 때 잘못 배운 영어는 평생 잘못 간다'는 말처럼 그 여파(또는 효과)가 평생을 가기 때문에 어릴 때 잘못 배운 영어 특히 영어발음은 훗날 교정하기 어려운 심각한 문제를 일으킬 우려가 있다. 영국의 수상이었던 Heath는 '히스'도 '히드'도 아니다. th는 우리말에는 없는 소리이다. 이런 발음이 어디 영어에 한둘이던가!

A Story of English 15

영화도 영어교재

영화도 훌륭한 교재, 고급표현 배울 수 있어

영화는 그 나라 언어와 문화를 자연스럽게 이해할 수 있는 매우 좋은 시청각 자료다. 영미문화권에서 만든 좋은 영화를 많이 보는 것은 영어에 대한 감각을 키우는데 아주 효과적인 방법이다.

영화를 영상에 의한 언어라고 한 프랑스의 시인 장 콕토Jean Cocteau(1889~1963)의 말대로, 영화 속 장면 하나 하나는 마치 독립된 문장을 영상으로 바꿔 놓은 것 같다. 잘 선택한 영화 한 편은 영어 책 한 권보다 학습 효과가 훨씬 더 클 수도 있다. 그러나 외설적인 말four-letter words이 난무하며 욕지거리 투성이인 영화로 영어를 배우는 것은 곤란하다. 어떤 영화들은 런던 사투리, 스코틀랜드 사투리, 미국 남부 사투리, 흑인 영어로 점철된 것도 있다. 그러니 어떤 영화가 영미 문화에 대한 이해와 영어 학습에 도움이 되는지 신중하게 고르는 게 우리에겐 무엇보다도 중요하다.

본격적 영미 문화 보여줘야

고급 영국 영어를 들을 수 있는 영국 영화를 꼽는다면, 〈전망 좋은 방A Room with a View〉을 들 수 있다. E. M. 포스터 원작을 영화화, 영국 아카데미상 5개 부문을 수상한 이 영화는 보수적인 가정에서 자란 여성과 진보적인 남성의 사랑 이야기로, 영국 문화와 영국 영어에 익숙하지 않은 우리에게는 놀랍게도 인기가 없었지만, 이 영화만큼 예술적이면서 고급스런 영국 영어로 된 영화도 찾기 힘들다.

미국 문화와 맛깔 나는 미국 영어 표현을 배울 수 있는 좋은 미국영화는 참으로 많다. 그중 하나가 로버트 레드포드 감독이 만든 〈흐르는 강물처럼A river that runs through it〉이란 제목의 영화이다. 미국 몬타나 주를 배경으로 스코틀랜드 이민 목사 가족의 삶과 죽음을 통해 펼쳐지는 이 영화에는 흔한 사랑이야기가 아닌 진정한 삶에 대한 철학이 깔려 있다. 물결 읽는 법과 침묵하는 법을 가르친 아버지를 회상하면서 전개되는 이 영화는 시적인 대사들로 가득하다.

흐르는 강물처럼

詩的 대화의 〈흐르는 강물처럼〉

큰 아들 노먼이 아버지와 주고받는 "바람에 날리는 가장/연약한 꽃 한 송이 조차/눈물로 흘려보내기엔 너무/깊은 사념을 준다"는 대사와 영화 마지막 장면에서 노먼이 블랙풋 강에 플라이 낚시를 던지며 읊는 대사, "어떤 바위 위에는/영겁의 빗방울이 머물고/바위들 밑에는 말씀이 있고/말씀의 일부는 그들의 것이다.On some of the rocks/are timeless raindrops/Under the rocks/are the words/Some of the words are theirs." 같은 구절은 한 편의 명시로도 손색이 없다.

A Story of English

16

어원 알면 더욱 재미있어

영어 어휘는 방대한 차용어로 이루어져 있어

영어의 역사는 차용어의 역사라고 해도 과언이 아니다. 라틴어, 희랍어는 물론 중국, 멕시코 등 다른 많은 언어에서 들여온 각양각색의 방대한 어휘로 가득 차 있다.

금세기의 뛰어난 영어학자 예스페르센O. Jespersen(1860~1943)은 영어가 남성적masculine인 언어라고 하였는데, 이것은 영어가 진취적이라는 말과도 통한다. 영어는 지금도 새로운 개념과 어휘를 끊임없이 만들어내고 있다.

예스페르센

바야흐로 바캉스 계절. 집을 비워놓고 멀리 떠나 휴식을 취한다는 바캉스vacance라는 말은 '텅비우다'란 뜻의 라틴어에서 유래하여 프랑스어에 들어와 '휴가'란 뜻이 되었고 영어에 들어와서는 초서의 《캔터베리이야기》, 셰익스피어의 비극 《햄릿》에서 vacation, vacancy로 쓰이면서 오늘에 이르렀다. 접두사 va-에서 파생되어 생긴 어휘만 해도 vacant비어있는 vacuum진공, vanity허영, vanish사라지다 등 무수히 많다.

오늘날 세계인의 음식이 된 햄버거hamburger의 유래는 자못 흥미롭다. 이 말은 원래 Hamburg steak에서 온 말이다. 1880년대 독일 함부르크 시에서 미국에 대거 들어온 이민(함부르크 인)을 가리키는 말로 쓰였는데, 제2차 세계대전 중 육류가 부족해지자 빵조각이나 롤roll 사이에 다양한 재료를 넣어 만드는 방법이 일반에 알려지면서 엉뚱하게도 hamburger는 Ham과 접미사 -burger로 변신, beef-burger, cheese-burger, pizza-burger 같은 신조어가 생겨났다.

'옳다, 좋다'는 뜻으로 널리 쓰이는 O.K.는 미국 영어에서 비롯된 전형적인 말로서 일상회화는 물론, 상용문이나, 편지에 하루에도 수없이 쓰이고 있다. Is it OK?괜찮아?/They're doing O.K. up there.그들은 거기서 잘 지내고 있어/Will you give this statement your O.K.?이 성명서를 확인해 주시겠어요?/The boss O.K.'d it.주인이 그것을 승인했다. 버트 랑카스터가 주연한 영화의 제목인 〈OK 목장의 결투〉에서 이 말이 유래된 것으로 알고 있는 사람도 많이 있겠으나, 실제로는 그렇지 않다. 이 말은 뉴욕의 한 마을 Old Kinderhook에서 태어난 미국의 부통령 밴 뷰런Martin Van Buren을 대통령 후보로 출마시킨 지지자들이 그의 마을 이름의 첫 글자를 따서 만든 The Democratic O.K. Club에서 유래한 것이다. 밴 뷰런은 후에 미국의 8대 대통령1837~1841이 되었다.

밴 뷰런

현대영어에서 *Nice* to meet you., We had a *nice* time at the party this evening. Have a *nice* trip.에서처럼 우리가 흔히 쓰는 좋은 의미의 nice란 말은 어원을 거슬러 올라가면 복잡한 과정을 거쳐 새로운 의미로 오늘에 이른 역사를 지니고 있다. 원래 이 말은 그리 유쾌한 의미를 지닌 말이 아니었다. nice는 라틴어 nescius 무식한 에 기원을 두고 발원하여 '우둔한' 이란 의미를 지닌 고대프랑스어 nice에서 영어에 들어왔다. 옥스퍼드 영어어원사전에는 이 말의 역사가 잘 기록되어 있다. 즉, 13세기로 거슬러 올라가면 이 말은 '어리석은 stupid', '우둔한 foolish' 이란 의미로 쓰였으나 세월이 흘러가면서 상당히 많은 의미변화가 일어났다. 처음에는 'wanton 변덕스러운', 다음에는 'sly 교활한' 이란 뜻으로 쓰이다가 나중에는 'fastidious 까다로운', 'precise 꼼꼼한', 또는 'critical 꼬치꼬치 캐묻는' 이란 의미로 다양하게 쓰였다. 그러다가 18세기에 이르러 비로소 우리가 오늘날 쓰는 의미를 지니게 된 것이다. 그런데, 오늘날에 와서도 nice는 옛 의미를 그대로 살려 쓰이는 경우도 있다. 웹스터 영어사전을 편찬한 노아 웹스터 Noah Webster는 nice를 'exact 꼭 맞는', 'fine 미묘한' 이란 의미를 지닌 어휘로 그의 사전에 포함시켰다. 오늘날에도 nice distinction, niceties of protocol에 나오는 nice, niceties는 '미세한, 미세(묘)한 차이' 라는 의미로 여전히 쓰이고 있다.

20세기에 들어와서는 유전학과 핵물리학 같은 새로운 학문 분야의 급속한 발달에서 일상생활에 나타난 혁신에 이르기까지 새로운 개념, 새로운 어휘가 속속 등장하였다. 동위원소 isotope, 비타민 vitamin, 페니실린 penicillin, 나일론 nylon, 재즈 jazz, 초음속 supersonic, 비키니 bikini, 팬티 pants 등이 그 대표적인 것들이다. 이들 어휘의 어원을 잘 이해하면 할수록 영어는 우리에게 더욱 흥미 있고 가깝게 느껴질 것이다.

17

A Story of English

만화는 영어의 보물 창고

• • 출장 가는 남편을 전송하면서 아내가 “잘 다녀오세요Good-bye, George.”라고 작별 인사를 한다. 남편은 “잘 다녀오겠소. 곧 편지하리다.Good-bye, Mary. I'll write as soon as I can.”라고 말한다. 대답이 걸작이다. “(너무 바빠 편지 쓸 시간이 없으면) 수표만 써서 보내 줘도 좋겠다Even if you only write a cheque, I'll be happy.”고 답한다. 수표나 편지나 “쓴다write”는데 착안한 간결한 유머다.

THIS WEEK 잡지 표지 (1939년)

1935~1969년 사이에 미국에서 발행된 일간 신문의 일요판 부록으로 나온 잡지 THIIS WEEK에 만화를 기고해 명성을 떨친 유명 만화가 중의 한 사람으로 딕 카발리Dick Cavalli가 있었다. 그가 그린 세 컷짜리 만화에 이런 것이 있다. 어린 주인공Winthrop이 흙투성이가 된 것을 본 여자 친구가 “옛날 속담에 이런 것이 있지. 청결은…You know the old saying, Winthrop, 'Cleanliness is…'”이라고 말하는데, 주인공은 “다 알고 있어. 청결은 거의 불가능하다는 거 말야. 'I know …, Cleanliness is next to impossible'”이라고 자르고 들어온다. 여자

친구가 말하려던 것은 'Cleanliness is next to godliness 청결은 신을 섬기는 일 다음으로 중요해'라는 속담인데, 작가는 이것을 위트 있게 비튼 것이다.

숙어나 문법적 용례도 만화를 통해 얼마든지 접할 수 있다. 북해 유전에서 일하는 영국인이 매일 우유를 배달받고 있다. 하루는, 우유배달부에게 그가 "우유는 필요 없소"라고 말한다. 기를 쓰고 노 저어 왔는데, 필요 없다니! 배달부는 "You could have left a note saying, 'No milk tomorrow.' '내일은 우유가 필요 없소' 라는 쪽지쯤 남겨 놓았더라면 좋았을텐데요."라고 말한다. 우유 배달부가 유전까지 우유를 배달하는 일은 없을 터. 영국인들이 대체로 여유만만하다는 것을 익살맞게 표현한 것이다. "could have+과거분사"라는 가정법과 익살을 동시에 배울 수 있는 기회다.

등장인물 통해 영미인의 유머와 기지를 자연스럽게 배워

영자 신문이나 잡지에 연재되는 만화에는 등장인물을 통해 나타나는 영미인의 유머와 촌철살인의 기지機智를 접할 수 있다. 만화에 나오는 영어는 쉬운 영어 표현에서 품위 있고 고급스러운 영어 표현에 이르기까지 실로 다양하다. 영어의 일상 용법과 유머, 비틀기까지를 자연스럽게 배울 수 있는 영어의 보물창고다.

18

A Story of English

영어 속의 그리스 · 로마 신화

달month 이름의 유래

• • 영어 어휘는 고전어(라틴어와 그리스어)에서 들어온 어휘가 전체 어휘의 3분의 1을 넘는다. 영어를 잘 이해하려면 이들 고전어에 대한 이해가 필요하다. 그 좋은 예를 들어보자. 영어에서 달month의 이름을 뜻하는 단어에 얽힌 재미있는 이야기를 살펴보기로 한다.

로물루스와 레무스

줄리어스 시저Julius Caesar 이전의 고대 로마시대에는 지금의 3월인 March가 정월이었다. March는 전쟁의 신神인 마르스Mars에 바치는 달이었다(그리스 신화의 군신軍神 아레스Ares에 해당함). 로마 건국의 아버지로 불리는 쌍둥이 형제 로물루스Romulus와 레무스Remus는 로마신화에 나오는 군신 마르스의 아들로 알려져 있다.

달 이름에서 끄트머리에 –ber가 붙는 달 중에 첫 번째 달인 September는 '일곱'을 뜻하는 라틴어 *septem*에서 온 것으로 당시에는 일곱 번째 달이었다.

기원 2세기 말경, 로마인들은 달력을 고쳐서 January를 정월로 만들 필요가 생겼는데, 이 달 이름은 로마신화의 야누스Janus라는 신의 이름에서 온 것이다. 야누스는 두 개의 얼굴을 가진 신으로, 한쪽은 과거를 향하고, 다른 한쪽은 미래를 향해 있는 신을 가리킨다. 고대 영국에서는 1월에 찬바람이 불고 늑대가 마을에 내려와서 식량을 훔쳐 간다고 해서 '늑대의 달wolf-month'이라고 불렀다고 전해진다.

10월을 뜻하는 October에서 octo는 라틴어로는 '여덟'을 의미하므로 원래는 8월이 되어야 하나, 두 달이 밀려나 10월이 된 것이다. 이렇게 보면 November가 어떻게 해서 원래의 9월에서 11월이 되었는지 대강 짐작할 것이다. November는 옛날 로마시대의 달력으로는 11월이 아니고 9월이었다. 라틴어의 *novem*은 '아홉'이란 뜻을 나타낸다. 영어의 nine과 형태상으로도 관계가 있다.

아우구스투스

달 이름에 얽힌 또 다른 이야기가 있다. 로마의 첫 번째 황제였던 옥타비아누스Octavianus는 줄리어스 시저의 조카로, 삼촌의 명성과 권력을 얻고자 갈망하였다. 그는 자신의 이름을 딴 달이름을 가지려고 하였는데, 그의 생일이 September에 들어 있었으므로 로마 상원은 그의 공을 기려 아우구스투스Augustus라는 공식 명칭을 부여하였고 그가 선택한 달 이름도 Augustus가 되어 오늘날 이것이 영어에서 August가 된 것이다.

July는 로마의 장군이자 클레오파트라의 연인이었던 안토니우스Mark Antony가 시저의 생일을 기념하여 율리우스Julius라는 그의 이름을 따서 붙인 것인데, 이것은 공교롭게도 시저가 암살당하던 해에 사용되었다. 영어에서는 처음에 Julie로 되었다가 후에 오늘날 쓰이는 July가 되었다. 그러나 영국인들은 라틴어가 영어에 들어오기 전 7월을 '초원의 달meadow-month'이라고 불러 사용했는데, 7월의 영국은 초원에 꽃이 만발하고 가축이 초원에서 풀을 뜯는 목가적牧歌的인 달이었기 때문이다.

일 년의 마지막 달 12월 December는 고대 로마에서는 12월이 아닌 10월의 명칭이었다. *decem*-은 어원상으로는 '10'을 의미한다. 여기서 파생한 형용사 decimal을 사용한 decimal system하면 '십진법'이란 뜻을 지칭한다. 미국 화폐의 10센트 동전은 dime이라고 하는데, dime은 '10분의 1'이란 뜻으로 1달러의 10분의 1이란 뜻이 담겨있다.

19 A Story of English

셰익스피어 영어 (1)

• • 독일에 《파우스트*Faust*》를 쓴 문호인 괴테가 있다면 오늘날 영국에는 《햄릿》을 비롯하여 37편의 희곡과 154편의 소네트sonnet을 쓴 영국의 시인이며 극작가인 셰익스피어가 있다. 그를 모르는 사람은 아마도 없으리라. 영국이 인도와도 바꿀 수 없다고 말한 영국 르네상스 시기의 문호, 셰익스피어. 그는 영문학은 물론 영어의 형성에도 큰 공헌을 한 인물이다. 극작가인 벤 존슨Ben Jonson(1572~1637)은 그를 가리켜 '한 시대를 풍미할 작가가 아니라 수만 세대를 빛낼 작가'라고 묘사했을 정도다.

윌리엄 셰익스피어William Shakespeare(1564~1616)가 장갑 제조업자 가문의 셋째로 태어나서 문법학교를 다닌 스트랏포드Stratford-upon-Avon(에이번 강 위에 자리

셰익스피어의 무덤(Stratford)

Stratford-upon-Avon

한 스트랏포드란 뜻. 에이번은 웨일즈어Welsh에서 온 어휘임)는 16세기 중엽 무렵 1,500명 규모의 인구를 가진 숲이 무성한 계곡에 위치한 마을이었다. 셰익스피어가 살던 시기에 사용된 이 마을의 영어는 여전히 고대영어의 뿌리로 거칠기 짝이 없는 영어였으며 셰익스피어는 유년시절부터 이 지역에서 쓰인 거친 말씨를 듣고 자랐다.

셰익스피어는 이 마을의 문법학교에서 고전 라틴문학의 거장으로 일컫는 키케로, 버질, 호레이스, 오비드를 배웠고 동시에 교사들로부터 서체영어written English와 프랑스어 및 성서영어를 배웠다. 당시 모든 교구교회에는 대성서Great Bible를 갖추고 예배의식을 치렀는데, 이것은 성서 번역가인 윌리엄 틴들William Tyndale(1494~1536)이 번역한 마태성서Matthew Bible에 근거한 것이다.

윌리엄 틴들

셰익스피어가 살던 시기는 영국에 르네상스 기운이 한창 무르익어가던 엘리자베스 왕조시기로 자유분방한 분위기가 충만하고 언어적 수요가 폭발적으로 늘어나는 시대였다. 당시 영국에는 아직 사전이 없었고 문법 또한 매우 유동적이었다. 그리하여 사람들의 관심사는 문법의 정확성보다는 수사적인 기교에 있었다. 그리하여 이 무렵 셰익스피어가 구사한 영어는 수사적 기교에 못지않게 그 탁월한 언어구사력으로 인해 세련미가 넘치고 유연성을 갖춘 영어로 세인의 각광을 받았다.

셰익스피어는 그의 천재적인 언어감각을 살려 생전에 25,000~30,000개에 이르는 방대한 어휘를 만들어 내거나 구사하였다. 셰익스피어가 살던 시기인 초기 현대영어시기(1500~1800)에는 10만 개에서 20만 개로 어휘 수가 증가하였는데, 전체 어휘 수의 13퍼센트가 넘는 어휘를 셰익스피어가 사용한 셈이 되었다.

셰익스피어는 라틴어에 기원을 둔 딱딱하고 고답적인 어휘를 쓰기도 하고, 때로는 구수한 앵글로색슨 계통의 어휘를 구사하기도 하였다. 또한 그는 지방색을 나타내기 위해 그가 태어난 고장인 워릭셔Warwickshire의 방언을 사용하였으며, 때로는 일반 서민들이 일상생활에 쓰는 소박한 말씨를 사용하는가 하면, 이와는 반대로 웅장하고 은은한 여운을 남기는 장중한 말씨를 구사하는 등, 각양각색의 어휘를 자유자재로 구사하여 아름다운 작품세계를 창조하고 영어의 표현력을 극대화하는 데 크게 기여하였다.

셰익스피어가 작품에 남긴 어휘와 표현은 오늘날까지도 그 생명을 잃지 않고 영원히 살아남아서 여전히 쓰이고 있다. 《햄릿》(3막 1장)의 맨 처음에 나오는 '죽느냐, 사느냐, 그것이 문제다To be or not to be, that is the question'라는 문장은 우리에게 매우 익숙한 표현이 되었다. 그가 남긴 명언 중에서 몇 가지만 소개하면 다음과 같다.

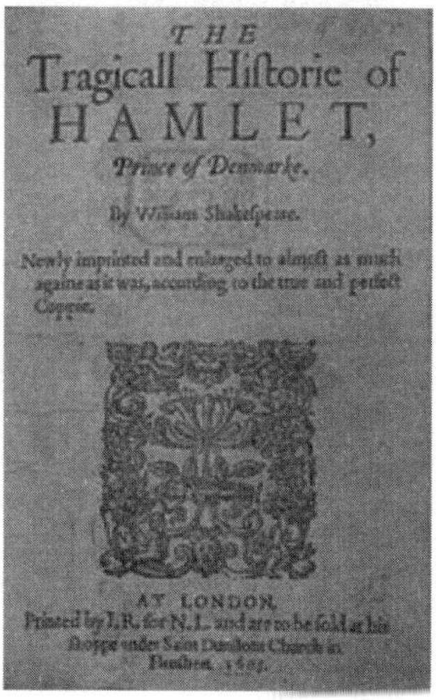
THE
Tragicall Hiſtorie of
HAMLET,
Prince of Denmarke.
By William Shakeſpeare.
Newly imprinted and enlarged to almoſt as much againe as it was, according to the true and perfect Coppie.
AT LONDON,
Printed by I.R. for N.L. and are to be ſold at his ſhoppe under Saint Dunſtons Church in

《햄릿》 첫 장

- beggars all description (형언하기 어렵다)
- a foregone conclusion (처음부터 분명한 결론)
- It's Greek to me (무슨 말인지 이해하기 어렵다)
- salad days (풋내기 시절)
- Brevity is the soul of wit (간결은 지혜의 정수)
- all our yesterdays (과거의 일)
- Frailty, thy name is woman. (약한 자여, 그대 이름은 여자)

A Story of English **20**

셰익스피어 영어 (2)

• • 셰익스피어는 16세기 중엽에서 17세기 초까지 살았으므로 그가 구사한 영어는 대략 500 여 년 전의 영어가 되는 셈이다. 그리하여 그가 구사한 어휘 중에는 오늘날 우리가 사용하는 것과는 전혀 다른 의미로 쓰인 것들이 상당수에 이른다.

《베니스의 상인》 1막 2장에 나오는 bonnet '숙녀용 모자'라는 어휘는 이 작품에서 '남성용 테 없는 모자men's cap'라는 의미로 쓰였다.(예: I think he bought … his *bonnet* in Germany and his behaviour everywhere … 모자는 독일에서, 그리고 예의범절은 도처에서 각각 사들인 모양).

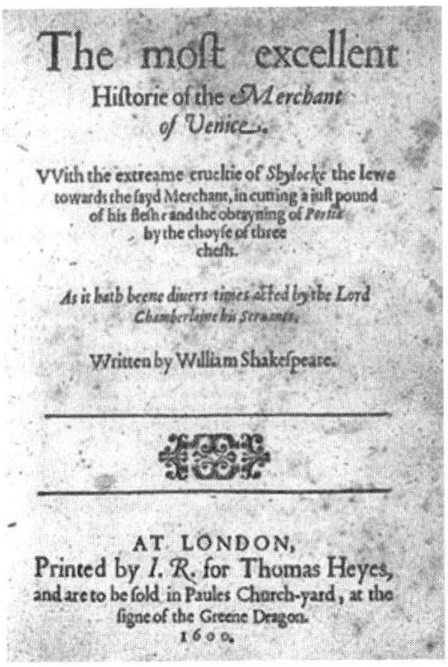
The most excellent Historie of the Merchant of Venice.

VVith the extreame crueltie of Shylocke the Iewe towards the sayd Merchant, in cutting a just pound of his flesh: and the obtayning of Portia by the choyse of three chests.

As it hath beene divers times acted by the Lord Chamberlaine his Servants.

Written by William Shakespeare.

AT LONDON,
Printed by I. R. for Thomas Heyes, and are to be sold in Paules Church-yard, at the signe of the Greene Dragon.
1600.

《베니스의 상인》 표지

activity라는 어휘는 요즘처럼 '구체적인 활동'이란 의미가 아닌 단순히 '소일거리'란 의미로 쓰였다. 《헨리 5세》 3막 7장에 이러한 의미가 잘 나타나 있다.(예: He is simply the most active gentlemen of

France. Doing is *activity*. 황태자는 프랑스의 모든 귀족들 중에서 가장 활동적인 분이시지요. 활동이란 뭣을 하고 있다는 뜻이요.)

홍미로운 것은 notorious라는 어휘다. 이 어휘는 원래 'well known잘 알려진' 이란 의미로 쓰였는데, 《법에는 법으로》 2막 1장에 이러한 의미로 쓰인 구절이 나온다. (예: … I do bring in here, before your good honour, two *notorious* benefactors, … 각하 앞에 널리 알려진 풍속을 바로 잡으려는 두 녀석을 끌고 왔습니다.)

셰익스피어는 그의 작품 도처에서 영국적인 냄새가 물씬 풍기는 평범하면서도 부드러운 어휘들을 구사하였다. 그는 한편으로는 보통 사람들이 일상생활에서 거침없이 뱉어내는, 속된 대화에서 흔하게 접할 수 있는 소박한 어휘를 그의 작품에 사용하였다.

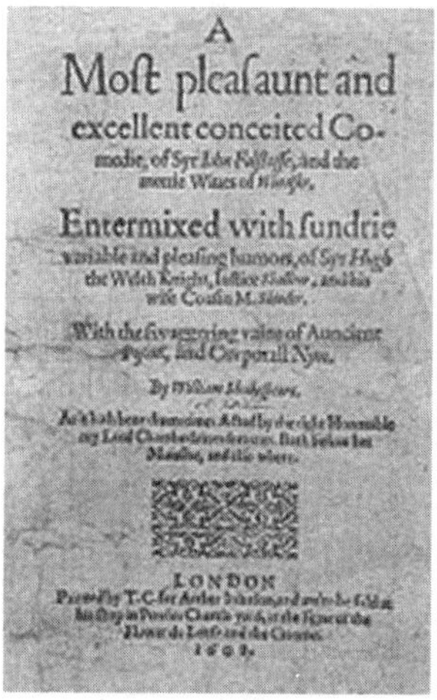
A
Most pleasaunt and
excellent conceited Co-
Entermixed with sundrie
By William Shakespeare.
LONDON

윈저의 유쾌한 아낙네들(1602)

그 좋은 예가 dickens라는 어휘에 나타난다. 완곡한 악담을 나타낼 때 쓰이는 dickens는 'devil, deuce악마' 란 의미로 what the dickens 안에서 쓰이며 찰스 디킨스Charles Dickens라는 작가와는 무관하다. 이 표현은 셰익스피어의 작품 《윈저의 유쾌한 아낙네들》 3막 2장에 처음으로 등장한다. (예: I cannot tell *what the dickens* his name is my husband had of him. 우리집 어른이 말하던 그 사람의 이름이 뭐더라 도무지생각이 잘 나지 않네요.)

셰익스피어 영어 (3)

• • 셰익스피어가 살던 시기는 문법적인 굴레에서 벗어나 일정한 틀에 얽매이지 않고 영어를 자유롭게 구사할 수 있는 기운이 감돌던 엘리자베스 1세 시대였다. 따라서 영어는 여전히 유동적인 상태를 면치 못하였다.

그러나 이러한 자유로운 기풍은 작가의 경우 마음대로 영어를 다룰 수 있는 무한한 가능성을 제공했는데, 이러한 여건을 가장 잘 활용한 사람이 다름 아닌 셰익스피어였다. 셰익스피어는 이렇게 다루기 쉬운 상태, 즉 유연성을 지닌 당시의 영어를 최대한으로 이용하여 자신의 무한한 상상력을 작품에 표현하였다.

셰익스피어 영어의 특징을 얘기할 때 빼놓을 수 없는 것이 영어의 품사를 자유롭게 다른 품사로 전환하여 사용함으로써 제한된 수의 어휘에 독특한 문법적인 기능을 부여하여 어휘의 효용성을 극대화하였다는 점이다. 이러한 문법현상을 영어에서는 기능전환functional shift이라는 말로 나타낸다. 가령, *advantage* him(이득이 되다), *fashion* him(설득하다), see me *weaponed*(칼을 지니고 있다)에서처럼 보통 명사로 쓰이는 어휘들(advantage, fashion, weapon)을 동사로 전환하여 새롭게 탄생한 동사에 특별한 '힘'과 '신축성'을 부여함으로써 생생한 율동감과 생동감을 동시에 유지하는 것이다.

이처럼 품사를 전환하여 쓴 예를 몇 개만 더 인용한다.

• You should *safe* my going (나의 출발을 당신이 안심해도 좋다.)
• And *companion* me with my mistress (여왕님과 동등하게 되도록 해주시오.)
• *eye* your master's heel (주인 뒤를 따라 다니다.)
• The mind shall *banquet* (정신만은 향연을 베풀다.)
• Sweet, *except* not any (여보게, 어떠한 예외도 없네.)
• if you *head* and hang all (모두의 목을 자르고 교수형에 처한다면)

그 뿐만 아니라, 하나의 어휘가 한 문장에서 명사와 동사의 두 개의 품사로 동시에 쓰이는 경우도 셰익스피어 작품에서는 종종 쓰였다. 가령, *Uncle* me no *uncle*(나를 삼촌이라고 부르지 말라), *Thank* me no *thankings*, nor *proud* me no *prouds*(나에게 고맙다고도, 자랑하지도 마라)에서 알 수 있듯이, uncle, thank, proud가 한 문장에서 각각 동사와 명사의 다른 품사로 쓰이고 있음을 알 수 있다.

제임스 1세

이러한 표현은 제임스 1세(1603~1625) 시기에 활동했던 작가들이 실험적으로 사용한 표현이기도 했는데, 셰익스피어의 표현이 다른 극작가들의 작품에도 종종 다른 표현으로 쓰인 기능전환의 예를 몇 개만 인용하면 다음과 같다.

• O me no O's. (내게 '저런'이라고 하지 마라.)
• Sir me no sirs. (내게 '각하'라고 하지 마라.)
• Vow me no vows. (내게 맹서한다고 하지 마라.)

22

A Story of English

일상용어, 영-미 문화 달라 표현 차이 (1)

• • 언어는 문화의 산물이다. 영어를 잘하려면 무엇보다 영어권 문화를 잘 알아야한다는 말은 아무리 강조해도 지나치지 않다. 서로 다른 문화를 잘 알지 못해 생기는 어려움을 통해 역으로 영어의 중요성을 생각해보도록 하자.

'선물'을 가리키는 영어 단어 gift를 독일어로는 geschenk라고 한다. 이 말을 모르는 미국인이 독일에 있는 친구에게 소포를 보내며 겉봉에 'gift'라는 단어를 몇 군데 써서 부쳤다. 세금 낼 물건이 아니란 뜻이었다. 그런데, 불행히도 독일어로 gift는 독약poison을 의미하는 말이었다.

미국인이 '가늘게 떨어지는 비very light rain'를 만날 때 영국인은 이를 '비가 후두둑 떨어진다it's just spitting a bit.'고 표현한다. 뉴욕에서 비가 쉴 새 없이 쏟아지는a steady downpour 경우에도 런던에서는 '먼지를 가라앉힐 정도의 비가 내린다raining hard enough to settle the dust'고 말한다.

영국인과 미국인 사이에 날씨를 보는 시각이 이처럼 전혀 다르다. 영미 문화의 차이에서 오는 것은 이밖에도 많다. 갓난 애기가 빠는 고무젖꼭지pacifier를 영국에서는 dummy, 애기 요람baby carriage은 pram이라고 부른다. 자동차나 TV 수상기를 빌릴 때rent에도 영국에서는 hire라는 표현을 쓰고, 물건을 할부로 사는 경우에는 hire purchase 또는 구어체로 the never-never plan이라는 표현을 쓴다.

문화를 알아야 영어를 제대로 할 수 있어

영어에 a French letter라는 표현이 있다. 프랑스인에게서 온 편지라는 뜻이 아니라, 피임기구prophylactic; condom를 뜻하는 속어다. 반대로 프랑스인들은 이를 English caps라고 부른다. '화장실'은 어떤가? 영국에서 화장실을 찾으려면 to have a wash, to visit the loo라는 표현을 써야 하며 나이가 지긋한 영국인들은 to spend a penny라는 표현을 쓴다. 동전을 넣어야 공중 화장실에 들어갈 수 있었던 시절이 말 속에 남아있는 것이다.

이처럼 문화를 알아야 영어를 제대로 할 수 있게 된다. 문제는 어떻게 문화를 이해하느냐다. 앞서 말한 대로, 최신 영화, 소설, 만화 등 현지 생활을 반영한 텍스트를 많이 접하는 게 첩경이고, 늘 새로 배워 익히기를 게을리 하지 말아야겠다.

A Story of English

23

문화 이해는 언어의 척도 (2)

미국 문화를 이해 못한 일본 유학생의 죽음

1992년 미국에 유학중인 일본인 교환 학생이 저녁 파티에 참석하기 위해 밤중에 파티 장소인 줄로 착각하고 가까이 다가가자, 집주인이 '멈춰라!Freeze!' 라고 외쳤다. 일본 유학생은 이 말을 잘못 알아듣고 계속 다가가다 주인이 쏜 권총에 맞아 죽은 사건이 일어났다.

사건 후, 일본의 마이니치신문은 '미국의 거리에서 흔히 쓰는 영어를 배우세요-그렇지 않으면 생명을 잃습니다!' 라는 제목으로 다음과 같은 표현들을 소개하였다. Feeze!꼼짝 마라, 움직이면 쏜다!, Duck!당신을 향해 무언가 날아가고 있으니 주의하라!, Spread them!손을 들고 다리를 벌려라!, Do you bang?당신은 한 패거리인가?, Are you in?당신이 조직범죄단의 일원인가? 등.

문화 이해는 언어 학습의 지름길

고래 요리는 일본 문화의 상징이다. 고래 기름에서 만든 아이스크림도 있을 정도라고 하니, 일본 문화에 고래요리는 빼놓을 수 없는 메뉴다. 고래요리 종류도 무려 36가지나 된다. 오래전 일이기는 하나, 《뉴욕타임스*New York Times*》에는 일본 전통 문화와 일본인의 정체성을 상징하는 고래사냥이 미국과 영국의 강력한 반대에 부딪쳐 어려움을 겪고 있다는 기사가 실린 적이 있다. 이유야 어쨌든, 수천 년 동안 갖가지 고래요리를 즐겨 온 일본인들은 일본의 전통문화를 지켜 나가야 한다는 한결같은 반응이다. 신주쿠의 한 고래요리점 주인은 '일본인에게 고래사냥을 하지 말라는 것은 마치 영국인에게 이들이 즐기는 오후의 차를 마시지 말라는 것과 마찬가지다'라고 항의한다.

영국인은 오후에 다과를 곁들여 마시는 차afternoon tea를 몹시 즐긴다. '오후의 차'는 영국인의 오랜 전통 문화이다. 필자가 80년대 중반 런던대학에서 연구하던 시절, 영국인 교수와 함께 점심식사 후 교수휴게실Senior Common Room에서 예외 없이 우유를 약간 넣은 '오후의 차'를 비스킷biscuit 미국 영어로 크래커 cracker과 함께 들며 영국의 문화를 좀 더 가까이 이해하려고 애쓴 기억이 새롭다.

미국인에게 뒤뜰backyard은 바비큐barbecue, 헛간barn, 놀이터playhouse, 사우나sauna 등 여러 가지 용도로 쓰이나, 영국인 가정은 대부분 집 뒤에 온통 잔디와 꽃을 아름답게 가꾸어 놓아 말 그대로 정원garden이라고 부른다. 영국인에게 휴지통은 rubbish bin, dustbin, litter bin, kitchen bin으로 다양하게 쓰이는 반면, 미국인에게는 trash can, garbage can, trash barrel로 쓰여 영미인 간의 문화의 차이를 느낄 수 있다. rubbish는 미국인들에게는 모욕insult을 나타내는 말로 쓰일 수 있어서 우리에게는 조심스럽게 사용해야만 하는 말이기도 하다. 요즈음 영국에서도 바퀴가 달린 쓰레기통이 쓰여 wheelie bin이라는 표현까지 생겨났다. 또한 thank you라는 말에 you're welcome이라고 응답하는 미국인과는 달리, 영국인은 상대방의 말을 되받아 습관적으로 thank you라고 반복하는데서 영미인의 기질과 문화의 차이가 더욱 뚜렷이 나타나고 있다.

문화는 일상생활과 밀접하게 연결되어 있어서 문화를 모르고서는 언어를 제대로 이해할 수 없다. 영어도 마찬가지다. 영미 문화의 특질과 차이를 알지 못하고 영어를 잘 할 수 있다고 생각하는 것은 마치 30여 가지가 넘는 눈snow의 문화를 가진 에스키모 인의 생활과 문화를 이해하지 못하고 맹목적으로 에스키모 인의 언어를 배우려는 것과 다를 바 없다.

24

A Story of English

변화무쌍한 thou와 you

고대영어시기

고대영어시기(450~1100)만 해도 2인칭 대명사(thou, you)를 사용할 경우 thou (thee, thy, thine)는 단수형에 쓰였고 복수형에는 you(ye, your, yours)가 쓰였다. 이들 대명사가 문장 내에서 쓰이면 주어로 쓰일 경우에는 thou 및 ye가 쓰이고(예: thou/ye saw me), 목적어로 쓰일 경우에는 thee 및 you가 쓰였다(예: I saw thee/you).

중세영어시기

그러나 중세영어시기(1100~1500)에 들어와서는 상황이 변하였다. 우선, 13세기 중엽부터 you가 단수형으로 쓰였다. 이러한 변화는 이미 프랑스어에서도 일어났는데, 영어의 'you'에 해당하는 *tu* 대신에 단수 공손형polite form으로 *vous*를 쓰게 된 일이다. 중세 영국에 들어온 프랑스 귀족들이 영어의 대명사를 같은 방법으로 생각하기 시작한 까닭에 이처럼 변화된 어법이 영어에서 시작된 것이다.

16세기 이후 - 구분이 뚜렷해져

16세기를 거치면서 또 다른 변화가 일어났다. 주어와 목적어의 어형의 차이가 점차 사라지면서 단수형으로만 쓰였던 you가 단수와 복수 양쪽의 형태로 자리 잡은 것이다. 16세기 말에 이르면 고대영어시기에 쓰인 ye가 이 시기에도 여전히 쓰이긴 하였으나, 문학, 종교 또는 고어체archaic로 한정되어 쓰였다.

16세기에는 thou와 you의 구분이 뚜렷하게 일어났다. 예를 들면, 사회적 신분이 높은 계층(귀족)이 낮은 신분을 지닌 계층(평민)에게 얘기할 때나, 낮은 계층끼리 얘기할 때, 부모가 자식에게 얘기할 때, 주인이 하인에게 얘기할 때 또는 신God이나 유령, 마녀, 초자연적인 것 등을 언급할 때에는 thou(목적격인 경우에는 thee)를 사용하고, 사회적으로 신분이 낮은 계층이 높은 신분의 계층에게 얘기할 때나 상류층에 속하는 계층끼리 얘기할 때에는 you를 사용하였다.

한편, 사제가 회중 개개인에게 설교할 때에는 thou/thee를, 회중 전체를 대상으로 할 때에는 you를 사용하였다. 그 예로, 'The Body of our Lord Jesus Christ which was given for *thee*(우리 주 예수 그리스도가 여러분을 위해 죽으셨도다)' 에서는 thee가 사용되고, 일반적인 참회나 고해의 경우에는 'pardon and deliver *you* from all *your* sins 죄를 용서하시고 모든 악에서 구하여 주옵소서' 에서처럼 you가 쓰였다.

셰익스피어 희곡에서 빛나다

연극무대에서 이루어진 대화에 나타난 감정의 변화에도 이들 어휘가 변화무쌍하게 쓰였다. 그 대표적인 예는, 우리에게 잘 알려진 셰익스피어의 비극 리어왕*King Lear*의 첫 장면에 잘 나타나있다. 리어왕은 죽기 전 세 명의 딸에게 각각 유산 상속을 하는데 그 중에서 고너릴Gonerill과 리건Regan에게는 부모가 자식에게 얘기하듯 일상적인 대명사인 thou를 써서 유산 상속에 관한 얘기를 한다. 그러나 막내딸인 코델리아Cordelia와의 대화에서는 각별한 친밀감을 표시하는 you를 써서 what can you say to draw/A third more opulent than your sisters? (I.i.85) (너희 언니들 몫보다 너 미혹한 셋째 영토를 받기 위하여 너는 무어라 말하겠느냐?)고 말한다. 그런데, 코델리아가 리어왕의 뜻대로 행동하지 않고 태도를 굽히지 않자 리어왕은 결국 분노가 폭발하여 you에서 thou로 바꾸어 코델리아에게 말한다.

Lear: So young, and so untender? (그렇게 젊으면서 그렇게 완고할 수가?)

Cordelia: So young, my lord, and true. (젊지만 마음은 정직합니다.)

Lear: Let it be so! Thy truth then be thy dower! (좋다. 그러면, 그 정직을 네 지참금으로 삼아라!)

이 대화에서 리어왕의 딸에 대한 '애정'이 '분노'로 변한 대조적인 모습을 you에서 thou로 고쳐 사용한 대화에서도 엿볼 수 있다.

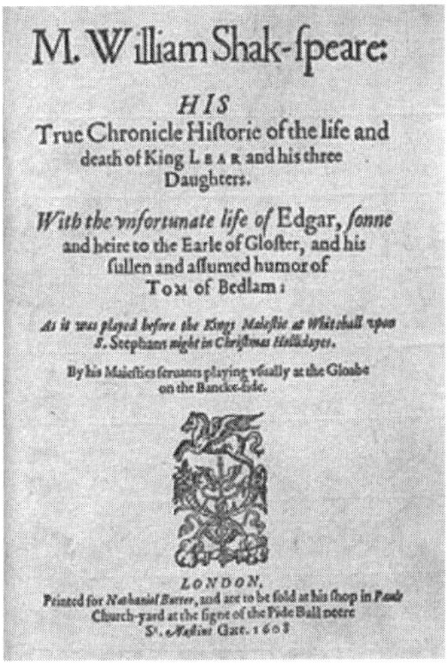

M. William Shak-ſpeare:
HIS
True Chronicle Hiſtorie of the life and death of King LEAR and his three Daughters.
With the vnfortunate life of Edgar, ſonne and heire to the Earle of Gloſter, and his ſullen and aſſumed humor of TOM of Bedlam:
As it was played before the Kings Maieſtie at Whitehall vpon S. Stephans night in Christmas Hollidayes.
By his Maieſties ſeruants playing vſually at the Gloabe on the Bancke-ſide.
LONDON,
Printed for Nathaniel Butter, and are to be ſold at his ſhop in Pauls Church-yard at the ſigne of the Pide Bull neere St. Auſtins Gate. 1608

1608년에 나온 《리어왕》 표지

17세기 초 – 표준영어에서 구분이 사라져

thou/you의 구분은 셰익스피어가 이들 대명사를 쓰기 시작한 1590년경까지 잘 지켜져 오다가 17세기 초반을 거치면서 표준영어에서 완전히 사라졌다. 그러나 지역 방언에서는 여전히 그대로 남아 널리 쓰이며 현대영어까지 이어져서 오늘날 연극에서는 고어체형으로 계속 쓰이고 있다.

25

A Story of English

미국 영어 속의 영국 지명

영국의 지명을 미국에 그대로 옮겨 놓은 것이 많아

미국 지명연구의 권위자로 꼽히는 스튜어트의 조사 자료에 의하면 오늘날 미국에는 약 3백 5십만 개의 지명이 있다고 한다. 초기의 광활한 텅 빈 신대륙을 그토록 많은 이름으로 채워야 했던 국민은 미국인 말고는 아마 없을 것이다.

미국에 처음으로 건너와 정착한 이주민들이 그들의 정착지에 붙인 이름은 제임스타운. 당시 영국 왕 제임스 1세의 이름을 따 붙인 것이다. 이들이 거주한 지역은 버지니아라고 붙였는데, 1603년에 죽은 영국의 여왕 엘리자베스 1세의 별칭인 처녀 여왕the Virgin Queen의 이름을 따서 붙인 명칭이다. 제임스 1세는 그녀가 죽은 후 스코틀랜드 왕 제임스 6세에서 잉글랜드와 스코틀랜드의 통합 왕으로 추대되어 왕위에 오른 인물이다. 이처럼, 영국 왕족이나 유명 인사의 이름을 따서 붙인 지명이 미국에는 많이 있다. 메릴랜드는 찰스 1세의 왕비인 마리아Henrietta Maria의 이름을 따서 지은 것이고, 노스캐롤라이나 및 사우스캐롤라이나는 찰스 2세의 이름을 따서 지은 것이다. 미국 동부에 위치한 주인 델라웨어는 영국인 주지사였던 de la Warr의 이름을 따서 만들었다.

영국에서 미국으로 들어오는 이민자 수가 점점 늘어나고 새로운 거주 지역이 형성되면서 지명을 붙일 필요가 생겨나게 되었다. 개척 초기에 이들이 손쉽게 생각해낸 방법은 그들의 고국인 영국의 지명을 그대로 채택하는 것이었다. 이렇게 해서 만들어진 지명에는 케임브리지, 보스턴, 그리니치 등 수없이 많은 이름이 만들어졌다.

신대륙으로 건너간 영국 이민들이 미국의 북동부에 정착하면서 '새로운 요크'라는 뜻으로 이 지역에 붙인 명칭이 뉴욕이다. 요크York는 영국 중북부에 있는 유서 깊은 중세 소도시이다.

동일한 지명이 중복해서 쓰여지기도

개척자들이 점차 내륙 지방으로 이동하면서 강이나 호수, 산봉우리, 산골짜기 등 새로운 지형에 부딪치거나 새로운 군소 도시를 건설하면서 이들의 명칭을 일일이 붙여야만 하는 일에 직면하게 된다. 워낙 넓은 대륙이어서 수없이 많은 이름을 붙이다보니 똑같은 지명이 중복되어 나타나는 경우도 생겼다. 그 결과, 보스턴이 18개나 생기게 되고 나중에는 뉴보스턴까지 등장하였다. 뉴보스턴New Boston은 미국에서는 일리노이 주 머서카운티, 뉴햄프셔 주 힐스버러카운티, 인디애나 주 스펜서카운티에 있는 지명 등 세 군데나 된다.

미국에는 런던이라는 지명만 22개에 이른다. 뉴런던New London이라는 지명도 있다. 언젠가 여행사에서 서울에서 뉴런던까지 왕복 비행기 표를 발권하겠다고 했더니, 직원이 하는 말, '그런 도시는 없는데요'라고 한다. 필자가 아마도 영국의 런던을 잘못 알고 말한 것으로 착각하고 있었던 듯하다. 뉴런던은 미국 코네티컷 주 남동부에 있는 템스 강 어귀, 롱아일랜드 해협에 있는 인구 25만의 항구 도시이다. 매년 이 강에서 예일대학과 하버드대학의 보트경기가 열리는 곳으로도 유명하다.

26

A Story of English

인디언어에서 온 미국의 지명

• • 지명 이야기가 나왔으니 신대륙에 살던 인디언들에 관한 얘기를 빼놓을 수 없다. 원래 미 대륙에는 유럽에서 이민자들이 들어오기 훨씬 전부터 원주민인 인디언들이 살고 있었다. 이들이 언제부터 광활한 이곳에 거주하였는지 알 수 없으나, 이들의 조상은 유라시아 대륙에서 베링 해협을 건너 이곳으로 온 것으로 추정하고 있다. 이들을 우리는 중남미 아메리카에 살던 인디언(이들을 인디오라고 함)과 구별하기 위해 아메리카 인디언이라고 한다.

주州의 이름에 인디언부족의 다양성이 돋보여

미 대륙에는 수많은 호수와 강의 이름에 인디언 원어가 많았다. 285개의 호수명이 인디언 이름이며, 1,000개의 강 이름이 인디언 원어에서 비롯된 것이다. 인디언 어는 매우 다양하고 부족의 계보에 따라 소속된 언어의 수도 상당하다. 미국의 주 이름을 살펴보면 이런 다양함을 쉽게 짐작할 수 있다. 매사추세츠는 인디언 어인 알곤킨어에서 온 것으로서 매사추세츠 부족의 이름을 딴 것이다. 켄터키라는 주의 이름은 이로쿼이족의 언어에서 온 것으로 '재배지'란 뜻이다. 마찬가지로 오하이오는 '아름다운 강'이란 뜻으로 세네카족의 말에서 유래한다. 일리노이 주의 이름은 원래 '남자'를 뜻하는 알곤킨어인 iliniwak에서 유래하였으나,

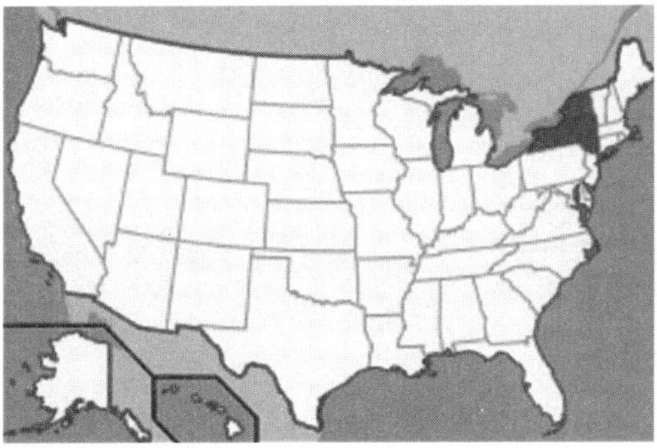

지도상의 뉴욕(New York)

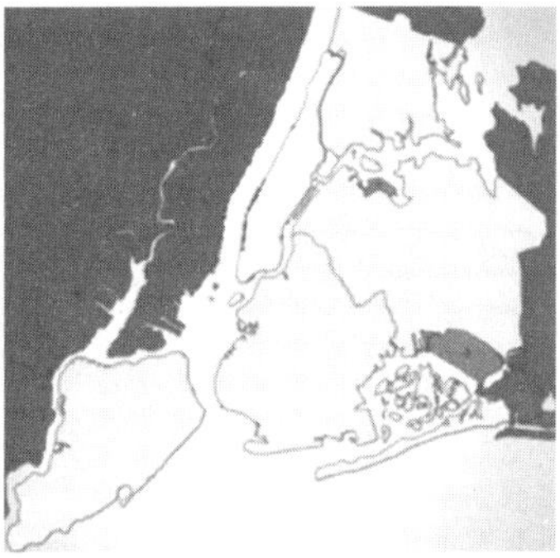

지도상의 맨해튼(Manhattan)

후에 프랑스어의 영향으로 오늘날과 같은 이름으로 변하였다.

인디언어에서 비롯된 많은 지명이 세월이 흐르면서 인디언어의 흔적이 없어져 버린 것들 또한 많다. 뉴욕의 인디언 이름은 맨해튼이었고, 그 후 뉴암스테르담으로 바뀌었다가 1664년에 오늘날과 같은 지명으로 바뀐 것이다. 맨해튼이 그나마 섬만의 이름으로라도 오늘날까지 남아 쓰이게 된 것은 다행스런 일이다.

오늘날 남아 있는 인디언어에 뿌리를 둔 지명 가운데 큰 도시가 되었거나 유명해진 지명은 밀워키, 시카고, 나이아가라처럼 철자가 변하지 않고 그대로 표기되어 쓰이고 있으나, 낯선 시골에 있는 잘 알려지지 않은 지명은 철자 표기가 어지러울 정도로 매우 다양한 경우가 많다. 뉴햄프셔 주의 어느 작은 마을에 있는 여름철 휴양지로 유명한 아름다운 이 호수 이름은 132가지나 되는 다양한 철자로 표기되어 오다가 미국 지명청의 조정으로 위니페소키Winnipesaukee라는 이름으로 정해져 내려오고 있다.

27

A Story of English

은유적인 영어 표현

• • 영어에는 다리, 손, 발, 머리, 치아와 같은 우리 신체의 일부를 가리키는 어휘를 써서 비유적으로 나타내는 영어 표현이 많다. 책상 다리the *legs* of a table, 시계의 바늘the *hands* of a clock, 산기슭the *foot* of a mountain, 회사의 우두머리*head* of the company, 톱니*teeth* of the saw 등과 같은 표현이 그것이다. 이런 표현은 모두 신체 이름이 지닌 2차적인 의미를 이용한 은유적 표현임에도 일상생활에 매우 흔히 쓰여 은유metaphor라는 느낌이 들지 않는다. 그러므로 이와 같은 은유적 표현을 한편으로는 죽은 은유dead metaphors라고도 한다.

컴퓨터 용어는 은유적 표현의 확장

은유적 표현이 확장되어 쓰인 가장 대표적인 예로 컴퓨터를 들 수 있다. 최근에 와서 컴퓨터가 일상생활에 널리 쓰이면서 예전에는 전혀 쓰이지 않던 새로운 개념이나 새로운 대상을 나타내기 위해 상당수의 영어 어휘가 컴퓨터 용어로 쓰이게 되었다. web, mouse, window, ruler, menu, site, visit, virus, hardware 등은 이미 우리에게 익숙해져 있다. 이중에서 마우스라는 어휘는 실제 살아있는 쥐를 뜻하는 마우스와 '작고', '빠르게 움직이고', '꼬리가 있으며', 경우에 따라서는 '잿빛'을 띠고 있다는 특징을 공유하고 있어서 컴퓨터 용어인 마우스의 특징에 꼭 들어맞는 은유적 표현으로 자리 잡게 된 예이다.

은유란 원래 영어로 쓴 시에서 가장 애용하는 표현의 한 방법이다. 셰익스피어가 쓴 비극 《햄릿*Hamlet*》에 나오는 '고통의 바다 a sea of troubles'나, 희극 작품인 당신 마음대로 *As You Like It* 에 나오는 '세계는 하나의 무대 all the world's a stage'와 같은 예는 모두 은유적 표현이다. 이처럼, 은유는 시인이나 작가들이 작품에서 자주 사용해 왔으나, 최근에는 일상생활에서도 우리의 사고나 개념을 만들어내기 위해서 점차 중요하게 쓰이고 있다.

이미 알고 있는 개념으로 은유를 만들어내

우리는 은유적 표현을 써서 사고한다. 이런 경우, 다리나, 손, 발과 같은 명사이외에도 동사나 형용사를 사용하여 은유적 표현을 나타내기도 한다. He *dug* into his dinner.라는 문장에 쓰인 dig땅을 파다란 단어는 이 문장에서는 은유적으로 쓰여 '그는 저녁을 맛있게 먹었다'란 뜻이 된다. freeze는 '(물이) 얼다'란 뜻이나, She *froze* when he saw him이 되면 '그녀는 그를 보자 몸이 얼어붙었다'란 은유적 표현이 된다. 유사한 예를 더 들어보면 Joan is a very *cold* person.(조안은 매우 냉정한 사람이다, She gave him an *acid* look.(그녀는 그에게 매서운 표정을 지었다)와 같은 것들이 있다.

은유는 이처럼 어휘를 써서 나타내기도 하나, 때로는 문장 전체나 숙어 표현 자체가 은유 표현이 되기도 한다. 다음의 예에 나오는 many irons in the fire(서로 다른 일거리가 많이 있다), blow his own trumpet(자신을 스스로 뽐내다)와 같은 의미에 주목하라.

> Ella has many irons in the fire. (엘라는 서로 다른 일을 많이 하고 있다.)
> John keeps blowing his own trumpet. (존은 항상 스스로를 뽐낸다.)

은유는 우리를 둘러싼 세계나 사회, 기후, 풍토 그리고 문화와 같은 요인의 영향을 많이 받게 되는데, 이러한 영향은 영국 영어와 미국 영어에도 그대로 나타난다. 서유럽이나 북미에서는 남성이 애인에게 어떤 태도를 가지느냐에 따라 '장미rose' 로도, '차가운 얼음 덩어리block of ice' 로도 표현된다.

My love is like a *red rose*. (내 애인은 한 송이 붉은 장미꽃)
My love is a *block of ice*. (내 애인은 얼음 덩어리)

영미 문화의 차이가 상이한 은유표현을 만들어내

또 하나 재미있는 은유적 표현이 있다. 남성이 그의 여자 친구에게 칭찬하는 말인 '백만 불 같은 모습이군요.(You look like a million dollars.)' 라는 은유적 표현은 미국 남성만이 쓰는 미국 영어다운 표현이다. 프랑스인은 '백만 프랑 같은 모습(someone looks like a million francs)' 이란 표현을 쓰지 않으며, 영국인 또한 그의 애인에게 '백만 파운드 짜리 모습(his beloved looks like a million pounds)' 이란 은유적 표현은 쓰지 않는다. 미국 남성의 애인은 칭찬에 대해 어떻게 반응할까? 그 정답은 '백만 불 짜리 미소(a million-dollar smile)' 이다.

A Story of English **28**

다른 유형의 영어 (1): 피진영어

• • 흔히 영연방 국가(호주, 뉴질랜드, 캐나다)에서 사용하는 영어나 미국 영어에 대해서는 많이 알려져 있으나, 이와는 전혀 다른 유형의 영어가 이 지구 상의 다른 여러 국가에서 쓰이고 있는 것에 대해서는 일반 사람들에게 거의 알려져 있지 않다.

지구상에는 영어를 바탕으로 하면서도 표준영어도, 제2언어로서의 영어도 아닌 영어를 일상생활에서 규칙적으로 사용하는 인구가 수천 명에 이른다. 그리하여 영어는 전세계의 다른 언어들과 접촉해 오면서 표준영어와는 다른 유형의 영어 즉, 접촉언어contact languages라는 새로운 유형의 영어를 탄생시켰다.

그 중의 하나가 피진영어pidgin English이다. '피진'이란 말은 서로 다른 언어 배경을 지닌 선원들 간의 의사소통으로 쓰인 은어에서 만들어진 것이라는 설이 있다.

파푸아 뉴기니(지도)

서태평양 상에 위치한 파푸아 뉴기니

Papua New Guinea에서 쓰이는 피진영어는 이 나라의 공식 언어 중의 하나로 1981년에 공식 언어가 되어 톡 피진Tok Pisin으로 불리어 사용되고 있다. 이 말은 영어의 talk pidgin에서 유래한 것으로 일명 '톡 피진어'라고도 한다.

파푸아 뉴기니에는 700개가 넘는 토착어가 있는데, '톡 피진어'는 라디오와 텔레비전은 물론 *Wantok*(one talk의 피진어로 '하나의 언어'란 뜻)이라는 국내 신문 및 주간 잡지에도 쓰인다.

성서에 나오는 주기도문Lord's Prayer의 전문을 톡 피진어와 영어를 대조하여 소개하면 아래와 같다.

Papa bilong mipela (Our father)
Yu stap long heven (who art in heaven)
Nem bilong yu i mas i stap holi (hallowed be thy name)
Kingdom bilong i mas i kam. (Thy kingdom come)
Strongim mipela long bihainim laik bilong yu long graun (thy will be done)
olsem ol i bihainim long heven (on earth as it is in heaven)
Givim mipela kaikai inap long tude (Give us this day our daily bread)
Pogivim rong bilong mipela (and forgive us our trespasses)
olsem mipela i pogivim of arapela i mekim rong long mipela (as we forgive those who trespass against us)
Sambai long mipela long taim bilong traim (Lead us not into temptation)
Na rausim olgeta samting nogut long mipela (but deliver us from evil)
Kingdom na strong na glori, em i bilong yu tasol oltaim, Tru (for thine is the kingdom, the power, and the glory, now and forever. Amen.)

톡 피진어의 철자 중에는 영어와 철자는 다르나 발음상으로는 영어발음과 매우 유사하게 느껴지는 것들이 있다. 위에 나오는 heven, kingdom, kam, glori 등은 그 좋은 예에 속한다.

영어 belong에서 유래한 *bilong*이란 피진어는 소유possession를 나타내며 *bodi bilong Jisas*(예수의 시체, Jesus' body)에서 속격에 해당되는 의미를 지니고 쓰인다. 이 단어는 다른 방법으로 결합되어 피진어에서 다양하게 쓰이는데, 그 예로 *pul bilong kanu*(카누의 노), *pul bilong pisin*(새의 깃), *pul bilong pis*(물고기의 지느러미) 등과 같이 쓰인다.

또한, 영어의 fellow에서 온 것으로 *-pela*라는 어미가 피진영어에는 많이 쓰이는데, *wanpela*(one + fellow) 'a, one', *gutpela*(good + fellow) 'good', *bikpela*(big + fellow) 'the Lord', *naispela haus* 'a nice house', *wanpela meri* (meri는 marry에서 유래) 'a woman'와 같은 것들이 있다.

em (he, him), *mi* (I, me), *ol* (they, them), *orait* (all right)과 같이 영어의 대명사나 표현을 단순화시켜 만든 것들이 있다. *-im*이란 어미는 타동사를 만드는데 쓰여, *wok* '일하다work'라는 피진어에 *im*이 붙어 *wokim tripela haus*가 되면 '오두막 집 세 채를 만들다.make three huts.'라는 의미가 된다.

29

A Story of English

다른 유형의 영어 (2): 크리올어

• • 미국 플로리다 주 남쪽에 위치한 카리브 해 연안에는 바하마제도, 쿠바를 비롯하여 자메이카, 도미니카공화국 등 중남미 국가들이 모여 있다. 카리브연안국들은 17~18세기에 영국, 스페인, 프랑스, 네덜란드 등의 식민지 쟁탈의 대상이 되었다가 후에 미국과 스페인 전쟁에서 스페인이 패한 후 미국의 정치, 경제의 영향권에 들어간 나라들이다.

카리브 연안에 위치한 나라에서 쓰이는 언어는 피진어가 부모세대에서 자녀세대로 오랫동안 전승되어 내려오면서 모국어의 기능을 지니고 쓰이게 된 언어가 크리올어Creoles다.

카리브해

모국어 화자가 없이 단순히 접촉언어로서 쓰인 피진어에 비해 크리올어는 모국어로서 화자들 간에 의사소통의 기능을 충분히 지닌 언어로 사용되었다. 오늘날 전 세계에서 쓰이는 크리올어는 스페인어, 영어, 네덜란드어와 같은 언어에서 어휘를 택하여 형성된 것들이 대부분이다. 영어를 기반으로 하여 형성된 크리올어는 전 세계에서 30개 정도가 있으며 이들 대부분은 카리브 해, 서아프리카 및 서태평양에 위치한 나라에서 쓰이고 있다.

카리브 연안에 흩어져 있는 나라에서 쓰이고 있는 영어를 기반으로 발달한 크리올어는 이 연안지역에서 노예무역이 일어나는 동안 발달한 것으로 다양한 서아프리카 언어가 여기에 스며들어가 있다. 자메이카Jamaica와 가이아나Guyana와 같은 카리브해 연안의 일부 지역에서는 크리올어와 표준영어에 가까운 카리브영어가 함께 쓰인다.

카리브영어의 특징은 강세 리듬을 지닌 표준 영미영어와는 달리, 우리말처럼 음절박자로 이루어진 언어다. 가령, 서인도제도에 있는 세 나라 즉, 트리니다드, 자메이카, 바하마제도는 카리브영어에서 2음절로 발음하는 표준영어와는 달리, 다음과 같이 3음절로 발음한다.

Tri-ni-dad　　Ja-mai-ca　　Ba-ha-mas

(참고: 표준영어 발음은 [Trinidad], [Jamaica], [Bahamas])

자메이카에서 쓰이는 크리올어는 흔히 파투아patwa라고 부르며 카리브연안에서 내려온 구전문학 중에서 가장 규모가 크고 가장 오래된 것으로 고전에 속한다. 자메이카에서 발행되는 신문이나 뉴스 프로그램 및 교육 분

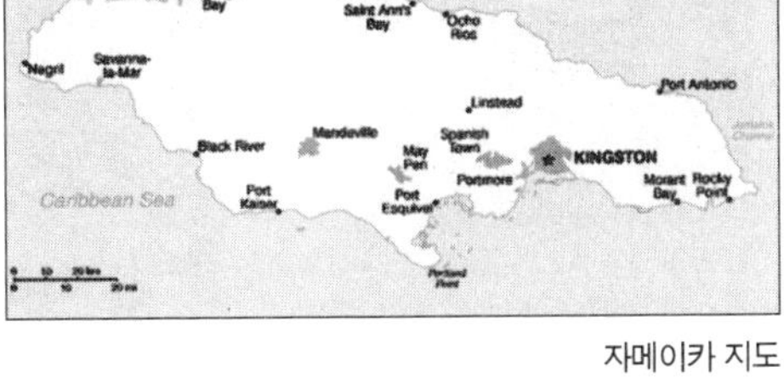

자메이카 지도

밥 말리(B. Marley, 1945~1981):
레게 음악의 창시자

야에서는 여전히 표준영어가 지배하고 있기는 하나, 라디오 및 텔레비전의 상업방송이나 연예 프로그램에서는 자메이카 크리올어가 널리 쓰이고 있다.

자메이카 크리올어의 예로는 *Mi siik*(I am sick), *Mi nuo*(I know), *Him bad*(He is bad), *We yu a go*?(Where are you going?) 등이 있다.

자메이카 크리올어는 1960년대 후반 자메이카에서 발전한 레게reggae 음악으로 인해 전 세계에 널리 알려지게 되었다.

몇 년전 한국에 온 우사인 볼트Usain Bolt는 자메이카 출신으로 2009년 베를린올림픽에서 100미터 육상 남자결승에서 9.58초로 세계신기록, 200미터 결승에서 19.19초로 세계신기록을 달성하여 세계를 놀라게 한 인물이다.

그뿐만 아니다. 트리니다드 토바고 출신의 인도계 영국 작가인 나이폴V. S. Naipaul(1932~)과 시인 겸 극작가인 월코트D. Walcott(1930~)가 이 지역 출신이기 때문이다. 나이폴은 2001년 노벨 문학상을 받은 소설가이다. 월코트는 1992년 노벨문학상을 수상하였으며 현재 영국 에섹스대학의 시학교수로 있다.

우사인 볼트

나이폴

월코트

30

A Story of English

영어－To be or Not to be?

50년 후의 영어

라틴어 유추 현상

영어는 현재 국제적으로 가장 많이 통용되는 언어로 군림하고 있다. 오랜 옛날 조그만 섬나라 영국에서 사용된 영어가 1500여 년이 지난 오늘날 어떻게 국제적으로 널리 쓰이는 중요한 언어가 되었을까? 이것은 영어의 역사에서 그 해답을 찾을 수 있다.

그러나 세상은 시시각각으로 변하고 있고, 언어 또한 끊임없이 변하고 있는 것이 오늘이다. 그런데 영어가 향후 50년간 지금처럼 승승장구하며 다른 언어를 제압하고 전세계의 중심 언어로 계속해서 사용될 수 있을까? 우리는 그 해답을 로마 제국과 라틴어의 역사에서 찾을 수 있다. 이것이 곧 라틴어 유추Latin analogy라고 하는 것이다.

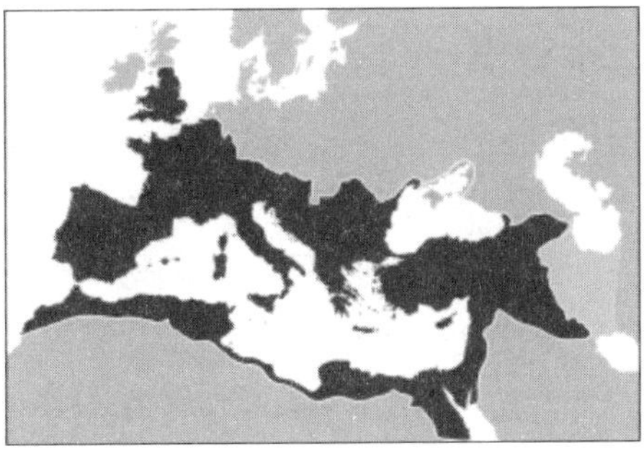

로마제국 전성기의 유럽

라틴어는 영어보다 적어도 1천 년 이상이나 오랜 기간인 2500년간 다양한 형태로 존재하였다. 기원전 100년부터 기원후 400년까지 라틴어는 제국의 언어로, 행

영어와 라틴어로 쓰여진 금연포스터

정, 법률, 교역, 문화, 문학 및 종교 언어로 전 유럽을 지배하였다.

한 때 켈트인이 살던 고대 영국을 정복한 로마가 360여 년간 영국을 통치하면서 사용되었던 라틴어는 로마 제국의 분열과 쇠락으로 일상 언어에서 사라지는 운명을 맞게 된다. 오늘날 라틴어는 디아스포라 언어diaspora languages인 프랑스어, 스페인어, 이탈리아어, 포르투갈어 등, 여러 로망스 언어Romance languages에 그 흔적을 남긴 채 일부 종교와 특수 학문분야의 상징적인 언어로서의 기능을 지닌 사어死語, dead language가 되었다. 이것이 라틴어 유추라는 현상이다.

라틴어 유추현상을 영어의 미래에 적용하려는 일부 영어 학자들은 "결국 영어는 로망스 언어들처럼 서로 이해할 수 없는 여러 언어로 갈라지고 전혀 새로운 형태의 영어가 앞으로 출현하게 될 것"이라고 예측한다.

옥스퍼드 영어사전 편찬자였던 버크필드Robert Burch-field(1923~2004)는 100년이 지난 후 영국과 미국의 영어는 프랑스어 및 이탈리아어와 같은 운명이 될 것이라고 쓰고 있다. 그가 예측한 해가 2085년이었으니, 향후 70년 후에 일어날 현상이다.

1950~2050년까지 향후 100년에 걸쳐 전 세계에서 쓰이는 영어의 운명이 어떻게 될 것인가에 대한 영어의 미래연구보고서가 1997년 영국의 언어학자인 그라돌David Graddol에 의해 진행된 적이 있다. 이 보고서의 결론은 크게 세 가지로 요약된다. 첫째, 영어가 더 이상 국제어로서의 위상을 유지하지 못할 것이다. 둘째, 영어는 당분간 공학과 산업분야에서 득세得勢할 것이나, 머지않아 지역적인 성격을 띤 언어가 될 것이다. 셋째, 향후 새로운 아시아 시장의 등장으로 영어 이외의 다른 언어들도 영어와 함께 그 위상이 향상될 것이다.

영어는 앞으로도 계속 존속할 것인가 아니면 사라질 것인가To be or Not to be?

영어의 미래는 아무도 정확하게 예측할 수 없다. 그렇다고 그 미래가 그리 밝지만은 않다. 영어를 대체할만한 다른 언어를 당장 기대할 수가 없기 때문이다. 세계 표준영어World Standard English 또는 또 다른 세계표준언어가 새롭게 등장할 것인지 현재로서는 미지수다. 그러나 한 가지 중요한 것은 현재 영어는 전 세계 언어 중 가장 중요한 언어로 여전히 쓰이고 있다는 점이다.

2 영어 어원 이야기

여기에 실린 글은 지난 30여 년간 영어의 역사를 강의하면서 영어의 어휘 변천에 관해 정리해 놓은 자료의 일부다. 영어는 지난 1500여 년간 50개가 넘는 언어로부터 5만 개가 넘는 어휘를 받아들여 토박이 영어와 더불어 사용해 오면서 영어를 윤택하고 세련미가 넘치게 하였을 뿐만 아니라, 표현이 풍부한 언어를 창출해 내는데 크게 기여하였다. 따라서 다양한 특색을 지닌 영어의 원래의 모습을 따라 과거 역사 속으로 되돌아가 보는 것 또한 영어를 올바로 이해하는 데 많은 도움이 될 것이다.

01

A Story of Word Origins

문자, 말

• • 인간은 손과 발을 사용하면서부터 의사소통을 하기 시작하였다. 얼굴을 찡그리거나 미소를 짓는 일, 눈썹을 치켜 올리는 일 그리고 손가락으로 (어떤 물체를) 가리키는 일 따위는 모두 문자writing와 말speaking에 관련되는 것으로서 오늘날에 는 위에 말한 여러 상징적인 몸짓은 인간의 부족한 언어를 메워주는 역할을 해내고 있다.

우리는 말을 사용하지 않고도 우리 스스로를 표현할 수 있는 다양한 방법을 많이 가지고 있다. 학교 종이나 교회 종소리는 운동이나 예배 의식을 일깨워 주며 호루라기 소리는 작업 시간을 알려 주며 때로는 기차로부터의 위험을 경고해 주기도 한다. 인간이 내는 휘파람 소리는 개에게 명령을 내리거나 놀라움을 나타내기도 하며 처녀를 유혹하기도 한다. 붉고 푸른 신호등은 정지나 진행을 나타내는 신호로 쓰인다. 흰 깃발을 내걸면 항복을, 노란 깃발은 질병을 그리고 붉은 깃발은 위험을 나타낸다. 또한, 머리를 끄덕이거나 흔들면 긍정이나 부정을 나타내며, 손을 들어 올리면 주의집중을 나타내기도 한다.

이밖에도 또 있다. 야구 심판이 두 손을 펴서 아래로 내리면 투수에게 '세이프'를 알려 주는 의미가 된다. 찬성을 나타내는 열띤 박수가 있는가 하면, 발을 굴러 초조함을 나타내기도 한다. 손가락을 교차하면 행운을 비는 의미로 쓰일 수

있으며 엄지손가락을 들어 올리면 승차를 요청하는 신호를 나타내지만 코에 적당히 갖다 대면 상대방을 조롱하는 극적인 제스처를 의미하기도 한다. 그런가 하면 눈짓에 의한 신호(윙크)에는 놀랍게도 거의 모든 의미가 들어 있다.(윙크)

이처럼, 수화手話에 쓰이는 언어는 상대방의 마음을 움직일 만큼 우리의 감정이나 특징을 잘 나타내 준다. 가령, 우리가 외국의 어느 낯선 도시를 여행하다가 낯선 사람에게 길을 물었을 때 우리가 하는 말을 알아듣지 못했다고 하면 그는 어깨를 들썩이며 알아듣지 못했다는 일종의 예의를 차린 몸짓을 하게 될 것이다. 그리고 나서 그는 우리를 향해 손바닥을 위로 향하게 하고 두 손을 펴서 사과를 표시하고 할 수 있다면 기꺼이 돕겠다는 수화를 하게 된다. 서로 말은 나누지 않았으나 두 사람 사이의 의사소통은 이루어진 셈이다.

입말(구어)이 태초에 언제부터 시작되었는지에 대해서는 아직도 신비에 쌓여 있고 이론도 분분하다. 글말(문어)의 역사 또한 기록이 없는 머나먼 정글 속으로 사라져 버렸다. 그러나 적어도 문자에 관련된 영어의 어휘들을 추적해 보면 문자 기술이 언제 맨 처음 시작되었는지 어렴풋이 짐작해 내는 일이 그리 어렵지 않다.

문자를 가리키는 '쓰다 write'란 단어는 1300여 년 전에 쓰인 고대영어로는 writan이라고 썼는데, 이 단어의 맨 처음 사용된 의미는 '긁다, 긁어 파내다'란 뜻이었다. 원시인들이 자작나무 껍질이나 지붕널에 날카로운 돌이나

파피루스 위에 쓰인 이집트의 사자(死者)의 서(書)
(Book of the Dead)의 일부

뾰족한 도구로 긁어 자국을 낸데서 비롯된 것이다. 당시 지중해 연안의 문명이 발달한 여러 나라에서는 파피루스에서 나오는 제지원료 즉, 펄프를 압축한 다음 이것을 건조시켜 종이로 만들어 나무껍질 대신 사용하였다. 이렇게 해서 라틴어의 파피루스papyrus가 오늘날에 와서 영어의 paper가 되었다.

영어 pen은 라틴어 penna에서 유래한 것으로 원래 새의 '깃털'을 의미하였다. 오늘날에도 깃털로 만든 펜 즉, 깃펜이 있으며 수집가의 목록에도 들어 있을 정도이다. pencil이란 단어도 '작은 꼬리'를 뜻하는 라틴어 penicillum에서 온 것인데, 이것이 쓰인 시기는 작은 꼬리처럼 생긴 조그마한 솔brush을 사용하여 글쓰기가 이루어지던 시기였다.

고대영어사의 한 시기로 오면 너도밤나무 껍질이나 그 재목 위에다 긁거나 자국을 내어 글을 썼기 때문에 생긴 고대영어 단어 bōc를 만날 수 있다. '너도밤나무'를 뜻하는 이 단어는 현대영어에서 book로 철자가 변하였다. folio는 라틴어 folium에서 온 것으로 '나무의 잎사귀'를 나타냈으며 오늘날에 와서는 크기가 가장 큰 (2절판의) 책을 뜻하는 단어가 되었다. 영어에서 in folio라는 표현을 쓰면 '한번 접었을 때 그 크기가 표준 사이즈로 된 한 장의 종이로 된'이란 의미를 나타낸다.

volume이란 단어도 문자와 관련된 어휘로 '하나의 두루마리로 된 문서'라는 뜻을 지닌 라틴어 volumen에서 유래하여 고대 프랑스어를 거쳐 영어에 들어왔다. 이 말은 당시 물렛가락(방추)에 편의상 둘둘 말아 놓은 파피루스 사본 두루마리라는 뜻이었다. letter라는 단어는 알파벳 문자를 가리키기 위해 사용된 것으로 '문자, 글자'를 뜻하는 라틴어 litera에서 직접 영어에 들어 온 것이다. 이 단어는 '문질러 더럽히다'라는 뜻의 라틴어 linere와 비슷하다고 여겨 온 것으로 초기의 문자가 어떠했는지를 잘 묘사해 주고 있다. 흥미로운 것은 영어의 letter는 독일어로

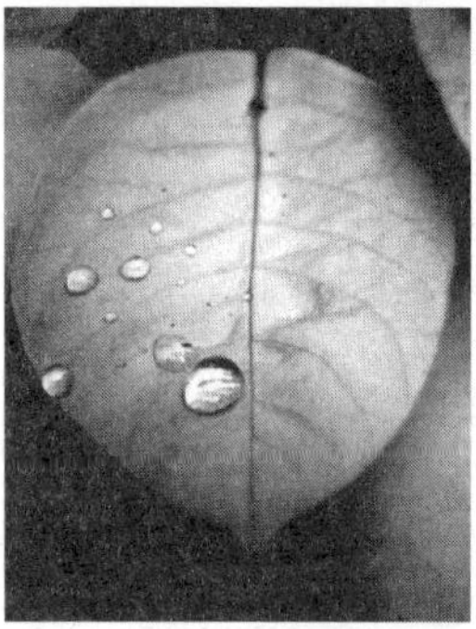

folio 〈L. folium '나무의 잎사귀'〉

Buchstabe라고 하는데 문자 그대로의 의미는 '너도밤나무 작대기'란 뜻이다.

문자와 관련해서 빼놓을 수 없는 것이 알파벳 문자의 역사이다. 알파벳 문자의 역사는 아주 오랜 옛날로 거슬러 올라가면서 역사 속으로 사라져 버려 정확한 내용은 알 수가 없다. 가장 초기로 알려진 알파벳은 기원전 1,700년경 팔레스타인과 시리아에서 발달된 북 셈어로서, 22개의 자음 문자로 이루어져 있었다. 히브리어, 아라비아어 및 페니키아 문자는 이 문자를 바탕으로 만들어진 것이다. 그러다가 기원전 1,000년경 그리스 인들이 페니키아 알파벳을 본보기로 사용하고 여기에 모음을 나타내는 문자를 추가하였다. 그 후, 그리스어는 기원 전 800년경에 쓰인 에트루리아어를 나타내는 모형이 되었고 이것은 고대 로마인들의 알파벳 문자가 되어 결국 유럽에서 쓰이는 모든 알파벳 문자가 되기에 이르렀다. 그리하여 알파벳은 페니키아어, 그리스어 및 라틴어를 거쳐 현대 유럽의 여러 언어로 각각 발전했다.

알파벳 역사를 재건하는데 결정적인 증거가 된 것은 독일 선교사로 요르단 지역을 횡단하면서 여행 중이던 클라인F.A.Klein 목사에 의해 1868년 발견된 모아브비碑, Moabite Stone이다. 이 기념비는 기원전 860년 경 모아브 왕 메사Mesha가 이스라엘 인에게서 거둔 승리를 기록한 검은 현무암으로서, 연대를 추정할 수 있는 페니키아 문자로 된 기록으로는 가장 오래된 것으로 34행의 명각銘脚, inscription이 돌에 새겨져 있다. 클라인 목사가 예루살렘으로 돌아와 이 기념비를 학자들에게 소개한 직후 영국과 프랑스 학자들

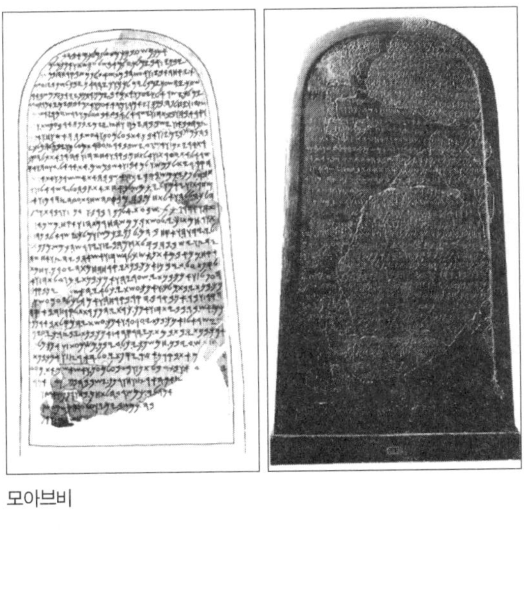
모아브비

이 기념비가 발견된 디반 지역으로 달려갔으나 이 돌을 풍요를 가져다주는 부적으로 오랫동안 신봉해 온 아랍민족의 커다란 반격에 부딪치게 되었다. 결국 이들은 이 기념비가 이교도들에 의해 훼손되는 것을 막기 위해 기념비를 조각내어 행운을 가져다주는 부적으로 각 부족들에게 나누어 주었다. 그러나 다행히도 이 돌에 새겨진 페니키아 문자의 흔적은 그대로 유지되었는데, 그 후에 그 지역에 거주하던 프랑스 관리들이 조각난 돌에 새겨진 문자를 날카로운 감각으로 복구하기에 이르렀다. 이 돌들은 다시 원래대로 합쳐져서 오늘날 파리 루브르 박물관에 보관되어 있다.

이제 알파벳 문자에 대해 몇 가지 흥미로운 사실을 언급하고 넘어가기로 한다. alphabet이란 글자는 그리스 알파벳의 처음 두 개의 문자인 alpha와 beta를 합쳐서 만든 것으로 알파벳의 각 문자는 초기만 해도 그림 문자로 시작되었다. 그러면 어떻게 해서 알파벳의 첫 문자인 A가 맨 첫 글자가 되었을까? 기원전 3,000년 전 고대 페니키아에서는 A라는 글자를 aleph라고 부르고 '황소'를 의미하였다. 이 글자는 황소의 뿔을 상징하는 V자 모양에다 글자 가운데를 사선斜線이 지나가는 형상을 하고 있었는데, 후에 그리스 인들이 이 글자를 뒤집어 놓아 오늘날과 같은 글자가 되었다. 고대 페니키아 인들에게 황소라는 동물은 의식주와 노동을 뜻하는 의미로 쓰였으며, 가축의 무리는 이들에게 풍요를 가져다주는 것을 뜻하였다. 그리하여 A라는 글자가 알파벳의 첫 글자가 되었던 것은 아마도 이런 여러 이유에서였을 것으로 짐작된다.

황소의 뿔

페니키아 인들이 살아남기 위해 황소 다음으로 택한 중요한 항목은 무엇이었을까? 그것은 다름 아닌 피난처였다. 페니키아어로 B는 beth라고 칭하고 피난처인 텐트나 집을 의미하였다.

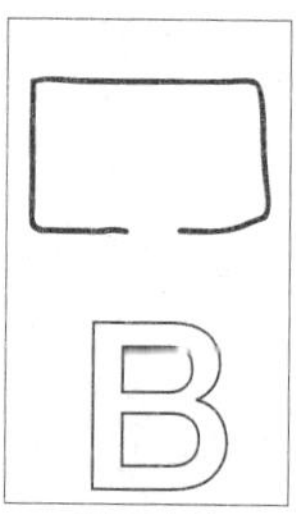

텐트나 집

문자 B는 원래 남성용과 여성용으로 구분된 방 두 개짜리

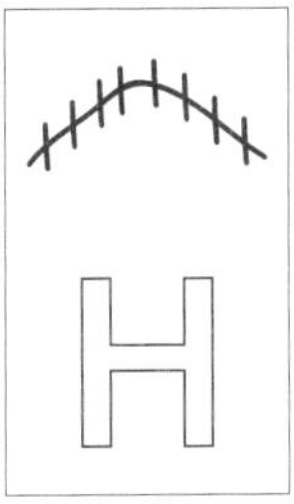

울타리

낙타

원시형태의 가옥 모양을 하고 있었다. B를 가리키는 페니키아어 명칭인 beth라는 단어는 현대 영어에서 Bethlehem이라는 철자로 남아 쓰이고 있다. 이 단어의 원 뜻은 '식량을 넣어두는 창고'라는 뜻이다.

H라는 문자는 울타리를 나타내는 그림을 형상화한 것이다. 페니키아 문자인 L은 영어의 L보다 한층 더 물 흐르는듯한 모양을 하고 있었다. lamed라고 부른 이 문자는 페니키아어로 '채찍'을 의미하였으며 페니키아 인들은 이 채찍으로 낙타를 몰았다. 더욱이 문자 G는 굽은 등을 지닌 낙타를 상징하였는데, 히브리어로는 gimel로 불렸다. 여기서 G를 칭하는 그리스어 gamma라는 명칭이 나왔고 gamma와 gimel로부터 영어의 camel이라는 단어가 생겨난 것이다.

굽은 등을 지닌 낙타

창과 방패

꼬리를 아래로 길게 늘어뜨린 원숭이

V라는 문자는 물건을 걸어두는 고리를 상징하며 Y는 엄지손가락을 다른 네 손가락에서 멀리 떨어져 펼쳤을 때 나타난 모습을 그리고, 문자 Z는 창과 방패를 나타내고 있는 모습을 형상화한 것이다. daleth라고 칭하는 문자 D는 문門을 뜻하는 이집트 상형문자에서 온 것으로 문의 모양을 하고 있다. 문자 T는 황소에 낙인을 찍는데 쓰였던 자국으로 페니키아어로는 teth라고 칭하였다. 문자 O는 인간의 눈眼을 나타냈는데, 고대 알파벳 문자에서는 동공瞳孔 한가운데 있는 점을 가리키기도 하였다. 문자 K는 페니키아어로 kaleph라고 하고 손바닥 부분을 의미하였는데, K의 원래 의미는 손을 나타냈다. 문자 I는 인간의 손가락을 나타냈고 Q는 꼬리를 아래로 길게 늘어뜨린 원숭이 모습을 상징하였다.

페니키아인들은 대단한 탐험가들로서 거친 바다를 항해하면서 멀리 스페인 해안까지도 모험을 일삼은 사람들이었다. 이들이 사용한 문자 M은 mem이라고 칭하고 '물'을 의미하였다. 이 문자는 현대 영어의 모양을 꼭 닮았는데, 당시의 문자는 단지 대양의 거친 파도를 나타내기 위해 쓰였다.

알파벳 문자 중에서 우리의 호기심을 끄는 것은 문자 Z이다. 이 문자가 어찌하여 26자 중에서 맨 마지막에 오게 되었을까? 실제로 이 문자는 오늘날과 같이 알파벳 문자의 마지막 문자는 아니었다. 고대 그리스 알파벳에서는 이 문자가 여섯 번째에 왔으나 로마인들이 이 문자를 이어 받으면서 불필요한 것으로 생각하여 Z 문자를 알파벳 문자에서 빼버렸다. 그 후 다시금 이 문자가 필요하다고 생각되었을 때쯤에는 본래의 위치를 잃어버리고 알파벳 문자의 맨 끝에 놓이게 된 것이다.

문자와 관련된 영어 단어 몇 개를 더 소개하기로 한다. album이란 단어는 제본된 책에다 그림을 오려 붙이는 것을 가리키는데 고대 로마에서는 대중에게 공지사항을 알리는 작은 알림판 조각을 의미하는 단어로 쓰였다. 이 단어는 원래 '백白'과 '흑黑'을 동시에 의미하는 albus라는 단어에서 유래하는데, 아무것도 쓰지 않아 깨끗한 인쇄물의 한 장을 나타냈다. 그리하여 이 위에 자필로 서명하여 만든 사인첩을 autograph album이라고 한 것은 18세기 중엽에 처음으로 방대한 영어사전을 만든 사무엘 존슨Samuel Johnson(1709~1784) 박사가 쓰던 옛 방식이었다.

사무엘 존슨 박사

영문학을 공부하는 사람들이 애용하는 책 이름에 anthology라는 단어가 들어가는 것을 흔히 볼 수 있다. 이 단어는 많은 작가들의 작품 중에서 중요 부분을 발췌하거나 때로는 한 작가의 여러 작품에서 발췌한 시나 소설의 모음집을 의미한다. anthology에 들어갈 작품을 수집하는 편집자는 실제로는 문학의 꽃다발을 모으는 것과 같다. 그리스어로 anthologia

는 '꽃'을 뜻하는 anthos와 '따 모으다'란 뜻의 lego에서 유래하여 '꽃을 모으는 일'이란 의미를 지니고 있기 때문이다.

18세기로 거슬러 올라가면 우리에게 문법학자로 더 잘 알려진 당시 물리학자였던 조셉 프리스틀리Joseph Priestley는 caoutchouc라고 불리는 남미에서 들여온 탄성고무 즉, 아교가 연필로 쓴 자국을 지워버린다rub는 사실을 발견하였는데, 그 때부터 이 물질을 지우개rubber로 칭하게 되었다. 한편, '지워버리다, 삭제하다'란 뜻의 erase란 단어의 유래는 이보다 더 오랜 과거로 거슬러 올라간다. 즉, 이 단어는 '긁어 지워버리다'란 뜻의 라틴어 동사 erado의 일부인 erasus에서 유래한다. 고대 로마인들은 밀랍 조각 위에 쓴 단어들을 문자 그대로 긁어 지워버리거나 쇠로 만든 쓰기도구 즉, 철필鐵筆의 뭉툭한 끄트머리로 밀랍을 긁어 없애버리지 않으면 안 되었다.

'문법'이란 뜻의 영어 단어 grammar도 문자와 밀접하게 연관된 단어이다. '문자, 글자'란 뜻을 지닌 그리스어 gramma는 '문자의 기술'이란 뜻의 그리스어 grammatike techne의 기초가 되었는데, 이것은 라틴어 grammatica를 거쳐 고대 프랑스어에서는 grammaire가 되었고 영어에 들어오면서 오늘날과 같은 형태가 되었다. 영국에서는 수세기 동안 라틴어가 문화어로 쓰였고 식자층에서는 라틴어를 의사소통의 수단으로 사용하여 사회 전반에 걸친 모든 소통이 라틴어로 이루어졌다. 이 시기에 grammar란 단어는 라틴문법을 의미하였으며 학교의 교육과정에서 가장 중요한 과목으로 여겨졌다. 그리하여 당시 학교 교육의 가장 중요한 목표 중의 하나가 곧 라틴문법을 가르치는 일이었으므로 여기서 grammar school이라는 말이 붙여지게 된 것이다. 오늘날 영국에서는 대학진학준비과정의 공립 중등학교를 지칭하는 말로 쓰이고 있다.

문자와 관련하여 lampoon이란 단어를 떠올리게 된다. 17세기 프랑스에서는 한 무리의 대학생들이 카페에서 술잔을 높이 들어 '축배를!'이라고 외치는 전통이 내려오고 있었다. 이들은 프랑스어로 lampon이라고 하는 노래를 부르곤 했는데, 술자리에서 부르는 이 노래는 단지 축배의 노래에 지나지 않았지만 이들은

알렉산더 포프

술자리가 무르익어감에 따라 때로는 즉석에서 곡을 만들어 부르기도 하였다. 이 노래의 가사는 대체로 상대방의 허를 찌르는 상스럽고 익살스러운 재담으로 되어 있었으나, 때로는 풍자적이고 선동적인 내용도 들어 있었다. 그리하여 18세기에는 알렉산더 포프Alexander Pope(1688~1744)와 같은 풍자가들이 위트 있고 독설이 가득한 시를 만들어 냈을 때 사람들은 그 옛날 프랑스에서 유행하던 축배의 노래를 떠올렸다. 그 후 프랑스어 lampon은 영어로 들어오면서 lampoon이라는 철자로 바뀌어 쓰이게 되었고 오늘날 이 단어는 상대방을 웃음거리로 만드는 상스러운 풍자 또는 풍자문학이라는 의미로 쓰이고 있다.

magazine이란 단어는 원래 아라비아어에서 영어에 들어온 차용어로, 아라비아어 makhzan은 '곡식이나 다른 양식을 보관해 두는 창고'라는 뜻을 지녔다. 본래 책book을 지식의 저장소라고 여기던 당시에는 magazine이라고 칭하였으나, 1731년 포프가 쓴 *The Dunciad*(1742)에 정기간행물이라는 타이틀로 맨 처음 언급된 이래 19세기에 와서야 비로소 정기 간행물에 한해 이 단어가 쓰이게 되었다. 프랑스어 magasin은 상점store이라는 의미를 지닌다. magazine이라는 철자가 맨 처음 영어에 기록된 것은 1599년이었으나 특정한 주제에 관한 정보를 저장해 두는 곳이라는 의미로 책의 타이틀로 쓰이게 된 것은 1639년이다. 1596년에 나온 스펜서의 *View of Ireland*라는 저서에는 이 단어가 탄약이나 화약 따위를 저장해 두는 곳이라는 특별한 의미로 쓰이고 있다.

문자와 관련되어 우리가 사용하는 어휘의 대부분은 '쓰다'라는 라틴어 scribo에서 나온 scriptus의 소산所産이다. 이 두 단어에서 현대 영어의 scribe, scribble, script, scripture 따위와 같은 어휘들을 추적해 내는 일은 어렵지 않다. 물론 타자기가 쓰이기 오래 전부터 손으로 써서 만든 manuscript(manus는 '손'이라는 뜻)가 있었다. postscript라는 단어의 어원에는 편지의 본문 다음에 쓰는 것written after이라는 분명한 의미가 담겨 있다. 따라서 description은 실제로 써내려가는 것written down을 의미한다. 만약 상대방의 미덕이나 선행을 그 사람 됨됨이의 탓으로 돌린다면 그것을 상대방을 평가하는 기준으로 써 내려가는 것write it down to이 되는데 이 때 사용되는 단어가 ascribe이다. 우리가 잡지를 구독할 때 쓰는 subscribe는 계약서 밑(sub 'under')에 우리의 이름을 '쓰는write' 것이다. 가령, 우리의 권력이나 힘이 제한을 받게 될 때 쓰이는 circumscribe는 운명이나 또는 동료들이 이들 권력이나 힘을 제한하기 위해 그 주위(circum 'around')에 경계선을 긋거나 문서로 작성하는 것을 의미한다.

문서와 관련된 흥미 있는 역사를 지닌 단어로 rigmarole이라는 것이 있다. 이것은 앞뒤가 연결되지 않은 혼란스럽고 두서없이 늘어놓은 긴 이야기를 뜻한다. 영국의 왕 에드워드 1세는 스코틀랜드를 영국의 예속된 한 왕국이 되기를 원하였는데, 스코틀랜드 왕과 귀족들이 이 문제를 왈가왈부할 입장에 처하지 않았으므로 1291년 ragman roll넝마주이 명부라는 충성 서약 문서를 에드워드 왕에게 바쳤다. 이 문서는 명칭에 나타난 그대로 문서들이 가지런히 정돈되지 못하고 서로 섞이고 각양각색의 문서와 서명으로 이루어져 있었기 때문에 rigman roll이 오늘날 쓰이는 rigmarole로 변하는 데에는 큰 어려움이 없게 되었다. 그리하여 역사상 혼란의 극치를 보여주는 상징으로 쓰이게 된 단어가 되었다.

우리가 흔히 사용하는 symposium심포지엄이라는 단어 또한 흥미롭다. 이 단어는 '함께'란 뜻의 syn과 '마시다'란 뜻의 pino가 합쳐져서 이루어진 그리스어 symposion에서 유래한다.

심포지엄

옛날 그리스인들은 저녁식사 후에 심포지엄을 열었으며 함께 포도주를 마시고 여흥을 즐기면서 지적 담론을 즐겨 나누었다. 스스로 *Symposium* '향연'이라고 부른 그리스 철학자 플라톤Plato의 대화록은 그리스인들의 모임에서 나눈 대화를 상상하면서 그려낸 것이다. 이런 연유로 해서 symposium이란 단어는 오늘날 논평이나 견해 그리고 짧은 평론 특히, 팜플릿이나 잡지에서 볼 수 있듯이 똑같은 주제를 놓고 서로 다른 필자들이 쓴 논문의 모음집이나 기록을 지칭하는 의미로 쓰이고 있다.

문자에서 입말spoken language로 화제를 돌리면 자연스럽게 소리와 관련된 단어의 역사를 상기하게 된다. 연설을 낭송하는 학생이 큰 소리로 읽게 되는 것은 극적 효과를 노린 그의 웅변술을 익히기 위한 것인데, 이 경우에 꼭 알맞은 단어가 declamation이다. 이 단어의 유래는 맨 처음 claim에서부터 시작되었다. 라틴어 clamare는 '소리치다cry out' 란 뜻인데, 우리가 무언가를 소리칠 경우에는 목소리를 높여 큰 소리로 말하게 될 경우를 말하는 데서 비롯되어 로마인들이 '철저하게' 란 뜻의 de-와 '소리치다' 를 뜻하는 clamo를 붙여 declamare란 단어를 만들어낸 것이다. 이 단어의 명사형 철자는 1387년 이전 중세 프랑스어 declamacioun을 통해 영어에 차용되어 쓰이다가 오늘날과 같은 철자로 변하여 쓰이게 되었다.

말과 관련된 것으로 discussion이라는 단어가 있다. 흔히 토론은 열띤 논쟁으로 끝을 맺게 되는 법. discuss란 단어가 어찌하여 '산산조각으로 쪼개지다' 란 의미에서 유래되었는지 이 단어의 뜻을 살펴보면 그 원인이 들어난다. 정치선거운동 기간에는 동서고금을 막론하고 청중들은 웅변가들의 열변에 매료되기 마련이다. 이처럼 '열변' 을 뜻하는 harangue이란 진기한 단어는 고대 고지 독일어 hring에서는 '동그랗게 원을 그리고 모인 청중' 이란 뜻으로 쓰였고, 고대 프로방스어에서 중세 프랑스어를 거쳐 영어에 들어와 쓰였다. 고대영어에서도 hring이란 철자로 쓰였는데, 정치 연설을 듣기 위해 웅변가 주위에 동그랗게 모여든 청중의 고리 즉, '원ring' 을 지칭하는 의미로 쓰였다.

말과 관련하여 프랑스어에서 들여온 것으로 badinage라는 어휘를 빼놓을 수 없다. 한마디로 '기분 좋게 웃어넘길 수 있는 가벼운 농담' 정도의 의미를 지닌 단어로 재치가 깃든 말이기는 하나, 놀랍게도 이 말의 밑바닥에는 명랑하고 쾌활한 사람은 아둔하고 멍청한 사람일 수도 있다는 개념이 깔려 있다. 라틴어 bado는 '입을 (하마처럼) 크게 벌리고 하품을 하다'란 뜻을 지닌 단어로 중간에 여러 복잡한 경로를 거치면서 영어에 들어왔다. 프랑스어 badinage는 프로방스어인 badiner에서 차용해 온 것으로, 이 단어는 '입을 크게 벌리고 하품하다'란 badar에서 유래하여 프로방스어에 와서 '가벼운 농담을 하다'란 뜻으로 의미가 변하였고 이것을 프랑스어에서 받아들여 영어에 전하게 된 것이다.

이것과 관련된 신기한 단어로 palaver란 것이 있다. 이 단어는 영국 선원들이 18세기에 아프리카 해안을 따라 항해하면서 포르투갈 상인들로부터 얻어 들은 것이다. 아프리카 대륙에서는 이 단어가 시간이 비교적 오래 걸리는 상담이나 협상의 의미를 담고 있었다고 하나, 오늘날에 와서는 상대방의 비위를 맞추느라고 홍수처럼 쏟아내는 말을 뜻하는 의미로 쓰이게 되었다. 물론, 모든 대화나 문서에 내밀內密한 이야기가 첨부되면 살아 움직이는 모습을 띄기 마련이다. 내밀한 이야기는 밖으로 발설해서는 안 되는데 이것을 뜻하는 *anecdotes*라는 어휘는 원래 그리스어 anekdotos에서 유래한다. an-은 'not', ek-는 'out', dotos는 'given'라는 뜻으로 '(외부로) 발설해서는 안 되는 (은밀한 이야기)'라는 의미를 지닌 단어이다. 그러나 인간의 본성이란 늘 그렇듯이 개인에 관한 은밀한 이야기는 시간이

흐르면 점차 밖으로 새어나가게 되어 있어서 나중에는 널리 퍼져 나가게 된다. 이 단어는 짧은 이야기를 가리키는 의미로 쓰였는데, 그리스인 비잔티움 제국의 역사가인 프로코피우스Procopius(500~562)가 동로마제국의 황제였던 유스티니아누스 대제의 궁정에서의 내밀한 사생활을 기록한 미발간 회고록이 빌미가 되어 이것을 지칭하는 의미로 사용된 것이 이 단어의 유래이다.

말하는 사람이 있으면 반드시 청중audience이 있고 청중석 또는 강당auditorium이 있게 마련이다. 이 두 단어는 모두 '듣다'란 뜻의 라틴어 audio에서 유래하는데, 이 말 속에는 말하는 이는 청중의 인내력과 올바른 평가를 기대하고 있다는 뜻을 함축하고 있다. 이와 마찬가지로, 글 쓰는 이는 그의 글을 읽어줄 독자readers를 필요로 하고 있다. '읽다read'라는 단어에는 너도밤나무 조각에 (칼로) 흠집을 내어 쓴 마술 같은 루운 문자를 알아맞히거나guess 이 문자를 읽어 내려가는 의미로 시작된 고대영어 rœdan이라는 신기로운 단어에서 유래한다(루운 문자는 runes라고 하며 '비밀, 신비'란 뜻이다). 해석할 수 있는 것이라면 그것이 무엇이 되었든 간에 이것을 모두 raedels라고 하였는데, 이 단어 끝에 s가 붙어 있었으므로 후에 사람들이 이 단어가 복수형이라고 생각하게 되어 새로운 단수형인 raedel이 생겨나게 되었고 여기서 '수수께끼'라는 뜻의 riddle이라는 단어가 만들어지게 되었다.

02

A Story of Word Origins

고유명사

• • 영어에는 고유명사에서 만들어진 단어가 수백 개가 넘는다. 실제 인물은 물론 문학 작품에 나오는 가상 인물의 이름에서 영어 단어가 유래하기도 하고 도시나 마을의 이름에서도 단어가 만들어지기도 한다. 역사나 문학 그리고 신화 속에 등장하는 인물을 비롯하여 생존하고 있거나 죽은 지 오래된 인물에서도 영어 단어로 등재되는 경우가 적지 않다.

작가의 마음속에는 존재하지만 실제로는 존재하지 않은 맬러프롭 부인Mrs Malaprop 같은 우리에게 잘 알려진 인물도 영어 단어에 들어와 익숙하게 쓰이고 있다. 1775년에 세리단Richard Brinsley Sheridan이라는 영국의 작가가 *The Rivals*라는 유명한 희극을 썼는데, 이 작품에 나오는 리디아Lydia Languish라는 매혹적인 여주인공에게는 맬러프롭이라는 나이 지긋한 숙모가 있었다. 맬러프롭 부인은 자신의 생각이나 의견을 논리정연하게 풀어서 얘기하지 않고 일부러 익살스럽게 말하는 버릇이 있었는데, 이를테면 그녀의 딸에게도 '학습의 소산'이라는 식으로 말하기도 하였다. 그녀는 '거드름 피우는

세리단

지식' 이라든가, '전염병을 퍼뜨리는 나라' 라는 식의 말을 하곤 하였으며 어떤 사람에 대해 불평을 얘기할 때에도 '나일 강 둑의 우화처럼 제 고집대로 행동하는' 사람이라는 표현을 쓰기도 하였다. Malaprop이라는 이름은 '부적당한' 이란 뜻의 프랑스어 표현인 mal à propos가 줄어서 된 말이다. 여기서 나온 영어가 malapropism이란 단어로 우리가 말을 사용할 때 어울리지 않게 오용誤用해서 우스꽝스럽게 된 말씨를 흔히 지칭할 때 쓰이고 있다.

maverick이란 단어는 미국 특유의 어휘이다. 이 어휘는 소유자를 표시하는 낙인을 찍지 않은 소, 특히 어미 없는 송아지를 지칭할 때 쓰이는데, 미국 텍사스에 거주하는 매버릭Samuel A. Maverick이라는 사람이 자신이 소유하고 있는 소 무리 중에서 송아지에 낙인을 찍지 않은데서 유래한다. 텍사스라는 곳은 19세기 중엽만 해도 그 옛날 서부개척시대처럼 거칠고 활기에 찬 고장이었고 이웃사람들은 자신들이 소유한 송아지 무리에 소유자임을 나타내는 낙인을 찍었다고 한다.

단두대

이처럼 현대영어에는 다양하고 흥미로운 고유명사에서 만들어진 어휘가 풍부하게 쓰이고 있다. 이것을 좀 더 살펴보기로 하자.

기요땡 박사

단두대를 발명한 기요땡 박사Joseph I. Guillotine (1738~1814)의 이름을 따서 만들어진 '단두대' 란 뜻의 길로틴guillotine, 자동차의 대명사로 불리는 포드Ford는 우리에게 흔히 알려져 있다. 한편으로는 이름 자체가 하나의 상징으로 쓰이는 경우가 있는데, 셰익스피어 작품에 등장하는 탐욕을 상징하는 샤일록Shylock, 지혜를 상징하는 성서의 인물 솔로몬Solomon, 그리고 힘을 상징하는 삼손Samson은 이미 우리에게 익숙한 단어이다. 그런가

하면, 신장질환의 일종으로 불리는 브라이트 병은 단백뇨와 고혈압 증상을 나타내는 병으로 이 병의 연구를 최초로 발표한 영국의 의사 브라이트 박사R. Bright(1789~1858)의 이름을 따서 Bright's disease라고 부른다.

'부자'라고 하면 요즈음에는 빌 게이츠W. H. Gates III(1955~)나 워렌 버핏Warren E. Buffett(1930~)과 같은 대재벌의 이름이 떠오르는 것이 보통이다. 소아시아 서부의 고대 왕국이었던 리디아Lydia의 마지막 왕인 크로이서스 왕Croesus의 시대(B.C. 560~546)는 소아시아의 대부분을 차지하는 부유한 강국이었다. 워렌 버핏은 오늘날 투자 세계의 거인으로 거부를 누리면서 자선사업가로도 활동하고 있는 인물이다. 이들 두 인물은 '부자, 거부'라는 의미를 영어에 가져다 준 단어가 되었다.

워렌 버핏

빌 게이츠

어떤 사람의 성격이나 기질이 명랑, 쾌활하다고 할 때 쓰는 단어가 jovial인데, 이 단어는 로마 신화의 주피터Jupiter라는 신의 이름에서 유래한다. 그리스 신화의 제우스Zeus신에 해당하는 주피터 신은 모든 신의 왕으로 천계天界의 최고신으로 일컫는다. 또한, 군가martial music를 언급할 때에는 로마신화에 나오는 전쟁의 신인 군신軍神을 떠올리게 된다(그리스 신화에서는 Ares에 해당함). 흥미로운 것은 성병性病을 뜻하는 venereal disease의 유래이다. 라틴어 venus는 '사랑, 매력'이란 뜻으로 일반적인 명칭으로는 널리 쓰이지 않고 있다가 로마 신화에 등장하는 사랑의 여신인 비너스Venus라는 명칭에서 유래한 '육체적인 사랑, 육체

비너스

적인 접촉'의 의미를 지닌 venereus란 단어가 생겨났고 이것이 영어에 들어와 venereal이란 단어로 변하였다. venereal disease란 병명은 17세기 중엽에 생겨난 것이다. 어린애들이 가지고 노는 doll이란 단어는 한 때 여주인mistress이나 연인sweetheart이라는 뜻을 지닌 애정 어린 말로 쓰였으나, 오늘날에는 고유

석상

명사인 Dorothy라는 인명에서 유래하여 이를 줄여 만든 어휘로 종래의 의미는 사라지고 없다. 그러나 매력적인 여성에 대해 아직도 영어에서는 '깜찍한 인형 같지 않아요?Isn't she a cute doll?'란 표현을 쓰고 있다.

어휘가 만들어지는 창조적인 과정을 좀 더 들여다보면 흥미로운 것들이 많다.

미국 남다코다 주에 있는 거대한 돌산에 보글럼John G. Borglum(1867~1941)이라는 미국의 조각가가 워싱톤, 링컨 등 미국 대통령의 흉상을 새겨놓은 엄청난 크기의 석상石像은 그리스 신화에 나오는 타이탄 신처럼 그 크기가 어마어마한 것으로 유명하다. 이 때 사용되는 titanic이라는 단어는 하늘의 신인 우라누스Uranus와 대지의 신인 가이아Gaea와의 사이에 태어난 프로메테우스, 아틀라스 등 거인

호머

들 중의 하나인 타이탄titan이라는 이름에서 유래한다. '엄청난'이란 뜻의 titanic은 '타이탄과 같은'이란 뜻이고 gigantic이란 단어는 '거인과 같은'이란 의미로 쓰인다.

그리스 시인 호머Homer는 타이탄과 같이 신화를 바탕으로 하지 않은 영어 단어 2개를 탄생시켰다. 그의 서사시 〈일리아드Iliad〉에서 호머는 트로이 전쟁의 그리스인 전령傳令이었던 스탠터Stentor에 관한 이야기를 우리에게 들려주고 있다. 그의

음성은 50명의 남성이 함께 외치는 소리와 같이 크고 우렁찼다고 하는데, 그의 이름 Stentor에서 유래한 stentorian이란 단어는 '목소리가 매우 큰' 이란 의미로 쓰이며 stentorian voice라는 표현은 그 옛날 스탠터가 그랬듯이 크고 우렁찬 목소리를 뜻하는 표현에 흔히 쓰인다. 한편, 네스터Nestor와 같은 인물의 특성을 말할 때 우리는 본래 그리스 신화에 나오는 트로이 전쟁에서 그리스 군과 함께 전투에 참가한 재능을 겸비한 나이든 인물 네스터를 떠올리게 된다. 그는 천수를 누리며 3세대를 다스렸다. 따라서 네스터nestor라는 단어는 현명한 노인이나 일인자라는 의미로 쓰인다.

이제 눈을 고대에서 현대로 돌려 고유명사에서 끊임없이 영어에 들어온 어휘자원을 살펴보기로 한다.

사람이 지나칠 정도로 자기 자랑을 하거나 허풍을 떨 때 쓰는 단어로 gasconade란 단어가 있다. 인간이 지닌 이러한 약점에서 생겨난 이 어휘는 실제로는 프랑스 서남부 지방의 옛 이름으로 스페인 국경 근처에 있는 가스꼬뉴Gascony라는 지명(영어로는 Gascon)에서 유래한다. 미국 미주리 주에서 태어난 미국인들이 전통적으로 의심이 많은 것으로 알려져 있는 것처럼 가스꼬뉴 지방의 사람들은 허풍을 떨기로 널리 정평이 나 있었다고 한다. gasconade란 단어는 이렇게 해서 18세기를 지나면서 영어에 들어와 쓰이면서 '허풍(떨다), 뽐내다' 란 의미로 쓰이게 되었다.

1844년 영국. 이 시기에 우리는 장차 무역용어로 유용하게 쓰이게 될 한 인물을 만나게 된다. 영국인 염색업자로 무명옷 날염공捺染工이었던 존 머서John Mercer가 바로 그 사람이다. 그는 면직물을 다루는 방법을 찾아내어 이전보다 한층 더 강하게 만들었고 염색도 더 잘되게 하였으며 덤으로 높은 광택까지 내게 하였다. 그리하여 그의 이름을 따서 만들어진 mercerize란 단어는 '면직물을 머서법으로 가공하다' 란 의미가 되었고 모든 여성들이 익히 알고 쓰는 어휘가 되어 오늘에 이르렀다.

로마의 장군이며 정치가였던 줄리어스 시저Julius Caesar가 영어 어휘자원에 공

줄리어스 시저

헌했다는 사실은 흥미롭다. 시저Caesar라는 말은 모든 러시아 황제에게 붙여진 Czar라는 명칭과 깊은 연관이 있다.

Czar는 맨 처음 Tsesar로 쓰였는데, 이와 똑같은 Caesar에서 독일 황제의 칭호인 Kaiser가 생겨났다. 급기야 당시 로마인들은 시저가 제왕절개 수술로 세상에 태어났다고 널리 믿고 있었으므로 그의 이름을 따서 만든 Caesarean section(operation)이라는 수술 이름까지 만들어지게 되었다.

줄리어스 시저와 동시대인으로 그의 친구이기도 했던 또 한 명의 인물이 영어에 기여하였다. 우리가 이탈리아를 여행하는 관광객으로 이탈리아의 명승, 고적을 안내해 줄 안내인이 필요하다고 하면 호텔에서는 우리에게 안내인을 소개시켜 줄 것이다. 이 때 쓰는 단어가 cicerone[sìsəróuni]라는 어휘이다. 이탈리아인은 로마 시대의 뛰어난 웅변가였던 키케로Cicero(B.C. 106~43)가 학문과 웅변을 상징하는 인물로 여겼으므로 이탈리아를 여행하는 여행객들을 안내해 주는 안내인으로서의 이미지를 웅변가 키케로에서 따온 어휘로 영어에 선사한 셈이다.

고전 문학에 등장하는 신들은 재능이 풍부하여 영어 어휘자원에 큰 기여를 하였다. 로마 신화에 나오는 바다의 신 프로테우스Proteus가 그 한 예에 속한다. 바다는 항상 그 모습이 변화무쌍하여 신화가 만들어지기에는 매우 용이하였다. 그리하여 프로테우스는 자신이 원할 때는 언제나 어떤 모습으로든지 변하는 재능을 지니고 있었다. 그리하여 성질이나 체질이 여러 가지 모습으로 다르게 나타나는 사람을 가리켜 프로테우스와 같은 기질을 지니고 있다고 말하는 protean이라는 단어가 생겨나게 되었다. 한편, 로

키케로

마의 신 주피터의 왕비인 주노Juno처럼 품위 있고 위엄이 있는 여성을 가리켜 Junoesque woman이라고 하는데 Junoesque라는 말은 곧 이 왕비의 이름에서 따온 것이다.

소설 속에 등장하는 인물 또한 영어에 들어와 쓰이는 예가 많다.

16세기에 이탈리아 작가로 활동한 프라카스토로 Girolamo Fracastoro(1478~1553)는 다재다능한 사람으로 시인이며 의사로도 활약한 기품이 있는 인물이었다. 그는 당대의 비평가로도 활동하면서 "명예를 위해서는 글을 쓰지 않겠노라."하고 말할 정도로 고결한 인품의 소유자였다. 그런데 그가 쓴 작품에 등장하는 인물 중의 하나가 의심스러울 정도로 불멸의 명성을 지니게 되었다. 그는 다름 아닌 그가 쓴 책에 나오는 양치기 영웅shepherd-hero이었다. 그 작품의 제목은 *Syphilis Sive de Morbo Gallico*라는 것으로 이것을 영어로 옮기면 매독Syphilis 또는 French disease라고 하는 성병이었다. 이 영웅이 곧 Syphilis로, 문자 그대로의 의미는 '호색가好色家'란 뜻을 지녔다. 그의 이름에서 유래한 이 병의 이름은 오늘날 의학 용어의 일부로 자리 잡게 되었다.

프라카스토로

여성의 이름이 영어에 들어와서 쓰인 예도 의외로 많다. 여러 해 전에 미국에서는 깁슨류의 미녀Gibson girl라는 말이 유행한 적이 있었다. 이 여성은 퐁파두르pompadour로 알려진 인물로, 앞머리를 높이 말아 올린 머리 모양을 하고 있었다. 이런 머리 모양은 프랑스 왕 루이 15세의 왕비인 퐁파두르 후작 부인의 이름을 따서 만들어졌다. 물론 많은 파리 여성들은 퐁파두르 부인의 몸가짐을 인정하지 않았으나, 그의 누이동생들은 왕비의 외관과 그녀의 우아한 모습을 모방하였으며 상당수 파리의 여성들은 왕비의 머리 장식을 흉내 내기에 바빴다. pompadour란

깁슨류의 미녀

단어는 이렇게 해서 만들어진 것이다.

영어에 들어와 쓰이게 된 고유명사 중 몇 가지 흥미 있는 예들을 소개하겠다.

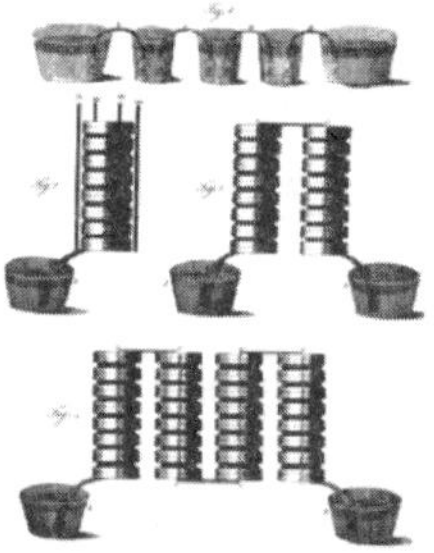

1881년 파리에서 열린 파리전자학회에서 거둔 업적의 하나는 새로운 명칭을 탄생시키는 일이었다. 그것은 전압의 단위로 쓰이는 하나의 볼트volt가 저항의 단위인 옴ohm을 통해 전해지는 전류 현상을 나타내는 명칭을 확립한 것이었다. 볼트는 이미 이탈리아의 유명한 물리학자였던 볼타Alessandro Volta(1745~1827)의 이름을 따서 붙인 것이므로 전자기 연구에 지대한 공헌을 한 프랑스 물리학자인 암페어André Marie Ampére(1775~1836)에 대해서도 똑같은 방법으로 암페어라는 명칭을 붙이는 것은 매우 당연한 일이었다. 옴이라는 단어는 독일의 물리학자 옴G. S. Ohm(1781~1854)의 이름을 따서 만든 것이고 전력의 단위인 와트Watt는 어릴 적 어머니가 사용한 차 끓이는 주전자에서 물이 끓어오르는 것을 보고 증기기관을 발명한 스코틀랜드의 기사였던 제임스 와트James Watt(1736~1819)의 이름에서 유래한 것이다.

1812년 프랑스의 어린 맹인 소년 루이 브라유Louis Braille(1809~1852)는 학교에서 알파벳 문자 모양을 따서 만든 작은 나뭇가지를 더듬어가며 알파벳을 배웠다. 그러나 이 어린 소년은 이런 거북하고 불편한 방법으로 지식을 배우는 데에는 한계가 있을 뿐만 아니라 참을성이 필요하다는 것을 깨달았다. 나이가 어느 정도 들게 된 어느 날, 그는 한 프랑스

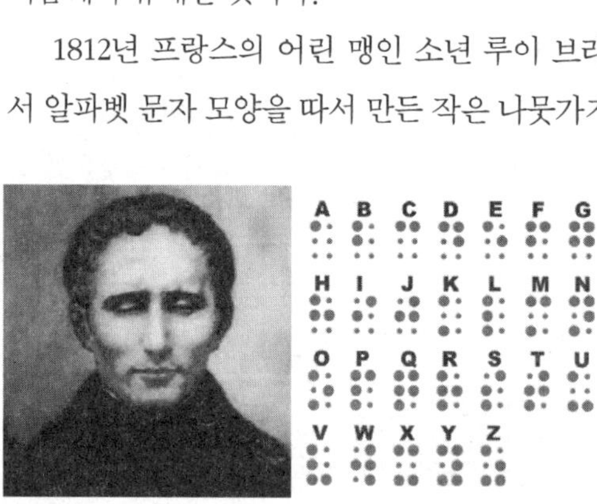

루이 브라유와 점자

육군대위가 위로 오목하게 솟은 점dot과 긴 선dash으로 된 부호체계를 고안해 내어, 이 체계에 의해 칠흑같은 어둠속에서도 손가락만으로 명령을 읽을 수 있다는 소문을 듣게 되었다. 브라유는 여기서 힌트를 얻어 맹인을 위한 점자체계를 개발해 내기에 이르렀다. 오늘날 그의 이름을 딴 braille는 보통명사로 쓰여 브라유식 점자법을 뜻하는 보통 명사로 널리 쓰이고 있다.

쇼비니즘chauvinism이란 단어는 나폴레옹을 신처럼 숭배한 한 병사의 이름에서 유래한다. 워털루 전투에서 프랑스 제국이 무참히 패배한 후에도 나폴레옹 1세에 대한 신뢰를 잃지 않았던 한 프랑스 병사가 있었다. 상처투성이가 되어 전역한 이 노병은 가는 곳마다 나폴레옹에 대한 숭배를 빼놓지 않고 극구 칭송하고 다녔으며 마침내 스스로 우스꽝스러운 인물이 되어 버렸다. Scribe나 Cogniard와 같은 당대의 프랑스 극작가들이 이를 놓칠 리가 없었다. 이들은 이 병사의 특질이나 결점을 우습고 재미있게 과장하여 풍자적으로 묘사하였고 이윽고 그 병사의 이름인 니콜라 쇼뱅Nicholas Chauvin(b. 1780)에서 오늘날 영어식으로 발음되는 chauvinism이란 단어가 생겨나게 되었다. 쇼비니즘은 이치에 맞지 않고 자만심이 강하여 열광적인 애국주의나 맹신을 의미하는 단어로 많이 쓰인다.

대부분의 발명품은 많은 사람들의 노력의 산물로 나타나기 마련이다. 갈릴레오나 뉴턴과 같은 과학자들은 온도계를 장난감처럼 가지고 놀았고 물과 알코올을 사용하여 상당한 진전을 나타내기도 하였다. 그러나 이러한 일은 기상학 기계를 만드는 이름 없는 제조업자가 온도변화를 알아차리고 이를 기록하기 위해 처음으로 단순하게 수은 온도계를 만드는 것과 같은 일에 지나지 않았다. 18세기

초 독일의 물리학자 파렌하이트Gariel David Fahrenheit(1686~1736)는 그의 이름을 따서 오늘날 널리 쓰이는 화씨온도계Fahrenheit를 발명하였다. 그런데 이상하게도 그가 독일인이었음에도 불구하고 독일인들은 온도계의 눈금을 창안한 스웨덴 천문학자 셀시어스Anders Celsius(1701~1744)의 이름을 따서 만들어지게 된 섭씨온도계centigrade thermometer를 사용하고 있다.

프랑켄슈타인

프랑켄슈타인이라는 이름을 들으면 금방 우리는 무시무시한 괴물을 연상하게 된다. 이 괴물은 다름 아닌 영국의 소설가 메리 셸리가 쓴 소설 《프랑켄슈타인》(1818)에 나오는 남작을 지칭한다. 셸리는 1816년 남편과 함께 스위스 제네바에서 여름휴가를 보내던 중 당시 유행한 괴기怪奇 소설에 자극을 받아 《프랑켄슈타인》을 완성했다. 인간 창조에 광적인 관심을 가진 물리학자 프랑켄슈타인 박사는 천둥번개가 치는 어느 날 밤, 연구의 결실을 맺게 된다. 하지만 그는 끔찍한 모습의 괴물 같은 자신의 창조물을 보고 충격을 받는다. 괴물은 외딴 농가에 숨어들어 이 가족들과 친해지려고 접근을 하나, 그의 시도는 비극으로 끝나고 만다. 극도의 고독과 버림받은 절망감, 창조자에 대한 분노에 사로잡힌 괴물은 자신을 만든 프랑켄슈타인 박사를 찾아 나서고, 박사를 포함한 주변 사람들에게 끔찍한 복수를 하게 된다는 이야기다. 그리하여 이 물리학자의 이름은 자신이 만든 작품에 파괴당하는 자를 상징하는 이름이 되었다. '근대의 프로메테우스'란 부제가 붙은 소설 《프랑켄슈타인》은 1931년 미국 유니버설영화사에서 영화로 만들어지면서 큰 인기를 끌었다. 영화에서 괴물을 프랑켄슈타인이라고 잘못 부르는 경우가 흔히 있는데, 소설 속 프랑켄슈타인은 괴물을 만들어낸 물리학자이다.

가이 폭스

우리가 흔히 쓰는 단어에 guy란 것이 있다. 이 말의 어원은 가이 폭스Guy Fawkes(1570~1606)라는 사람의 이름에서 유래한다. 1605년 11월 5일 제임스 1세의 반카톨릭법 실행에 항의하여 그 유명한 '폭약음모Gunpowder Plot' 사건이 일어났다. 영국 의회 건물을 폭파하여 제임스 1세와 국회의원 전부를 살해하려고 한 사건이다.

이 사건의 주모자인 가이 폭스는 의회에 붙어있는 집으로 들어가 지하실로 통하는 곳에 터널을 파고 석탄 용기에 다량의 폭약을 장전하여 숨겨놓았다. 그러나 불행히도 가담자 중 한 명이 몬티글 경Lord Monteagle에게 편지를 보내 폭발로 예정된 날에 의회에서 모임을 갖지 말 것을 경고하였다. 이 음모는 발각되고 가이 폭스는 교수형을 당했다.

그가 교수형을 당한 11월 5일에 치러지는 행사의 하나는 미국인들이 치르는 할로윈 행사처럼 괴상한 옷차림을 하고 짚이나 넝마로 속을 넣고 헌 옷을 입힌 기괴한 그의 초상effigy을 들고 거리를 행진하다가 이 초상을 불태우는 일이다. 그리하여 그의 이름 guy는 그의 초상처럼 괴상한 옷차림을 한 사람을 가리키는 명사가 되었다.

영국에서는 '도깨비처럼 생긴 사람', '진짜 괴짜', '진짜 괴물' 등과 같은 사람을 guy라고 일컫는데 반해, 미국에서는 경멸의 뜻이 전혀 들어있지 않고 단순히 man, fellow, chap과 같이 어떤 한 남자를 뜻하는 말로 가장 흔히 사용되는 말의 하나가 되었다. guy가 동사로 쓰이게 되면 처음에는 '가이 폭스의 초상을 끌고 다니다'로 쓰였으나, 요즈음에는 영국에서나 미국에서나 '놀리다, 웃음거리로 만들다'란 일반적인 의미로 쓰이고 있다.

영어 단어의 상당수는 어떤 지역에 사는 사람들의 특징에서 유래한 것이 많다. 말수가 적은 사람을 가리켜 영어로 a laconic man이라고 하는데, laconic이란 단어는 이런 특징을 지닌 종족인 고대 그리스 남부, 펠로폰네소스에 있던 고대 왕국에 거주하던 라코니아 인이 거주하던 지역의 이름에서 유래한다. 이들 종족은 수도였던 스파르타 지역에 거주하였는데, 짧고 간결하면서 함축성 있고 명쾌한 말을 하는 것으로 평판이 자자하였다. 한번은 아테네 인 전령傳令이 라코니아 인들에게 '만일 우리가 당신네 도시로 간다면 그 도시를 완전히 파괴해 버릴 것이오.'라고 말하자, 라코니아 인들은 '만약이라면.'이라고 짧게 대꾸했다는 이야기가 전해 내려오고 있다. 그리하여 Laconia라는 지명에서 유래한 laconic이라는 형용사가 영어 단어에 들어와 쓰이게 된 것이다.

펠레폰네소스 반도

존 머캐덤

1770년 미국 뉴욕에 이민으로 건너온 존 머캐덤 John MacAdam(1756~1836)이라는 스코틀랜드 인이 있었다. 13년간 미국에 머무는 동안 꽤 많은 재산을 모은 그는 평화롭고 안락한 여생을 보내기 위해 고향인 스코틀랜드 서남부에 위치한 에어셔로 돌아왔다. 고향으로 돌아온 그는 주위의 도로상태가 매우 나쁜 것을 알게 되었으며 도로 상태를 향상시킬 수 있는 방법을 연구하기 시작하였다. 그는 잘게 부순 돌을 도로에 여러 겹으로 깔고 그 위에 흙을 덮어 압력을 가하면서 도로를 포장하는 공법을 개발해 냈다. 도로 포장에 대한 이론은 이렇게 하여 오늘에 이르렀고 그의 이름을 따서 macadam이라는 단어가 생겨나게 되었다. 도로를 머캐덤 공법으로 포장할 때 쓰는 동사는 macadamize(영국식 철자는 macadamise)라는 단어이다.

걸핏하면 너무 쉽게 우는 여성, 눈물이 헤픈 여성을 가리켜 영어에서는 maudlin이라는 단어를 써서 나타낸다. 그 역사를 알면 재미있다. 이 단어의 프랑스어 철자는 처음에 Madelaine이었는데, 영어에 들어오면서 Maudeleyne으로 바뀌었다. 이 두 단어는 성서에 나오는 막달라 마리아Mary Magdalene라는 인물로 소급해 올라간다. 이 여인은 예수를 섬기던 여인들 가운데 한 사람으로 일곱 귀신이 들렸는데, 예수가 그 귀신들을 쫓아내 주었다(누가복음 8장 2절)고 기록되어 있다. 이 여인은 예수의 부활 소식을 제자들에게 맨 처음 전한 사람 가운데 한 사람(누가복음 24장 10절; 요한복음 20장 18절)이기도 하였다. 고전 화가들이 그린 막달라 마리아는 대체로 그녀의 죄로 인해 눈물을 흘린 나머지 두 눈이 부풀어 오르고 빨개진 모습을 하고 있었다. 그녀의 이름 가운데 Magdalene의 발음은 점차로 변하여 maudlin으로 되었고 마침내 아무것도 아닌 일에도 눈물을 흘리는 사람(특히 여성)을 가리키는 단어로 쓰이게 되었다. 미국인들이 Magdalene이라고 부르는 영국의 현 옥스퍼드 대학의 학료學寮를 영국인들은 "Maudlin"으로 발음하고 있다.

막달라 마리아

호머의 서사시 오디세이에 나오는 주인공 오디세우스Odysseus가 트로이를 포위하기 위해 출발했을 때, 오랫동안 집을 비워두고 출정하는 것을 두려워 한 나머지 그의 집과 아내인 페넬로페Penelope를 그의 믿을만한 친구인 멘토르Mentor에게 부탁하였다. 일단 오디세우스가 떠나 버리고 나자 그의 집에는 페넬로페를 차지하려는 구혼자들이 몰려들어 술저장고에서 포도주를 꺼내 마시는가 하면, 가축을 마음대로 도축하는 소동을 부리는 등, 사태가 점점 악화되어 갔다. 현명한 여신 팔라스 아테네Pallas Athene가 올림피아 산에서 이러한 광경을 내려다보고 있다가 오디세우스가 귀향할 집을 잃어버리지나 않을까 매우 염려하여 천상의 신인 제우스신에게 자신이 내려가서 오디세우스를 도와줘야 할 것인지 문의하였다. 그러자 제우스신은 그녀에게 오디세우스를 도와줄 것을 요청하였다. 아테네는 멘토르의 모습으로 가장하고 지상으로 내려와 오디세우스의 어린 아들 텔레마쿠스Telemachus의 귀에 대고 온갖 유익한 조언을 해 주었다. 이리하여 오디세우스의 아내 페넬로페는 구혼자들의 유혹을 물리치고 정숙한 여자의 귀감이 되었으며 그 후 오늘날까지 '현명한 조언자'를 뜻하는 말로 mentor라는 단어가 영어로 전해져서 쓰이게 된 것이다.

장 니코

장 니코Jean Nicot(1530~1600)는 프랑스 인으로 다재다능한 외교관이었다. 언어학에 관한 주제로 논문을 쓰는가 하면, 프랑스어 어휘를 연구한 책을 펴내기도 하였다. 그런 그가 장차 나타날 사전에 자신의 이름이 중요한 표제어로 등장할 줄이야 어찌 알았겠는가. 그가 리스본 주재 프랑스 대사로 근무하고 있을 때, 신대륙이었던 아메리카에서 건너 온 낯선 식물의 씨앗을 우연히 사들인 적이 있었다. 그는 이런 식으로 담배 잎을 프랑스에 소개하였다. 그 후, 그의 이름 Nicot는 마침내 담배에 함유되어 있는 알칼로이드 해독 성분인 니코틴nicotine이라는 명칭에 포함되어 쓰이게 되었다.

사진이나 미술 특히 복식분야에서 흔히 쓰는 실루엣silhouette이라는 고유명사의 유래 또한 흥미롭다. 이 말은 '음영, 윤곽선'을 뜻하는 말로서 까맣게 칠한 반면半面 화상, 그림자를 의미한다. 그러나 이러한 스타일의 화상畵像이 루이 15세 시대의 프랑스의 작가이며 정치가였던 에띠엔느 드 실루엣Étienne de Silhouette의 이름을 따서 만들어진 것이라는 사실을 아는 이는 그리 많지 않다. 당시 프랑스 왕 루이 15세의 애인이었던 마담 드 퐁파두르Madame de Pompadour(1721~1764)는 저명한 정치가였던 실루엣에 깊은 관심을 가지고 있었으며 그녀의 영향으로 실루엣은 일약 1759년 프랑스 재무상이 되었다. 궁정의 신임을 얻게 된 그는 귀족들의 재산에 대한 토지세를 제안하였고 더 나아가 정부의 연금을 삭감하는 극단적인 검약 정책을 실시하여 당시 파리의 분노를 샀다. 그러면 어떻게 해서 그의 이름이 그림자 초상화를 가리키는 말의 명칭이 되었을까? 이에 관해서는 여러 가지 설이 있으나 그 어느 것도 확실치 않다. 다만, 한 가지 흥미로운 이야기가 전해져 오고 있다. 그가 프랑스 재정을 가장 단순한 형태로 줄이려고 하자, 이 형태에 가장 알맞은 미술의 형태는 다름 아닌 측면 초상화profile portrait였다. 그리하여 당시 파리 시민들은 그를 냉소하여 그의 지나친 검약 정신을 그의 이름인 Silhouette을 붙여 그림자 만화로 풍자하였으니 이것이 오늘날 실루엣이라는 이름으로 쓰이게 된 것이다.

이제 문학 작품에 나타난 인물이 고유명사가 된 흥미 있는 유래를 살펴보기로 한다. 요즘처럼 가짜가 판치는 세상에 '진짜'를 뜻하는 Simon Pure란 말이 등장하게 된 것은 그리 오래지 않다. 18세기 영국에서 일어난 일이니까 말이다. 이 시기의 극작가들은 그들이 쓴 작품에 등장하는 인물에 우화적인 이름을 붙이는 데 익숙해 있었다. 당시 가벼운 희곡을 쓰기로 잘 알려진 극작가이며 배우였던 콜리 시버Colley Ciber(1671~1757)는 부주의하고 소홀한 남편들 중의 한 사람을 '무사안일 경Lord Easy'이라고 불렀다. 시버보다 더 유명한 풍속희극작가였던 윌리엄 콩그리브William Congreve(1670~1729)는 그의 수다스러운 등장인물 중의 한 사람을 중상모략자 "Scandal"로 부르고 도덕적으로 행실이 나쁜 여성 등장인물을 허약녀 "Mrs. Frail" 등으로 불렀다. 1717년에 널리 회자膾炙된 희극으로 영국의 여배우이며 시인, 극작가인 상리브르Susanna Centlivre(1723년 사망)가 쓴 *A Bold Stroke for a Wife*(아내 달래기, 1718)가 있다. 이 작품에서는 촌극이 벌어지는 동안 사기꾼인 페인웰 대령이 러블리 양이 전혀 만나본 적이 없는 진짜 유명한 펜실베이니아 퀘이커 교도로

콩그리브

위장하여 러블리 양을 제압하게 된다. 물론, 이러한 그의 계략으로 인해 자신의 정체성을 입증하려는 이 작품의 등장인물인 진짜 주인공 Simon Pure('진짜'란 뜻)를 매우 난처한 입장에 빠지게 한다. 여기서 새롭고 유용한 표현이 영어에 들어오게 되었는데, 오늘날 영어에서 무엇이든지 우리가 simon pure라고 하면 그것은 곧 '신뢰할 수 있고, 진실하며 완전하고 순수한 진짜(명품)'이라는 의미를 지닌 말로 쓰인다.

상리브르

03

A Story of Word Origins

인간

• • 우리가 쓰는 어휘는 마치 인간과 같아서 때로는 이들 어휘를 서로 구별하기가 힘들 때가 자주 있다. 어휘가 지닌 수명은 인간의 수명과 그 궤를 같이 한다. 어휘들 중에는 엉뚱하고 잘못된 곳에서 태어나 차마 입에 올려서는 안 되는 난잡스러운 말dirty words이나 금구禁句가 되는 것들이 있는가 하면, 이렇게까지는 되지 않을지라도 좋은 사회계층에서는 사용이 금지되어 있는 통속적이고 외설적인 것들도 있다. 어휘도 인간의 생애와 마찬가지로 지저분한 어린 시절과 부랑아 시절이 있는가 하면, 부잣집 동네에서 고급스럽게 태어나는 행운을 누리기도 한다.

어휘 중에는 태어나면서 곧 사라져서 다시 듣기 어려운 것들도 있는가 하면, 힘차고 활기 있게 어린 시절을 보내고 세상을 휘젓고 다니다가 늙고 힘이 빠져 노년기에 접어드는 것들도 있다. 그 중의 일부는 빈민가에서 재기하여 화려한 옷을 차려입은 군중에 합류하기도 한다. 어휘도 좋든 나쁘든 결혼을 한다. 자녀가 전혀 없기도 하고, 한 자녀만 있는 경우도 있는가 하면 거대한 가족을 거느리며 생을 마감하는 어휘도 있다.

영어에서 gen을 포함하는 어계語系는 매우 생산적이며 뚜렷한 특징을 지닌다. gen은 '열매를 맺다, 낳다'란 의미를 지닌 그리스어에서 유래한다. 이 어계는 뉴잉글랜드의 캐봇가문the Cabots과 애덤스가문the Adamses을 떠올리게 한다.

이들 두 집안의 자손들이 뛰어난 인생 경력을 지녔기 때문이다. 우리는 gen이 들어있는 중요하고 맵시 있는 단어로 *gen*tleman, *gen*tle, in*gen*ious, *gen*erous, *gen*ial, *gen*der, *gen*ealogy 등 수많은 단어들을 떠올린다.

gen과 비견할만한 또 다른 훌륭한 어계로 '지식, 학문'을 뜻하는 그리스어에서 온 -logy를 꼽을 수 있다. philology문헌학, psychology심리학, sociology사회학, philsophy철학 등 400개가 넘는 수많은 어휘가 그리스어에 뿌리를 두고 영어에 전해져 쓰이고 있다. ex-라는 혈통도 좋은 집안(어휘)과 결합하여 많은 자손을 퍼뜨렸는데, 오늘날에는 대체로 중요하지 않은 사회적 지위로 한 단계 낮추어 쓰이고 있다. 라틴어 ex-는 '밖으로out'란 뜻을 지니는데, 이 말은 별로 좋지 않은 의미로 쓰이는 경우가 많다. *ex*-governor전직 주지사, *ex*-president전직 대통령, *ex*-wife전 처 등. 우리가 건물이나 지하철 역 구내에서 흔히 접하는 *ex*it출구는 싫든 좋든 우리를 안에서 밖으로(또는 거리로) 내쫓는 의미가 포함된 유쾌하지 않은 단어임에는 틀림없다.

-graph 및 *-phone*이라는 어계 또한 전자는 문자writing, 후자는 소리sound와 관련을 맺으면서 인간과 밀접한 관계를 지닌다. 이들 두 접미사는 때로는 서로 합쳐져서 현대영어 phonograph축음기라는 단어를 만들기도 하고, 좀 오래된 단어인 graphophone(왁스레코드를 사용하는 축음기)이 되기도 하는데, 이 두 단어는 모두 '소리-문자'를 뜻하는 그리스어에서 유래한다. 현대영어에 흔히 쓰이는 tele*graph*와 tele*phone*도 빼놓을 수 없다. 그리스어 tele-는 '먼 곳에far away'란 뜻을 지니며 전자는 먼 곳으로 '문자'를 보내는 기능을 지닌 전보나 전신을 뜻하며, 후자는 먼 곳에 '소리'를 전달하는 기능을 지닌 전화를 지칭하는 말이다.

축음기

매우 오래 전에 우리가 한 젊은이를 향해 a

sly and crafty knave라고 했더라면 그는 매우 우쭐했을지도 모른다. 당시 sly는 '영리한'이란 의미로, crafty는 '솜씨 좋은'이란 의미로 쓰였기 때문이다. 그러나 세월이 흐르면서 이 두 단어의 의미는 달라져서 오늘날에 와서 전자는 '약삭빠르고 교활한', 후자는 '손재주가 있는, 간사한'이라는 좋지 않은 의미로 쓰이고 있으니 말이다. 이처럼 단어의 의미는 시대와 사회 변화에 따라 변하기 마련이다.

다음에 우리는 인간과 관련되는 영어 단어들의 유래를 더듬어 보면서, 이들 단어와 인간이 서로 어떻게 밀접하게 연관되어 있는지 살펴보기로 한다.

영어 단어에는 겉으로는 단순해 보이면서도 그 단어의 역사를 들여다보면 매우 복잡한 과정을 통해 발달해 온 것들이 있다. 그 중의 하나로 '성취하다'란 의미로 쓰이는 achieve라는 단어가 있다. 이 단어는 라틴어 표현인 *ad caput venire*(문자 그대로 '머리 꼭대기로 오다'란 뜻)에서 유래한다. 로마인들은 이 단어를 '죽다'란 의미로 쓰곤 했는데, 후에 고대 프랑스어에서 *ad caput* '머리 꼭대기로'라는 표현을 넘겨받아 '끝내다'라는 뜻의 동사 *achever*를 만들었으며 이것이 영어로 차용되면서 *achieve*라는 형태로 발전하였다. 초서가 작품 활동을 하던 중세영어시기 그리고 그 후의 엘리자베스 여왕시기까지도 이 단어는 '죽다' 또는 '죽이다'라는 의미로 쓰였다. 셰익스피어는 이 단어를 그의 작품에서 '죽이다'란 의미로 다음과 같이 표현하였다. Bid them achieve me and then sell my bones.(그들에게 나를 죽인 다음 내 뼈를 팔아 치우라고 해.) 고대 프랑스어에서는 이 단어와 나란히 meschever라는 동사가 발달했는데(영어 *mischief*에 해당), 이 단어는 처음에 '멸망시키다'라는 의미로 쓰였다. 이들 단어에는 라틴어 원래의 표현이 지닌 '머리 꼭대기'란 의미

가 오늘날에도 여전히 자리하고 있다. 즉, 우리가 무엇인가를 '달성achieve' 했다고 하면 그것은 그 무엇인가를 머리 꼭대기 곧 정상까지 끌어 올렸다는, 성공적으로 이루었다는 의미가 되는 것이다. 그러면 mischief는 어떤가? 인간에게 악영향을 끼치거나 위해危害를 가하게 되는 단어의 의미대로 진행되는 상황이 나쁜 머리 꼭대기to a bad head로 올라가게 되어 피해를 당한 이들은 결국 슬픔에 빠지게 되는 것이다(라틴어 mis-는 '나쁜'이란 뜻). 아서 왕의 전설에 나오는 현자賢者인 멀린Merlin이 "죄는 남녀를 돌이킬 수 없는 종말로 이끌어 들인다(Synne draweth bothe man and woman to myschevouse ends)."라고 했을 때 그가 사용한 myschevouse(=mischievous)는 오늘날 현대영어에서 쓰이는 의미가 아닌 맨 처음에 쓰인 좀 더 강렬한 의미로 해석해야 옳은 것이다.

아서왕과 멀린

우리가 어떤 특정한 일에 고도의 숙련된 기술을 가지고 있을 때 쓰는 단어로 adept라는 것이 있다. 그런데 이 단어를 이해하기 위해서는 유럽 중세시기에 비금속을 금으로 변화시킨 연금술사의 돌(philosopher's stone 흔히 현자(賢者)의 돌로 불림. 여기서 philosopher는 자연과학자를 일컬음)이 지닌 비밀을 알아 두어야 할 필요가 있다. 연금술사의 돌이란 중세의 연금술사들이 비금속을 황금으로 바꿀 수 있는 재료가 있다고 믿고 거기에 붙인 명칭이다. 연금술은 아리스토텔레스로부터 시작되었다. 그는 물, 불, 공기, 흙 등 4원소가 만물의 근원으로서, 제1원질第一原質이라고 보았다. 사물은 이 네 원소의 섞인 비율에 따라 다른 성질을 가진다. 합리주의자의 대표격인 데카르트도 젊었을 때 연금술에 심취한 적이 있었으며, 근대 역학의 체계를 세운 뉴턴이 말년에는 연금술에 탐닉했다는 이야기도 있다.

연금술의 열망과 그 끝없는 추구는 대략 서양에서 근대 과학이 나타나면서 시들해지기 시작했으며, 중국에서는 유학과 불교의 중흥에 따라 쇠락의 길을 걸었다. 뉴턴 자신도 연금술을 탐닉했으나 뉴턴의 과학이 파급되면서 연금술의 열정은 식어 갔고 이에 대한 비판은 강화되었다. 연금술은 라부아지에Antoine Laurent de Lavoisier(1743~1794)의 근대적인 화학에 의해서 대체되었고, 이에 따라 화학에서의 연금술적인 전통은 점차로 쇠퇴되었다.

중세 연금술사

중세시기에 활약한 연금술사들은 현자의 돌이 지닌 비밀을 그들 스스로 '어떤 경지에 도달한'을 뜻하는 라틴어 adeptus로 표현하였다. 그 후 17세기에 이르러 adeptus는 명성을 얻은 연금술사에게만 붙여지는 명예의 칭호가 되었다. 그러나 연금술이 마침내 명성을 잃게 되면서 이 단어는 기술이나 솜씨를 나타내는 일반적인 명칭으로 전락하였다. 현대영어에서는 예컨대 요리 솜씨가 좋거나 테니스를 잘 치는 등 어떤 경지에 도달할 경우 adept라는 단어를 쓰며, 능력이 없거나 서투르면 목표에 도달하지 못하였다는 의미로 inept라는 단어를 쓴다. 라틴어 in-은 'not'이란 뜻.

영어에서 '걷다'를 뜻하는 walk라는 단어는 라틴어 ambulo에서 온 말인데, 흥미롭게도 영어 어휘로 쓰이는 amble은 walk의 의미와는 달리 '편안하고 자연스러운 걸음걸이로 움직이거나 달리거나 걷다'라는 뜻을 지닌다. 라틴어 ambulo가 영어에 들어와서 다른 형태로 쓰인 예로 ambulance라는 단어가 있다. 이 어휘는 프랑스인들이 크리미아 전쟁(1853~1856년 러시아와 오스만 터키, 영국, 프랑스 등 연합군 사이에 크리미아 반도 · 흑해를 둘러싸고 일어난 전쟁)때 이동병원walking hospital을 뜻하는 프랑스어 *hópital ambulant*에서 쓰던 말이다. 이 표현이 영어에 들어와 쓰이면서 병원에 해당하는 말을 떼어내고 똑같은 의미를 지닌 ambulance만

크리미아 전쟁

을 남겨 놓아 오늘날 영어에서 쓰이게 된 것이다. 이 말과 그 뿌리가 같은 것으로 '유모차'라는 뜻의 perambulator라는 단어가 있다. 어린애를 안에 태우고 밀면서 이리저리 돌아다닌다고 해서 붙여진 것인데 이것 또한 '걷다'와 관련이 있다.

약 800여 년 전에 '산중 현자山中賢者'라는 기묘한 이름으로 알려진 동인도 지역의 한 회교도가 있었다. 그는 소위 '살인 회사'라는 모임의 우두머리를 자처하였으며, 그를 맹목적으로 따르는 무리들이 예루살렘 성지聖地에서 돌아오는 기독교 십자군들을 살해하는 임무를 수행하였다. 이들 살인자들은 절대금주를 실행하는 회교도에서 환각상태에 빠지게 하는 대마의 일종인 마취제인 hashish를 씹으면서 살인 행위에 빠져 들었다. 오늘날 reefer라는 불리는 마리화나가 든 궐련cigarette은 바로 이 대마로 만들어져 마리화나 중독자들에게 애용되고 있다. 고대 인도에서는 이 궐련을 피우는 사람들을 지칭하여 '대마를 피우는 사람들'을 가리키는 뜻으로 쓰이는 hashshashin 또는 hashish-eaters라고 불렀다. 인도 어휘인 이 말이 중세 라틴어에서는 assassinus로 변하여 쓰였고 영어에 들어오면서 현대영어에서 assassin이라는 단어로 정착하기에 이르렀다. 의미로 보면 이 단어는 여전히 그 살인적인 역사를 지니고 있는 셈이다.

우리는 때때로 알 수 없는 소리를 흉내내면서 이해할 수 없는 무의미한 말을

cigarette

marijuana

hashish

지껄여대는 경우가 종종 있다. 그리스인들은 자신들이 쓰는 언어 즉, 그리스어 Greek 이외의 다른 언어에 대해서는 매우 냉소적이었으며 알아들을 수 없는 소리라고 여겼다. 그리하여 그리스인들은 이처럼 알아들을 수 없는 소리를 내는 사람들을 가리켜 '이국적인', '무식한', '꼴불견'이라는 의미의 barbaros라고 불렀다. 이 말이 라틴어에서 barbarus가 되었고 영어에 차용되면서 barbarous 또는 barbarian이라는 단어가 되었다. barbarus는 '말을 더 듬는'이라는 뜻의 다른 라틴어인 balbus와 매우 유사한 단어로써, 이것이 스페인어에서는 '바보'를 나타내는 bobo가 되었고 영어에서는 '바보, 멍청이'를 뜻하는 booby로 쓰이고 있다.

한 때 '그리스도인'이라는 뜻을 지니고 쓰였던 우리에게 다소 생소한 cretin이라는 영어 단어는 어떻게 해서 생겨났을까? 현대영어에 쓰이는 이 단어는 놀랍게도 '바보, 백치'란 의미로 쓰이고 있다. 유럽 중세시기에 알프스 계곡에는 모습이 흉하게 일그러진 바보가 많이 살고 있었다고 한다. 프랑스인들은 이들이 자신들의 순진무구함으로 이런 벌을 받은 것으로 생각하고 이들을 불쌍히 여겨 '기독교인들'이라는 뜻의 프랑스어 복수형인 crétins이라고 불렀다. 이 말은 로만스어(프랑스어, 이탈리아어, 스페인어, 포르투갈어 등을 가리킴)에서 인간을 짐승과 구별

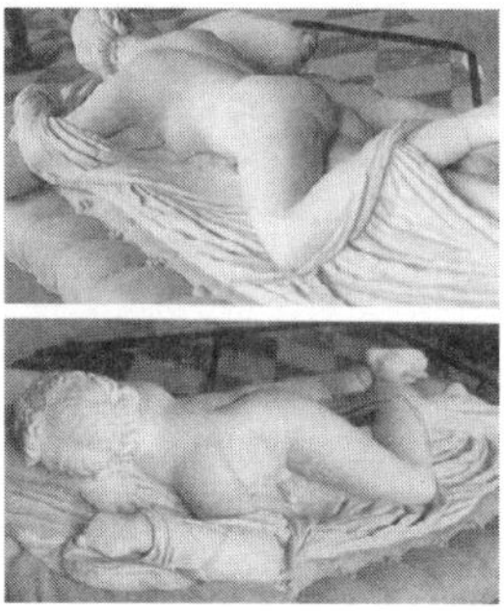

기원전 1세기에 만들어진
양성인간 헤르마프로디테

하기 위해 사용한 말이다. 그런데 놀랍게도 cretin, Christian, Christ라는 말들은 모두 '기름 부음을 받은' 이란 의미를 지닌 그리스어 christos에서 유래한다. 이처럼 똑같은 어원에서 그리스어 및 라틴어 chrisma가 나왔으며 이 말은 '성유聖油'를 뜻한다. 이것이 프랑스어에서는 cresme, 영어에서는 crisma가 되었고 오늘날 현대영어에서는 유지유乳脂油를 뜻하는 cream이란 단어로 쓰이고 있다.

영어 단어에 헤르마프로디테 hermaphrodite라는 것이 있다. 생물학적으로 남성과 여성의 기관을 모두 지닌 양성 인간을 뜻하는 말이다. 이 단어에는 흥미롭고 로맨틱한 유래가 있다. 헤르마프로디토스Hermaphroditos는 그리스 신 헤르메스Hermes와 사랑의 여신 아프로디테Aphrodite의 아들이었는데, 그는 부모의 이름뿐만 아니라 그들이 지닌 아름다움도 함께 지니게 되어 있었다.

그러던 어느 날, 다정다감한 요정 살마시스Salmacis가 그녀의 연못에서 미남 청년 헤르마프로디토스가 목욕을 하고 있는 것을 보았다. 그녀는 곧 충동적으로 그와 사랑에 빠져 버렸으나, 놀랍게도 그는 그녀의 사랑을 거절하였다. 그러나 재치가 넘치는 요정이었던 살마시스는 이 청년과 자신이 떼어 놓을 수 없는 한 몸이 되게 해 달라고 신들에게 기도하였다. 마침내 신들은 그녀의 기도에 응답하여 요정의 몸과 헤르마프로디토스의 몸이 하나로 생장하도록 해 놓았다. 그리하여 hermaphrodite라는 생물학상의 명칭은 이렇게 해서 생겨났고 논리적으로도 양성兩性을 지닌 인간에 적용되는 표현이 된 것이다.

호텐토트족

호텐토드Hottentots라는 아프리카 야만인 부족의 이름은 뮤지컬을 통해 우리에게도 잘 알려져 있다. 이들 부족은 남아프리카 최남단에 위치한 희망봉(Cape of Good Hope:

1488년 포르투갈 항해가인 디아스가 아프리카대륙 남쪽 끝을 확인한 뒤 포르투갈로 돌아가는 길에 처음 발견하였음)에 거주하는 원주민을 일컫는다.

희망봉

화란인들이 이곳 희망봉에 상륙했을 때 원주민들의 말을 전혀 알아들을 수가 없다고 한다. 그것은 이 부족들의 말이 온통 혀 차는 소리clicks며, 경련을 일으키는 소리jerks로 가득차 있었고 이들 소리는 상당히 더듬거리는 것처럼 들렸기 때문이었다. 화란인 선원들이 알아들을 수 있었던 유일한 음절은 hot 및 tot였다. 이들은 이 두 말 사이에 화란어로 'and'를 뜻하는 en을 집어넣어 hot-en-tot라는 이들 부족의 이름을 지었는데, 이것이 오늘날 영어에 들어오면서 Hottentot라는 영어 단어가 된 것이다.

영어에서 '괴짜, 미치광이'를 뜻하는 lunatic이라는 단어의 유래는 달moon과 밀접한 관련이 있다. 가령, 얼굴에 가득 달빛을 받으며 잠을 자야만 하는 경우, 오늘날 흔히 영화에서 보듯이 불안한 마음을 느끼는 이들이 많다. 이들은 아마도 이러한 행위가 자신들을 미치광이로 변하게 할 수도 있다고 믿지는 않겠지만, 이러한 미신의 그림자는 여전히 인류의 역사에 깊게 드리워져 있다. 수세기에 걸쳐 사람들 사이에 널리 전해 내려온 생각은 미친 행위나 행동은 달과 관련되어 있을 뿐만 아니라, 이러한 행위나 행동이 격렬해지는 것은 달의 모양이 변하는 것과도 관련이 있다는 것이다. 로마 신화에 나오는 루나Luna는 달의 여신으로, 상황에 따라 여러 가지 모습으로 변하는 여신의 이름을 따서 오늘날과 같은 영어 단어가 된 것이다.

달의 여신 루나

'특이한'이란 의미를 지닌 peculiar란 단어는 이 단어의 뜻만큼이나 '특이한' 역사를 지니고 있다.

로버트 브라우닝

주조된 동전이 아직 쓰이지 않던 로마 초기시기에 라틴어로 '가축'을 뜻하는 pecus라는 말이 화폐를 대신하여 쓰였다. 이 pecus라는 말에서 '사유재산'이라는 뜻의 peculium이라는 단어가 만들어져서 사용되었고, 여기서 개인의 소유물에 적용되는 peculiaris라는 말로 발전하였다. 이 단어는 고대 프랑스어에서는 peculier로, 영어에서는 peculiar로 각각 쓰여 다른 사람이 아닌 개인에게만 귀속하는 재산이라는 의미로 쓰이거나 또는 다른 개인의 재산과는 구별되는 특징을 지칭하는 말로도 자주 사용되었다. 로버트 브라우닝Robert Browning(1812~1889, 영국의 시인)은 '정녕, 그에게 이것은 특별한 은총이었으니Yes, this in him was the peculiar grace'라고 읊어 이 말의 묘미를 한껏 느끼게 해 주었다. 그러나 현대영어에서 쓰이는 peculiar는 브라우닝의 뜻과는 달리, '별나고, 기묘한' 특징을 지닌 특별한 의미로 더 많이 사용되고 있다.

'로맨스를 일깨워 주는 사람이라는 본래의 의미를 지닌 영어 단어 postman의 유래는 어떻게 해서 생겨났을까? 집배원이 매일 우편물을 배달하느라고 집집마다 초인종을 누르게 되면 우리는 그에게서 어떤 기쁜 시작을 예고하는 로맨스를 감지하게 된다. 맨 처음 우편물을 배달한 집배원은 궁정에 소속된 급사急使courier였다. 이들은 먼 거리까지 왕의 메시지를 전달하기 위해 새로운 인원과 말을 교체시키기 위해 수송로에 배치되었던 여러 군데 역post을 마차를 타고 돌아다녔다. 이들이 우편물을 배달하게 된 것은 그 후의 일이다. post라는 말 자체는 라틴어 posita에서 온 것으로 '배치된'이란 뜻이다 역 또는 역참驛站을 뜻하는 post가 원래 수송로를 따라 일정한 간격으로 '배치되어' 있었기 때문이다.

지금까지 인간과 관련되어 쓰인 영어 단어를 대강 살펴보았다. 이 단어들 이외에도 상당히 많은 단어가 인간과 관련을 맺고 있는데, 다음에 독자들이 흥미를 느낄 만한 짧은 유래를 가진 단어들을 좀 더 소개하고자 한다.

우리의 조상ancestor은 우리보다 '앞서 가버린gone before' 이들을 일컫는다. 이 말은 궁극적으로 라틴어 ante- 'before' 및 cedo 'go' 에서 유래한다. 이와 비슷한 말로 predecessor란 단어가 있다. 이것 또한 라틴어 prae 'before', decedo 'go away', 즉, '(우리보다) 앞질러 간 사람, 선조' 란 뜻이다. deceased란 단어는 단순히 라틴어 decessus '작고한, 떠나버린' 사람 즉, 고인故人을 의미한다.

우리 조상들은 싫든 좋든 우리 후손들에게 그들이 지닌 기질이나 속성을 남겨놓았다. 우리가 때때로 '그 애는 할아버지 성격을 닮았군' 이라고 말할 때 쓰는 atavistic이라는 단어는 이처럼 몇 대를 거슬러 올라간 조상의 형질을 말할 때 쓰는 표현으로 '격세유전隔世遺傳' 이란 뜻을 지닌다. 이것은 마치 영화의 예전 장면으로 되돌아가는 기법인 플래시백flashback과 같은 것이다. 이 말은 '선조' 를 뜻하는 라틴어 atavus에서 온 말이다.

인간의 근육muscle은 마치 쥐와 같다. 팔에서 근육이 움직이는 것을 보고 있노라면 마치 생쥐가 피부 아래에서 이리저리 왔다갔다 달리기를 하고 있는 것을 보는 것과 같은 것이다. 근육과 생쥐는 어떤 연관이 있을까? muscle이라는 말은 프랑스어를 거쳐 멀리 라틴어 muscalus까지 거슬러 올라간다. 이 말은 다름 아닌 '생쥐' 를 의미하였다. 그런가 하면, 인간의 손의 일부인 손바닥 palm이라는 단어는 동물의 이름을 따서 만들어진 명칭이 아니었다. 이 말은 손hand과 나무tree를 동시에 의미하는 라틴어 palma에서 유래하여 고대 프랑스어를 거쳐 영어에 들어왔다. 야자수 palm tree 잎사귀가 마치 인간의 손바닥을 꼭 닮았다고 하여 붙여진 것이 영어에 들어와 '손바닥' 이란 의미로 쓰이게 된 것이다.

영어에 educated와 intelligent라는 단어가 있다. 전자는 '교육을 받은, 교양

있는' 이란 뜻이고, 후자는 '지적이고 총명한, 영리한, 재치 있는' 이란 뜻이다. 이 두 단어는 넓은 의미에서 서로 다른 뜻으로 쓰인다. 교양 있는 사람이라고 해서 반드시 총명하거나 지적知的이라고 할 수는 없을 것이다. 교육을 받은educated 사람이라고 할 때 우리는 먼저 라틴어의 의미를 떠올리게 된다. 즉, 라틴어에서 e-는 'out', duco는 'lead' 란 뜻을 지니는데, 교사가 학교 교육을 통해 학생의 타고난 능력이나 자질을 이끌어 낸다lead out는 의미를 지니는 표현이다. 그런데 교사의 노력에도 불구하고 학생이 자신의 타고난 능력을 발휘하지 못할 수도 있다.

한편, intelligent라는 단어는 원래 라틴어 intelligens에서 유래하는데, 이것은 intelligo에서 나온 말이다. 이 말은 inter 'between' 및 lego 'choose' 라는 두 부분으로 나누어 볼 수 있는데, '양쪽에서 어느 한 쪽을 선택한다' 는 뜻을 지닌다. 인생의 성공 여부는 사업에서든, 전문직에서든, 예술 분야에서든 간에 떠나야 할 것인지 또는 그 직종을 계속 유지하며 지켜 나갈 것인지 '선택해야 하는' 문제에 직면하게 되기 마련이다. 이런 경우, 총명한intelligent 사람은 두 가지 중의 하나를 '선택하는' 방법을 알고 있어야 한다.

죄수가 투옥되면incarcerated 그는 감옥에 갇히는 셈이 된다. 라틴어 incarceratus는 *in-* 'in', *carcer* 'prison' 이라는 뜻을 지닌 단어로 '감옥에 갇히다' 란 의미를 지닌다. 감옥에 갇힌 사람은 누구나 투옥되는immured 상태가 된다. 영국의 극작가이며 배우 그리고 작곡가였던 노엘 카우어드경Noel Coward(1899~1973)은 '우리는 야자유 원료와 소금에 절인 생선을 실은 부정기 화물선에 갇혀 있다' 라고 적었다. 이 말은 곧, 그가 벽 안에 갇혀 있다는 뜻이다. immure는 라틴어 immure에서 온 말로써, im- 'within', murus 'wall' 이라는 뜻을 지니고 있기 때문이다. 한편, immure라는 단어는 탈출하다escape라는 말과도

노엘 카우어드경

상관이 있다. 로마 시대에는 법에 의해 도둑을 잡았을 때 어느 시대에도 늘 그랬듯이 도둑이 자신의 곶cape에서 빠져나와 도망치려고 애쓰는 일이 자주 있었다. 라틴어 es- 'out of', cappa 'cape'에서 영어의 escape가 생겨난 것도 이러한 내력이 있기 때문이다.

이제 이 부분을 adieu라는 우아한 말로 끝내고자 한다. 프랑스어 냄새가 물씬 풍기는 이 말은, a 'to' 및 dieu 'God'의 두 요소가 합쳐져서 이루어진 복합어로써, 원래 라틴어구인 ad Deum('하나님께'란 뜻)에서 유래한 말이다. 프랑스어로 'adieu (vous) command' 즉, '그대를 하나님께 맡기노라'란 의미를 지닌다. 스페인어 adios 또한 위에서와 똑같은 유래와 의미를 지니고 있다. 이탈리아어 arrivederci, 프랑스어 aurevoir, 독일어 auf wiedersehen 뿐만 아니라 영어 표현인 Godspeed, God be with you, good-bye, bye, bye-bye, good-by, good day, so long, 일본어의 sayonara도 이런 맥락에서 생각할 수 있는 재미있는 표현들이다.

04

A Story of Word Origins

꽃

• • 꽃의 이름에 얽힌 이야기는 대체로 짧으면서도 매력적인 데가 많다. 물망초forget-me-not, 삼색제비꽃heartsease, 아메리카 패랭이꽃sweet william과 같은 매혹적인 명칭의 꽃 이름을 듣는 것만큼 우리를 즐겁게 하는 것이 이 세상에 더 있을까?

천일홍

삼색제비꽃

꽃 이름은 천일홍bachelor's buttons이나 상상력이 풍부한 시인이 사자의 이빨과 같다고 해서 붙인 서양 민들레dandelion에서처럼 상상력과 심미안을 동원하여 만들어지는 경우가 종종 있게 된다. 꽃 이름은 종종 삼색제비꽃pansy이나 겨자과에 속하는 식물 alyssum에서처럼 꽃의 특성에 맞게 붙여진다. 때로는 달리아dahlia라는 꽃 이름에서 보듯, 많은 꽃 이름이 유명한 식물학자의 이름을 따서 만들어져서 이들에게 불후의 명성을 주는가 하면 아네모네anemone와 같이 그리스 신화와 같은 고전 신화에서 유래한 것들도 있다.

꽃 이름에 얽힌 유래와 신화를 얘기하기 전에 꽃과 직접 또는 간접으로 연관되는 영어 어휘에 관해 몇 가지만 소개하기로 한다.

식물이 자라기 위해서는 갈고 일구어야 할 토지가 있어야 한다. 즉, 경작지 *arable* land가 필요하다. 이 말은 '경작 가능한' 이라는 라틴어 *arabilis*에서 유래한다. 실제로 토지가 경작을 하지는 않는다고 해도 최소한 경작을 할 수 있는 능력은 갖추고 있어야 한다. 땅에 씨를 뿌리고 식물을 심기 전에 먼저 거름 *manure*의 형태로 비료를 사용해야 하는 일이다. *manure*라는 말은 묘한 유래를 지니고 있다. 이 말은 '손으로 일을 하다' 란 뜻의 앵글로 프랑스어인 *maynoverer*에서 온 말이다. 이 말과 함께 라틴어의 '손hand' 을 뜻하는 manus 및 '일하다' 를 뜻하는 *operari*에서 유래하여 프랑스어를 거쳐 영어에 들어 온 *maneuver* 또는 *manoeuvre* '묘책, 술책' 이라는 단어를 상기하게 된다. manure는 초기영어에서 '토지를 소유하다' 란 의미로 쓰였는데, 16세기 이후 영어에 들어오면서 그 의미가 오늘날과 같은 의미로 되었다. 이러한 의미로 쓰인 예는 1599년부터 기록에 남아 있다.

식물 중에는 잡종이나 튀기 *hybrids*도 있는데, 말 그대로 혼합종 *half-breeds*에 해당하는 말이다. 이 말은 온순한 암퇘지와 거세하지 않은 수퇘지 사이에서 난 새끼를 지칭하는 라틴어 *hybrida*에서 유래한다. 식물의 세계에는 나무도 한몫을 하는데, 사철 푸른 상록수evergreen라고 부르는 나무가 있는가 하면, 가을에는 잎사귀를 떨어뜨리는 낙엽수 *deciduous*도 있다. 후자는 '떨어지다' 라는 뜻의 라틴어 *deciuus*에서 온 말이다.

나무줄기 *trunks*와 나뭇가지 *branches*가 있는 나무와 덩굴은 생장하는 식물 영역에 속한다. 예술가들은 이 나뭇가지를 종종 인간에 묘사하면서 인간이 무엇인가를 붙잡기 위해 뻗치는 손가락 즉, 나무의 잔가지 *twigs*에 비유하였다.

나무나 덩굴의 각 부분이 지닌 명칭은 이러한 개념과 공통되는 면이 많음을 보여준다. 이를테면, branch라는 말은 궁극적으로 동물의 발paw을 의미하는 라틴어 *branca*에서 유래한다. 줄기에서 뻗은 큰 나무 가지 bough는 고대영어 bōg에서 온 말로써, '팔' 또는 '어깨'라는 뜻을 지녔는데, 이것은 나무의 어깨 즉, 큰 가지 *limb*에 해당하기 때문이었다.

*twig*이라는 말은 고대영어의 *twigge*에서 온 말로, '이중二重'이라는 뜻의 어근語根인 *twi-*를 포함하고 있는데, 이것은 어린 나뭇가지가 두 개로 갈라져 뻗어나간 모양을 하고 있기 때문이다. 나무와는 무관하게 쓰이는 *twice*라는 영어 어휘도 이와 같은 맥락에서 생각하면 쉽게 이해할 수 있다. *trunk*라는 말은 나무줄기와 덩굴 줄기를 모두 나타내면서 또한 인체의 기둥이 되는 동맥을 지칭하는 라틴어 *truncus*에서 직접 유래한다. 이런 유래와는 좀 다른 것이기는 하나, 짐을 쌀 때 흔히 사용하는 여행 가방을 '트렁크'라고 부르는 것은 이것이 마치 속을 텅 비운 나무줄기와 같은 기능을 지녔기 때문이다.

이제 꽃과 관련된 몇 가지 흥미로운 영어 어휘와 그 유래를 살펴보기로 한다.

유럽을 여행하다가 코린트식 건축물 기둥머리에 우아하면서도 멋진 잎으로 무늬를 장식한 건물을 본 적이 있는 독자라면 이 잎이 넓고 부드러우며 유럽의 온대 지역이 원산지인 다년생 식물인 아칸서스 *acanthus*라는 쥐꼬리 망초과에 속하는 관목임을 알 수 있을 것이다. 코린트식 기둥과 격식을 갖춘 잎 무늬는 원래 약 2400년 전에 죽은 그리스의 건축가이며 조각가인 칼리마쿠스 *Callimachus*에 의해 고안된 것으로 전해지고 있다. 그리스어로 *akantha*는 '가시thorn'를 의미하는데, '날카로운 끝'을 나타내는 ake에서 유래한다. 즉, 이 꽃의 잎사귀에는 그 끄트머리에 날카로운 가시가 많은 유형을 하고 있다. 달콤한 향기를 지닌 아카시아 나무 *acacia*도 그 가시가 많음으로 해서 생겨난 이름이다.

아칸서스

앞에서도 살펴본 겨자과의 일년생에 속하는 식

물인 뜰냉이 *alyssum*는 가늘고 은빛을 띤 잎사귀가 작고 금빛 또는 하얀 빛깔의 조그마한 꽃송이가 향기로운 내음을 품고 잎사귀 전체에 퍼져있는 우아한 식물이다. 그리스인들은 이 식물을 광기狂氣를 없애주는 치료약으로 생각하여 이 꽃의 이름도 광기를 없애준다는 뜻으로 *a-* 'not', 및 *lysa* 'madness광기'를 합친 명칭을 붙여 만들었다.

아도니스Adonis는 잘 생긴 그리스 미소년으로 사랑과 미의 여신 아프로디테조차도 그를 흠모할 정도였다. 그러던 그가 멧돼지 사냥을 나갔다가 멧돼지에게 물려 죽게 되자, 아프로디테는 그를 잃은 슬픔과 비탄에 빠져 버렸다. 이렇게 되자, 하계下界의 신들은 아도니스를 지상으로 올라오게 하여 일년의 일부를 아프로디테와 함께 시간을 보내도록 허락하였다. 그런데 멧돼지에게 물린 아도니스의 몸에서 흐른 피에서 우아한 모습의 아네모네*anemone*가 피어 올랐다. 이 꽃은 영어로 일명 바람꽃windflower이라고도 하는데, '바람'을 뜻하는 그리스어 *anemos*에서 유래하기 때문에 붙여진 이름이기 때문이다. 꽃말은 '사랑의 괴로움'이다. 한국에는 설악산에서 자라는 바람꽃, 한라산에서 자라는 세바람꽃, 흔히 볼 수 있는 꿩의 바람꽃 등이 자란다.

아도니스

아네모네

영어로 arbor라고 하면 정자나 초당草堂 또는 나무그늘이 있는 산책길이나 휴식 장소를 뜻하는 말로 쓰이는데, 한편으로는 수목樹木이라는 의미도 지니고 있다. 후자의 의미가 포함되는 *arbor vitae*는 특이한 유형의 상록수로서 '생명의

측백나무

나무' 라는 뜻의 라틴어 arbor vitae에서 유래한 명칭으로 '생명수' 라고도 하는데, 우리에게는 흔히 측백나무로 알려져 있다. 생명수라는 명칭이 붙은 것은 이 측백나무의 잎 즉, 측백엽이 한 때에는 약효가 있는 것으로 여겨졌기 때문이다.

진달래꽃을 의미하는 영어 어휘 azalea는 우리에게 김소월 시인의 시 '진달래꽃' 으로도 매우 잘 알려져 있다. 희고 노랗거나, 또는 진홍색으로 물든 꽃을 피우는 이 관목에 azalea라는 이름이 붙은 것은 이 단어가 '건조한' 이란 뜻을 지닌 그리스어에서 유래하기 때문이다. 건조하고 모래투성이의 토양에서 자라는 꽃의 명칭으로는 적절하게 붙여진 표현이라고 할까.

벨라도나 릴리

수선화과에 속하는 관상식물로 벨라도나 릴리Belladonna Lily라는 아름다운 이름을 지닌 이 꽃의 유래는 이름만큼이나 흥미롭다. 꽃잎의 짜임새가 마치 아름다운 소녀의 살결을 닮았기 때문에 붙여졌기 때문이다. 이탈리아 처녀들이 화장품에 이 꽃을 사용했기 때문에 붙여진 이름이라고 주장하는 학자들도 있다. 이들은 이 꽃에서 나오는 추출액이 피부색 특히 안색顔色에 좋다고 믿었다. 그러나 그 옛날 그리스인들에게 아름다운 시골 처녀는 아마릴리스*Amaryllis*라는 명칭으로 알려졌는데, 이 말은 '반짝이다' 라는 뜻을 지닌 *amarysso*에서 나온 말이다. 진주화 또는 벨라도나 백합으로도 알려진 식물이다.

중세 영문학을 대표하는 시인 제프리 초서Geoffrey Chaucer가 쓴 《캔터베리 이야기》는 런던에서 캔터베리 대성당까지 가는 순례의 길에 참가하는 30여 명의

풍륜초

등장인물들의 자유분방한 이야기를 통해 14세기말 중세 영국사회를 풍자한 장시長詩다. 영국 각처에서 런던으로 모여든 순례자들은 각자 나귀를 타고 먼 길을 떠나는데, 이들이 탄 나귀에 달린 방울 모양 을 닮았다고 해서 붙인 꽃 이름, 이것이 곧 풍륜초 *Canterbury bells* 라고 하는 초롱꽃속의 식물이다. 종꽃 *bell flower*이라고도 하며 청색, 분홍색, 백색의 화려한 풍경 모양의 꽃이 핀다. 이 꽃은 우리나라에도 섬초롱꽃이라는 이름으로 자생하고 있다. 꽃이 크고 화려한 것이 특징이다.

달리아 *dahlia*라는 꽃 이름은 18세기 스위스의 식물학자 다알Anders Dahl(1789년에 사망)의 이름을 따서 붙여진 것이다. 멕시코와 중앙 아메리카가 원산지인 이 꽃은 1789년 스페인에서 씨앗을 가져온 부트 후작부인에 의해 맨 처음 영국에 소개되었다.

프랑스어 표현인 *dent de lion*을 빨리 발음하면 서양 민들레 *dandelion*라는 단어가 된다. 문자 그대로 옮기면 '사자의 이빨the tooth of the lion'이란 뜻이다. 잎 모양이 마치 사자의 이빨과 같다고 해서 붙여진 이름. 흥미롭지 않은가!

에델바이스 *Edelweiss*라는 말을 들으면 우리는 영화 팬들의 기억 속에 향수 어린 추억으로 남아있는 뮤지컬 영화 〈사운드 오브 뮤직 *The Sound of Music*〉을 떠올릴 것이다. 영화로 만들어지기 전에 이미 1959년 11월 브로드웨이 무대에 오른 후 1443회에 걸쳐 장기 공연된 작품이다. 트랩 대령의 이야기를 뮤지컬로 만든 이 영화는 "에델바이스", "도레미송" 등의 아름다운 선율과 함께 알프스의 푸른 초원을 배경으로 전해오는 사랑의 메시지를 통해 관객을 감동시켰다.

에델바이스

에델바이스라는 꽃 이름은 독일어에서

따온 것인데, *edel*은 '고귀한' 이란 뜻이고, *weiss*는 '하얀, 순결한' 이란 뜻을 지닌다. 에델바이스라는 꽃 이름이 붙여진 데에는 다음과 같은 아름다운 이야기가 전해진다. 눈으로 뒤덮인 스위스의 알프스 산에 '에델바이스'라는 이름을 가진 소녀가 얼음집에서 혼자 살고 있었다. 원래 '에델바이스'는 천사였는데 변덕스러운 신이 그녀를 인간으로 만들어 산꼭대기로 내려 보낸 것이다.

어느 날 우연히 그곳을 발견한 등산가가 그녀의 사랑스럽고 아름다운 모습에 그만 매혹되었다. 산을 내려온 등산가는 만나는 사람마다 그녀의 아름다움에 대해 이야기했고 이를 전해들은 젊은이들은 '에델바이스'를 보려고 앞을 다투어 산을 오르기 시작했다. 그러나 사람들은 '에델바이스'를 보지도 못한 채 등산 도중에 목숨을 잃어 갔다.

이 사실을 안 '에델바이스'는 몹시 슬퍼, 신에게 자신을 멀리 데려가 달라고 기도했다. 그러자 신은 한줄기 빛을 보내 '에델바이스'를 다시 천사로 만들어 하늘로 올라오게 했다고 한다. 그녀가 가버린 뒤 그 집에는 새하얀 꽃이 피었는데, 사람들은 그 꽃을 '에델바이스'라고 불렀다고 한다.

쥐손이풀과에 속하는 제라늄 *geranium*이라는 식물이 있다. 이 풀의 꼬투리는 마치 학鶴의 부리 모양을 하고 있는 것으로 여겨지고 있는데, 이 말의 명칭이 궁극적으로 '학鶴'을 뜻하는 그리스어 *geranos*에서 유래하는 것은 그런 이유에서이다. 이 꽃의 속명屬名은 펠라르고늄 *pelargonium*인데, 그리스어인 *pelargos*는 뜻밖에도 '황새'를 의미한다. 잎에 말굽 같은 검은 무늬가 있는 것을 무늬제라늄*P. zonale*이라고 하는데, 펠라르고늄으로 불리는 것과는 구별한다. 제라늄이란 흔히 이 무늬제라늄을 지칭한다. 꽃잎이 보다 좁고 무늬가 있어서 구별이 되며 많이 가꾼다.

고대 로마시대의 검투사

고대 로마의 검투사를 기억하는가? 수만 관중이 운집한 경기장에서 칼싸움을 하던 노예들을! 이들을 로마에서는 검투사gladiators

라고 불렀다. 글라디올라스 *gladiolus*라는 꽃은 아이러니컬하게도 이들과 관련이 있다. 영롱하게 반짝이는 화피花被가 마치 검투사들이 경기장에서 사투를 벌이면서 손에 쥐고 흔들었던 검劒 *gladius*을 꼭 닮았다하여 붙여진 이름이니까 말이다.

글라디올라스

수선화 *hyacinth*라는 꽃은 우리에게도 그리 낯설지만은 않다. 종 모양을 한 이 꽃의 탄생에 관해서는 다음과 같은 슬프고 아름다운 전설이 전해 내려오고 있다. 젊고 미남인 히야신수스*Hyacinthus*는 미와 예술 그리고 음악의 신 아폴로Apollo와 서풍西風의 신 제피루스Zephyrus에게서 대단한 사랑을 받게 되었다. 이처럼 환상적인 올림포스 신들의 삼각연애관계에서 히야신수스는 마침내 아폴로 신에게 자신의 모든 연정을 바치게 되었다. 이렇게 되자, 제피루스는 질투심에 불타오르게 되었다.

어느 날 이들 셋이 게임을 하고 있을 때 제피루스는 두 뺨을 한껏 오므리고 바람을 일으켜 아폴로가 던진 쇠고리를 힘차게 불어 버렸다. 이 바람에 쇠고리가 히야신수스에게 날아가 그는 즉사하고 말았다. 그가 죽으면서 흘린 피에서 '슬프다'라는 뜻의 *ai, ai*라고 새겨진 꽃이 솟아 나왔다. 훗날 시인 밀턴Milton은 이를 두고 '저 핏빛 꽃잎에는 비통함이 새겨져 있었으니'라고 읊었다. 그리하여 이 꽃은 슬픔의 상징으로 여겨져 많은 이들의 사랑을 받게 되었다.

백합과에 속하는 히야신스와는 다른 붓꽃과에 속하는 아이리스 *Iris*는 잎이 칼 모양을 한 식물이다. 꽃의 색깔도 다양하고 두드러지며 잎도 크다. 그리스 무지개 여신의 이름을 따서 꽃 이름을 붙였는데, 프랑스어로는 이 꽃을 *fleur-de-lis*라고 한다. 흰나리라고도 불리는 백합꽃lily flower은 수상 식물이기 때문에 붙여진 이름이다. 이 꽃은 12세기 프랑스 군주제하에서 제정帝政시대의 상징으로 선택되었다. 영국의 문호 셰익스피어와 롱펠로우Henry W. Longfellow(미국의 시인 1807~

손기정

월계수

1882)는 이 꽃을 *flower-de-luce*라고 칭하였고, 롱펠로우는 이 꽃을 그의 시에서 '오, 붓꽃이여, 활짝 피어나라, 그리하여 강물이 느릿느릿 흘러 그대 발에 입 맞추게 하라O flower-de-luce, bloom on, and let the river linger to kiss thy feet'라고 읊었다.

월계수laurel라고 하면 1936년 베를린에서 열렸던 올림픽대회의 마라톤 우승자인 손기정 옹이 생각난다. laurel은 라틴어 *laurus*에서 유래하여 붙여진 것인데, 로마 시대에는 월계수 잎이 운동경기의 탁월함을 나타내는 것은 물론 학문적인 명예를 드높이는 상징의 하나로 월계관으로 만들어 자주 쓰였다. 명예의 상징으로서 월계관을 쓴 시인 즉, 계관시인이라는 뜻의 a poet laureate은 시인에게 월계수를 씌워 주던 때로부터 시작되어 오늘에 이르게 된 것이다. 월계수가 탄생하게 된 것은 그리스 신화에서 유래하고 있다. 아폴로의 사랑의 추적을 받게 된 그리스 요정 다프네Daphne는 신들에게 간절히 도움을 요청하게 되었는데, 신들은 그녀를 월계수로 만들어 버렸다. 그러자 다정다감한 아폴로는 월계수를 자신이 가장 좋아하는 나무로 택하게 되었다고 한다.

수선화를 가리키는 나르시서스Narcissus의 꽃 이름의 유래에는 그리스 신화에 나오는 신들의 사랑 이야기가 얽혀있다. 이와 함께 나르시서스에 관련된 세 개의 영어 단어가 쓰이게 된다. 공기와 대지의 딸인 에코*Echo*는 천계天界의 여왕이며 제우스의 부인 헤라Hera의 시종이었다. 에코는 우연히 여주인의 노여움을 사게 되어 그 벌罰로서 목소리를 모두 빼앗겨 버리고 다른 이들이 하는 말을 되풀이하는 힘만 남게 되었다. 메아리를 뜻하는 영어 어휘 echo는 이렇게 하여 생겨났다.

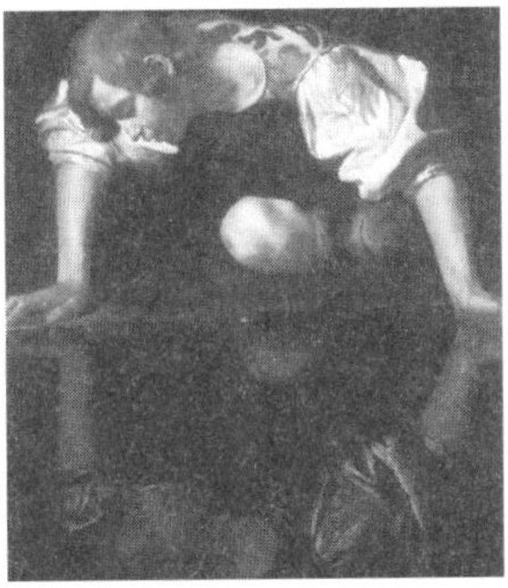

나르시시즘

숲과 샘의 요정이기도 한 에코는 이런 불리한 조건에도 불구하고 강江의 신의 아들인 미소년 나르시서스를 속절없이 사랑하였으나 그는 에코의 사랑을 거절하였다. 결국, 에코는 나르시서스에게 무시당하자 실의에 잠겨 여위어 가다가 형체는 사라지고 목소리(메아리)만 남게 되었다.

복수의 여신 네메시스Nemesis는 자신을 향한 구애를 모두 차갑게 거절한 나르시서스에게 물가에 비친 자신의 모습을 사랑하도록 하는 형벌을 내리게 되는데, 이런 사랑은 완전한 사랑이 될 수 없는 법. 나르시서스는 점점 야위어 가다가 결국 물에 빠져 죽었고 한 송이 꽃으로 피어났다. 프로이드 정신분석에서 자기애自己愛를 뜻하는 나르시시즘*narcissism*이라는 말도 이 꽃 이름에서 유래한 것이다.

크리스마스 트리를 장식하는 관엽식물로 쓰이는 포인세티아Poinsettia 일명 홍성목紅星木이라고 하는 이 식물의 이름은 미국의 8대 대통령이었던 밴 뷰런Martin Van Buren(1837~1841) 내각의 전시 참모이며 노련한 외교관, 작가, 의회의원, 군사학의 전문가였던 남캐롤라이나 주 찰스턴 시의 포인세트Joel Roberts Poinsett의 이름에서 유래한다. 그가 맥시코 주재 전권대사로 임명되지 않았더라면 그의 이름은 아마도 사람들의 뇌리에서 사라졌을 것이다. 멕시코에 주재하는 동안 포인세트 대사는 잎이 크고 불타오르는 듯한 붉은 꽃에 매료되어 이 식물을 미국으로 가져오게 되었다. 그 후 이 꽃은 그의 이름을 따서 포인세티아로 부르게 되었다.

포인세티아

사루비아 잎을 달여 만든 약을 *sage tea*라고 하는데, 나이 든 분들은 이 약의 신비스러운 효능을 알고 있다. 이러한 생각은 라틴어 *salvia*라는 어휘에 들어있다. 이 말은 '건강한' 이란 뜻의 *salvus*라는 말에서 유래하고 있는데, 이 라틴어가 고대 프랑스어에 와서는 *sauge*로 변했고, 결국 영어에서는 *sage*로 변하였다.

등나무 넝쿨

무더운 날씨에 정원이나 공원에서 시원한 공간을 만들어주는 식물이 등나무 *wisteria*이다. 흰색, 핑크색 그리고 제비꽃 색의 전 영역에 걸쳐 꽃을 피우는 덩굴성 식물로서 일본과 미국의 남부 지역에 특히 널리 퍼져 있다. 등나무는 미국 북부에서도 자라는데, 남부 미국인들은 대체로 이런 사실을 인정하지 않으려 한다. 1818년 당시 펜실베이니아 대학의 해부학 및 산과학 교수이며 외과 의사였던 카스파 위스타Caspar Wistar(1761~1818)의 이름을 따서 등나무의 영어 명칭을 이렇게 부르게 되었다. 영어로 wistaria로도 쓴다.

우리가 흔히 보는 등나무는 사실은 참등이 정확한 이름인데 등나무라고 일반적으로 쓰고 있다. 여름의 뙤약볕을 피할 수 있는 그늘을 만들기 위하여 흔히 심는 나무덩굴이다. 연한 보라빛의 꽃이 주렁주렁 매달려 있는 모양은 녹음수로서만 아니라 꽃나무로서도 제 몫을 톡톡히 한다. 등나무는 자람의 특성이 다른 물체를 감거나 기어 올라가는데, 옛 조선조의 선비들은 이것이 대단히 못마땅하였던 모양이다.

경북 월성군 월곡면 오류리에는 팽나무 노목老木에 감겨있는 등나무 두 그루에 다음과 같은 전설이 내려오고 있다.

신라시대에 한 마을의 농부가 예쁘고 마음씨 고운 두 딸을 두었는데, 이 자매는 화랑花郞 한 사람을 짝사랑하였다. 어느 날, 그 화랑이 전쟁터로 나가게 되었는데, 그 때 비로소 자매는 각자가 그 화랑을 사모하고 있던 사실을 알게 되었다.

그 후, 화랑이 전사했다는 소식이 전해지고 자매는 충격과 슬픔을 달래기 위해 연못가에 나와 서로 얼싸안고 울다가 지쳐 연못에 몸을 던져 죽었는데, 얼마 후에 연못가에는 두 그루의 등나무가 돋아나서 마치 하나처럼 엉켜 있어서 마을 사람들은 자매의 넋이 등나무가 되었다고 했다.

전쟁터에서 죽은 줄 알았던 화랑은 돌아와서 그 사연을 듣고 연못에 빠져 죽었는데, 해마다 봄이 되면 등나무에서 향기로운 꽃이 피었다고 한다. 이 꽃을 말려서 원앙침에 넣어두면 금슬이 좋아지고, 등나무 잎을 삶아 그 물을 마시면 애정이 다시 솟아난다는 아름다운 전설이 내려오고 있다.

백일홍에 대한 유래를 끝으로 꽃 이름에 얽힌 유래를 끝내고자 한다.

멕시코가 원산지로 초롱꽃목 국화과의 한해살이풀인 백일홍*zinnia*은 꽃의 빛깔이 다양하고 다채로우나 다소 거칠다. 어떤 이유에서인지는 모르나 미국 인디아나 주의 꽃state flower으로 채택되었다. Zinnia라는 꽃 이름은 18세기 독일의 식물학자로 이름이 알려지지 않은 J. G. Zinn(1727~1759)의 이름에서 유래하는데, 그의 명성은 이 꽃 이름 이외에는 더 이상 알려진 것이 없다.

백일홍

05

A Story of Word Origins

동물

• • 영어는 우리가 거의 믿기 어려울 정도로 어휘 자원이 풍부하다. 동물들의 후손을 가리키는 데 쓰이는 영어 어휘를 임의로 선택해서 그 유래를 살펴보아도 그 풍부함이 극적으로 표현될 수 있다. 가령, 암소cow의 새끼를 나타내는 어휘는 calf로 표현하는데, 말horse의 새끼 calf는 foal로, 곰bear이나 사자, 이리 등, 야수野獸의 새끼 foal는 cub으로, 비버 즉, 해리(海里, beaver)의 새끼 cub는 kitten으로, 사슴deer의 새끼 kitten는 fawn으로, 양sheep의 새끼 fawn는 lamb으로, 개dog의 새끼 lamb는 pup으로, 염소goat의 새끼 pup는 kid로, 늑대wolf의 새끼 kid는 whelp로, 캥거루kangaroo의 새끼 whelp는 joey로 각각 나타낸다.

슈나우저

동물 *animal*이라는 어휘는 '숨, 호흡'을 의미하는 라틴어 *anima*에서 유래한다. 다시 말하면, 빠르게 움직이면서 반응을 보일 수 없는 식물과는 달리, animal이란 어휘는 살아서 숨 쉬고 움직이는 생명이 있는animate 생물을 가리키는 말이다.

동물의 명칭에 깔려있는 유래를 살펴보면 대개 간단하면서도 단순하다. 그 명칭이라는 것이 동물들의 울음소리나 그들의 습관과 특성에서 나온 것이라든가, 혹은 그들의 혈통에서 생기는 경우가 흔히 있기 때문이다. 가령, 독일 혈통의 테리어 개로 불리는 *schnauzer*라는 동물 이름은 적어도 500년 전만 해도 이 명칭이 독일어로 '으르렁거리는 동물'이라는 뜻을 지니고 있어서 그런 명칭이 붙게 된 것이다. 총사냥개로 알려진 *gun dog*이란 명칭은 *setter*라고도 하는데, 한 때에는 사냥감을 찾게 되면 몸을 웅크리고 앉아 사냥감의 위치를 가리키는set 훈련을 시켰다고 하여 그러한 별명이 붙었다. 이렇게 보면, 총사냥개의 또 다른 별칭인 pointer라는 말도 쉽게 이해할 수 있을 것이다.

총사냥개

몸집이 크고 털이 많은 뉴펀들랜드종 개 *Newfoundland*는 캐나다 동북부 섬인 뉴펀들랜드가 고향이며, 포메라니아종의 작은 개 *Pomeranian*는 발트 해 연안의 옛 독일의 주州로, 프로이센Prussia 북동부에 있는, 오늘날에는 독일과 폴란드에 분할 소속된 포메라니아가 원산지이다. *Pekingese*라는 발발이 개는 북경시의 이름을 따서 붙인 중국산 발발이이며, 에어데일 테리어종 개 *Airedale*는 영국 요크셔에 있는 에어Aire 지역의 계곡 또는 골짜기 dale에서 유래한다. 고대 프랑스어인 mestif는 '잡견, 똥개'를 의미하는 말로서, 몸집이 크고 털이 짧으며 부드러운 머리칼을 가지고 있는데, 이 녀석의 영어 명칭 *mastiff*는 이처럼 뜻밖에도 엉뚱한 내력을 지니고 만들어진 것이다.

발발이개

에어데일 테리어종 개

독일인들은 투견용으로 쓰이는 개 중에서 복서*boxer*를 길렀다. 어깨나 턱이 딱 벌어진데다가 털이 짧고 꼬리가 짧은 모습을 하고 있는 이 개는 그 무엇보다도 싸움에는 당할 자가 없을 만큼 뛰어나다. 그런데 신기하게도 복서 종種은 마치 프로 복서처럼 싸움에 임할 때 앞발을 사용한다고 해

복서

서 복서라는 타이틀이 붙었는데, 개의 특성에 매우 잘 어울리는 명칭이다.

우리가 흔히 기르는 애완용이나 사냥용 개 중의 하나인 프랑스어로 불리는 *chien terrier*라는 개가 있다. 이 개는 *earth dog*라고도 하고 단순히 테리어 개 *terrier*라고도 한다. 이 개의 명칭은 '흙'을 뜻하는 라틴어 *terra*에서 유래하는데, 흙earth을 파내고 구멍에서 사냥감을 찾아내는 것으로 알려져 있다. 폭스 테리어 *fox terrier*는 원래 여우 사냥개로 쓰였으나 지금은 주로 애완용으로 쓰이고 있다. 케리 블루*Kerry Blue*라는 개의 명칭은 아일랜드의 케리 주州의 이름을 따서 만들어졌고, 스카이 테리어*Skye terrier*라는 털이 길고 다리가 짧은 개의 이름은 스코틀랜드의 스카이 섬에서 이름을 따서 붙인 것이다. 베드링튼 테리어*Bedlington terrier*라는 영국종 개의 이름은 영국의 노섬벌랜드에 있는 한 주shire의 이름에서 따온 것이다. 이 개는 양lamb처럼 생겼는데 구덩이에서 싸움을 하는 것으로 정평이 나 있다. 불 테리어*bull terrier*라는 개는 불독과 테리어의 교배종이다.

불독

불독*bulldog*을 얘기하자면, 강인한 힘으로 내닫는 모습을 한 얼굴의 영국산 황소를 떠올리게 된다. 옛날 조각품에 나타난 모습을 보면 그 당시의 투견용 황소는 코가 길었다. *bull*이라는 말의 유래는 확실치 않으나, 불독이라는 개는 소곯리기(개를 부추겨 황소를 성나게 한 영국의 옛놀이)에서 그 이름을 따온 것으로 학자들은 믿고 있다.

총으로 쏜 사냥감을 물어 오도록 훈련된 영리하고 똑똑한 사냥개로 우리에게 알려진 역사만 해도 거의 2천년 전으로 거슬러 올라가는 개가 있는데, 이 개가 곧 푸들*poodle*이다. 푸들이란 이름은 독일어 *Pudel*에서 유래하며 *Pudelhund*가 줄어서 생긴 명칭이다. Pudel은 '서투르게 철벅이며 헤엄치다'라는 뜻의 독일어 *pudeln*에서 온 것이고 *Hund*는 사냥개 hound 또는 개dog란 뜻이다. 따라서 *poodle*은 *splash-hound* 즉, '물에서 뛰어노는 사냥개'란 뜻이다. *poodle*과 *puddle*은 어원이 같다.

푸들

세인트버나드

그레이트데인

스패니얼

기품이 있는 유래를 지닌 개로 세인트 버나드*St. Bernard*라는 종種이 있다. 이 개의 명칭은 이탈리아와 스위스 사이에 위치한 성 버나드 통로에 피난처의 집 또는 여행자 휴식처hospice를 만든 11세기의 위대한 박애주의자인 맨톤의 성 버나드의 이름을 따서 만든 것이다. 심한 눈보라와 눈사태가 일어나서 여행이 매우 위험해지게 되면 수도승들은 강인한 종의 개들의 도움으로 얻어 구조 작업을 벌이게 된다. 성 버나드 개들이 유명해진 것은 그 총명함과 목둘레에 걸고 다니는 브랜디 통 때문이었다.

이 부류에 속하는 또 하나의 개로 엄청난 힘과 우람한 몸집 그리고 모피가 매끄러운 그레이트 데인*Great Dane*이라는 개를 꼽을 수 있다. 이 개는 한 때 야생곰을 사냥하는데 쓰였다. 혈통으로 보면 이 개는 수세기에 걸쳐 독일 종으로 여겨져 왔으나 덴마크 인을 지칭하는 *Danes*을 딴 명칭을 붙여 오늘에 이르고 있다. 앞서 언급한 mastiff처럼 몸집이 크다.

위에 말한 개들의 혈통과는 다른 세 가지 유형의 견종이 있다. 우선, 한 때 사냥개로 쓰였던 몸뚱이와 귀가 길고 다리가 짧은 독일종인 닥스 훈트*dachshund*를 들 수 있다. *Dachs*는 독일어로 '오소리'를 뜻한다. 예쁘고 귀여운 개이다. 다음으로, 은빛 나는 긴 털과 축 늘어진 두 귀를 지닌 스패니얼 *spaniel*이 있다. 이 개의 이름은 고대 프랑스어 *espagneul*을 거쳐 스페인어를 뜻하는 에스파뇰 *español*로 이어지는 내력을 가지고 있다. 첫 문자 "e"는 이 과정에서 없어졌다. 사냥이나 애완용으로 기르는 콕커 스패니얼*cocker spaniel*이란 개 이름은 귀를 쫑긋 세우는 이 개의 속성에서 생겨난 것이다. 세 번째로, 동작이 느린 사냥개로 바셋 개*basset hound*라는 것이 있다. *dachshound*처럼 다리가 짧은 것이 특징이다. *basset*이란 이름이 붙은 것은 이 단어가 프랑스어로 '매우 낮은'이란 뜻을 지니고 있기 때문이다.

이제 조류鳥類의 유형으로 넘어가 보기로 한다.

북미산 들오리

북미산 들오리로 흔히 댕기 흰죽지로 불리는 *canvasback duck*는 청둥오리 mallard보다는 좀 더 크며 북미와 캐나다 평원 서쪽과 북부 대부분 지역에 광범위하게 둥지를 틀며 이동하는 매우 큰 조류이다. 이 조류의 유래는 다소 기이하고 흥미롭다. 이 조류의 명칭이 붙게 된 내력을 알려면 더블릿doublet으로 알려진 르네상스 시기에 몸에 착 달라붙는 남자용 웃옷을 입은 17세기 영국궁정의 조신朝臣으로 거슬러 올라간다. 이 의상은 목에서 허리까지 내려오는 것으로서, 매우 비싼 옷감으로 만들어진 것이었다. 이 옷을 입은 일부 남성 조신들은 비싼 옷감으로 인해 더블릿의 뒷부분을 앞에서와 똑같은 비싼 옷감으로 만들어 입을 수가 없었으므로 뒷부분은 비교적 싼 범포canvas를 사용하였다. 즉, *canvas back*을 지닌 셈이 된 것이다. 그리하여 등에 흰색 깃털을 가진 이 특유의 북미산 들오리는 *canvasback*으로 부르게 되었다. "canvas"란 말은 궁극적으로 이 옷감의 재료가 되는 '대마'를 뜻하는 라틴어 *cannabis*에서 유래한다. 1832년에 한 잡지 기자가 쓴 글에, '북미산 들오리로 성찬을 즐긴 사람은 냉철하게 말해 헛된 삶을 살았다고 말할 수는 없으리라.'라는 내용이 나오는 것으로 볼 때, 이 조류의 명칭은 매우 적절한 것으로 여겨진다.

유럽산 자고새로 불리는 *partridge*의 내력은 북미산 들오리만큼 로맨틱하지는 않다. 고대 그리스에서 *perdix*라는 말은 몸 안의 가스를 내뿜는 사람에게 적용되는 속어로 쓰였다. 엽조獵鳥를 날아오르게 하는 사냥꾼이라면 이 새가 그 비상飛上하는 모습에서 어떻게 이런 별명을 갖게 되었는지 이해할 것이다. 그리스어 *perdix*는 영어에 와서 *partrich*가 되었고 얼마 후에는 *partridge*로 철자가 변하였으며, 이 시기에 이르러서는 옛날에 지녔던 속된 의미는 잊히게 되었다.

물떼 새

물떼새*plover*라는 어휘는 곰곰이 생각해야할 단어이다. 이 말은 궁극적으로는 "비雨"를 뜻하는 라틴어 *pluvia*에서 유래하며 영어의 여러 시기를 거쳐 고대 프랑스어 *plovier*까지 거슬러 올라간다. plover는 도요새sandpiper와 비슷한 바닷가에 사는 새로서, 그 울음소리로 비를 알리는 새rain bird로 알려져 있다. 이 새가 비와 어떤 관련이 있는지에 대해서는 논쟁의 여지가 있다. 이들 조류는 우기雨氣가 시작될 때쯤이면 지중해 지역으로 이동한다고 하는데, 어원상으로는 풀리지 않는 수수께끼로 남아있다.

해오라기

홍학

이 조류와는 대조를 이루는 새가 있는데, 야행성으로 낮에는 어두침침한 숲에 있다가 저녁 때 논이나 개울에서 먹이를 잡는 해오라기*night heron*라는 백로를 일컫는다. 영어를 사용한 초기 조상들의 솔직한 대화에서 night heron이라는 말의 별명은 *shitepoke*였는데, 사냥꾼이 쏜 총소리에 놀라 창자를 비운다고 해서 붙은 명칭이다.

조류 중에는 겉모습이 별나고 멋스러운 화려한 색깔의 새 종류가 있다. 그 중의 하나가 믿어지지 않을 만큼 긴 다리와 목을 가진 플라밍고*flamingo* 일명 홍학紅鶴이다. 플라밍고란 영어 단어에서 마지막 철자인 "o"를 빼면 flaming이란 단어가 되는데, 이 새의 깃털이 분홍색과 진홍색임을 기술하는 것으로서 "불꽃"을 뜻하는 라틴어 *flamma*에서 유래하고 있음을 가리킨다.

펠리컨

또 다른 멋스러운 조류에 펠리컨*pelican*이란 새가 있다. *pelican*이란 철자는 맨 처음 그리스 철학자인 아리스토텔레스가 사용하였는데, 이 말은 흥미로운 부리를 가진 딱따구리를 지칭하는 그리스어 *pelekos*와 연관이 있는 것으로 여겨진다. 이 두 말의 어원은 모두 도끼ax를 뜻하는 *pelekus*에서 유래하는데, ax라는 표현은 '펠리컨' 보다는 '딱따구리' 에 한층 더 어울린다.

이제 말馬과 관련된 이야기를 진행하여 보기로 한다.

말의 품종은 상당수 원산지의 이름을 따서 명명한다. 짐수레용 말인 복마卜馬의 명칭 페르슈론*Percheron*은 프랑스 북부의 페르슈*La Perche* 지방의 이름을 따서 붙인 것이며, 셰틀랜드 포니*Shetland pony*라는 이름은 스코틀랜드 해안에서 떨어진 셰틀랜드 제도의 이름을 딴 것이다. 이 말은 몸털, 갈기, 꼬리가 모두 긴 조랑말이다. *stallion*이라는 말은 혈통을 지키기 위한 씨받이용 종마種馬를 가리키는 어휘로, 고대 프랑스어 estalon을 거쳐 고대고지 독일어인 stall로 이어지고 여기서 마구간을 뜻하는 *stall*이란 말이 등장하여 *stallion*이란 어휘 속에 동일한 철자가 남아 쓰이게 된 것이다.

미국 서부에서 방목되고 있는 반 야생野生의 작은 말을 지칭하는 *bronco*라는 어휘를 맨 처음 들을 수 있었던 곳은 멕시코 변경 지방에서였다. 이 어휘는 스페인어로서 '거친, 사나운' 이란 뜻이다. 그리하여 bronco-busting이라고 하면 거칠고 사나운 스페인 종 반야생마인 무스탕*mustang*(스페인어로 mesteño '거친')이니 사나운 조랑말을 다루고 훈련시키는 것을 뜻한다. 조랑말*pony*은 1년 미만의 어린 암탉*pullet*이나 병아리와 관련이 있다. '어린 동

로데오 경기에 나오는 야생마

물'을 뜻하는 라틴어 *pullus*는 프랑스어에 들어 와서는 '어린 말'을 뜻하는 *poulenet*로 쓰이게 되고 스코틀랜드어에서는 *powney*, 그리고 영어에서는 *pony*가 되었다. 그런데 똑같은 라틴어가 프랑스어에서 '영계, 병아리'를 뜻하는 *poulet*으로 쓰이고, 이것이 영어에 들어오면서 *pullet*이란 어휘로 쓰이게 되었다. 집합명사인 *pouleterie*는 *poultry* '가금家禽'이라는 영어 어휘 형성에 기여하였다.

동물세계에서는 최근 또는 수 천 년 전에 멸종된 동물들이 있다. 후자에 속하는 동물로 가장 잘 알려진 것으로는 신생대 제3기에 살던 거상巨象을 일컫는 마스토돈*mastodon* 및 디노사우르*dinosaur* 등과 같은 종류가 있다. *mastodon*이란 말은 원래 '가슴'을 뜻하는 그리스어 *mastos*에서 온 말이고, *odous, odontos*는 '이빨'을 뜻하는 말이다. 이 동물은 거대한 두 개의 어금니가 각각 젖꼭지 모양으로 솟아 올라와서 볼록한 부분을 만들고 있어서 마치 코끼리 모습을 하고 있다고 하여 이런 명칭이 붙었다. *dinosaur*라는 명칭을 붙인 사람은 영국의 동물학자인 오웬 경Sir Richard Owen(1804~1892)이다. 선사시대의 살던 이 거대한 괴물은 매우 무서운 모습을 하고 있었기 때문에 오웬 경은 그리스어에서 '두려운'을 뜻하는 *deinos* 및 '도마뱀'을 뜻하는 *sauros*를 합쳐 이 단어를 만들었다.

마스토돈

오웬 경

다음으로, 지구상에서 사라진 거대한 몸집에 비해 작은 날개로 날지 못했던 칠면조 크기만 한 도도*dodo*라는 새가 있다. 한 때 모리셔스 섬(화산섬으로 인도양 남서부 마다가스카르 섬에 있는 왕국)에 살았던 이 새의 모습이 매우 우스꽝스럽게 생겨 포르투갈 인들은 이 새를 '얼간이,

바보'를 의미하는 *doudo*라고 불렀다. 이 새는 17세기 중엽 사라졌으나, 현대영어에서는 이 새의 이름을 써서 dumb as a *dodo* '어리석은 멍청한'이란 표현이 쓰이고 있다.

도도

영어 어휘로 쓰이는 거대한 두 종류의 동물로 하마河馬, *hippopotamus* 및 코뿔소*rhinoceros*가 있다. 이 동물들은 외양이 기묘해서 지구상에서 사라질 가능성이 크다. 코뿔소는 코에 거대한 뿔을 가지고 있다고 하여 이러한 이름이 붙었다. 그리스인들은 코뿔소를 그리스어로 *rhinos* '코' 및 *keras* '뿔'을 합쳐 *rhinokeros*라고 칭하였다. 그런데 이들은 하마가 마치 말처럼 생겼고 대부분의 시간을 물 속에서 지내고 있다고 보고 이 동물을 '말'을 뜻하는 *hippos* 및 '강'을 뜻하는 *potamos*에서 이 동물의 이름을 "river-horse" 즉, 하마라고 불렀다.

코뿔소

그리스인들은 맨 처음 표범*leopard*을 보았을 때 매우 당황하였다. 이들에게 표범은 마치 사자*lion*나 호랑이*tiger*처럼 보였다. 그리하여 이들은 이 동물의 이름을 '사자'를 뜻하는 *leon*과 '호랑이'를 뜻하는 *pardos*에서 철자를 따서 "liontiger"라는 의미를 지닌 *leopardos*라는 어휘를 만들어 냈다.

표범

그리스인들을 생각하게 되면 오리너구리*platypus*라는 명칭의 유래를 떠올리게 된다. 미국에서는 동물원에서나 볼 수 있는 이 작고 이상하게 생긴 수중 동물을 *duckbill*이라고 부르고 있는데, 물갈퀴를 기진 두 발과 부리가 마치 오리를 닮았다고 하여 붙인 이름이다. 몸이 길쭉하고 편평한 이 포유류에 붙인 그리스어 명칭은 '편평한'을 뜻하는 *platys*와 '발'을 뜻하

오리너구리

는 *pous*를 합하여 만든 *platypous*이다. 8개의 발을 가진 문어*octopus*라는 말도 그리스어로 '여덟'을 뜻하는 *okto*와 '발'을 뜻하는 *pous*가 합쳐 만들어진 것이다.

아프리카에는 개미핥기과에 속하는 포유동물 *aardvark*이 있다. 이 어휘는 사전에서 정의된 최초의 단어들 중의 하나에 속하는 것으로도 유명하다. 아프리카에 자생하는 많은 동물들처럼 개미핥기*aardvark*도 화란인들에 의해 붙여진 명칭으로 화란어로 *aardvark*는 '땅돼지earth-pig'를 의미한다. 다시 그리스어로 돌아가서 야행성 육식동물로 사하라사막 이남의 전 지역에 분포하고 있는 하이에나*hyena*(또는 hyaena라고도 함)라는 동물의 명칭은 그리스어 hys '거세된 수컷 돼지hog'에서 만들어진 hyaina에서 유래하여 라틴어를 거쳐 영어에 들어왔는데, 실제로는 '수컷 돼지처럼'이란 의미를 지닌다.

포유동물

아프리카를 맨 처음 탐험한 탐험가들은 정글에서 발견한 고릴라 *gorillas*가 인간의 원시형태라고 생각하였다. 기원전 5~6세기경 하노Hanno라는 이름을 가진 사람이 아프리카 서부 해안을 탐험하여 이곳을 식민지로 만들기 위해 카르타고(아프리카 북부의 고대 도시국가)에서 배를 타고 출항하였다. 그가 여행에서 돌아왔을 때 그는 카르타고의 한 신전에 페니키아어로 쓰인 메모지첩을 매달아 놓았다. 그의 여행기는 후에 그리스어로 번역되어 그가 메모지에서 아프리카에 거주하는 것으로 묘사한 거칠고 털 많은 "사람들"은 그리스인들에 의해 gorillas로 명명되었다. 19세기 중엽 미국의 한 선교사가 아프리카에서 돌아와 하노와 비슷한 이야기를 하게 된다. 그리하여 그리스인들이 붙인 옛 명칭은 다시 살아나게 되어 이 털많은 유인원類人猿은 마침내 gorillas로 불리게 된 것이다.

오랑우탕(또는 오랑우탄)*orangoutang*이란 동물 또한 또 하나의 다른 유인원에

오랑우탕

속한다. 사람처럼 생긴 이 유인원을 말레이인들은 '숲속의 사람orangutan'이라고 불렀다. *orang*은 '사람'을, 그리고 *utan*은 '숲'을 의미한다. 이 명칭은 화란령 동인도제도를 두루 여행한 17세기 내과의사였던 본티어스Bontius에 의해 맨 처음으로 기록되었다. 이 단어는 후에 마지막 절반의 발음이 처음 절반과 운이 맞도록 *orangoutang*으로 철자가 수정되었다.

그리스인들에게 알려지고 우리에게도 잘 알려진 동물로 악어crocodile라는 어휘가 있다. 그리스인들은 이 거대한 파충류에 '자갈'을 뜻하는 *kroke*와 '벌레'를 뜻하는 *drilos*에서 *krokodeilos*라는 말을 만들었다. 즉, '자갈위로 기어 다니는 벌레'라는 뜻이다. 악어라는 뜻의 *crocodiles*과 *alligators*는 참으로 거대한 도마뱀lizard이다. 큰 놈은 6~7 미터에 달하는 것도 있다. 로마인들은 이 도마뱀을 *lacertus*라고 불렀다. 스페인어가 영어에 차용되면서 이 말은 *el lagardo*라는 어형과 철자로 변하여 들어오게 되었다. 미국인들에게는 이 말이 *alligarter*와 비슷하게 들렸다. 이 거대한 플로리다 파충류의 명칭은 *alagarto, aligarto, alegarto, alligater, aligator, allegator* 등 다양한 철자와 발음을 거쳐 마침내 현대영어에서와 같은 *alligator*로 자리잡게 되었다.

악어

도마뱀

다음으로, 아메리카가 원산지인 동물들이 있는데, 주머니쥐*opossum*, 미국너구리*raccoon*, 북미산 순록*caribou*, 말코손바닥사슴*moose* 등과 같은 것들로서, 이들은 원래 모두 알곤킨어Algonquian에서 유래한다. 알곤킨어는 북아메리카 인디언 중 가장 많은 인구가 널리 사용한 언어로서, 이전에는 북 캐롤라이나에서 허드슨 만까지, 그리고 대서양 연안에서 미시시피 강에 이르는 광대한 지역에 걸쳐 사용된 언어이다. 이렇게 볼 때, 이 동물들의 명칭이 모두 알곤킨어에서 유래한 것은 조금도 이상한 일이 아니다.

*opossum*이란 말에 대한 명칭은 알곤킨어로 '흰색 동물'을 뜻하는 *apasum*이었다. 주머니쥐는 순백純白이건 순백이 아니건 간에 위험으로부터 자신을 지켜줄 수 없었으므로 적을 만나면 죽은체하는 습성이 생기게 되었다. 영어에서 '죽은 체 하다'라고 할 때 쓰는 표현이 play possum이라는 어구이다.

또 다른 모피 동물인 미국너구리*raccoon*는 원숭이처럼 거의 앞발을 편리하게 사용하는데, 이런 습성 때문에 알곤킨 인들은 '두 손으로 긁는다'라는 뜻의 *arathcone*라는 명칭을 붙여 주었다. 이 말은 여러 변화 과정을 거쳐 현대영어에서 *raccoon*으로 정착되었다.

미국 너구리

캐나다, 알라스카 및 그린란드가 원산지인 순록(馴鹿, rein-deer, *caribou*)도 알곤킨어에서 유래하는데, '발로 긁는(할퀴는) 사람'이란 뜻을 지닌 인디언어인 *khalibu*에서 발원하여 캐나다 프랑스어를 경유, 오늘날과 같은 어휘로 변하였다.

인디언어로 *moos*는 '나무껍질을 벗겨내다'란 뜻이다. 인디언들은 이 말의 의미를 배가 고프게 되면 나무의 아래 부분에 있는 나무 가지를 벗겨내는 습성을 가진 이 사슴을 가리키는 명칭에 사용하였다. 수컷 사슴은 가지가 많은 손바닥모양의 큰 뿔이 있다고 하여 붙여진 이름이 곧 말코손바닥사슴이다. 북아메리카와 유라시아에 주로 분포하고 있다. 사슴을 일반적으로는 *deer*라고 하는데, 사자와 양이 함께 누워 있으면 이들도 *deer*라고 할 수 있다. 13세기경 까지만 해도 모든 동물은 *deer*라고 칭하였는데, 이 말은 '사냥 짐승'을 의미하는 그리스어 ther와 연관이 있다.

우리에게 해害를 끼치지 않는 작고 친근한 동물들을 열거해 보면 *trout, squirrel, chameleon, caterpillar, beetle, spider, ladybug flea, ant*와 같은 것들이 있다. 이들 명칭의 어원과 그 유래를 간단히 살펴보기로 한다.

송어

송어*trout*는 고대와 중세영어에서는 *truht*로 쓰였다. 이 말은 라틴어 *tructa*에서 유래하는데, '먹이를 갉아먹는 사람'을 의미하는 그리스어 *troktes*와 동일하다. 다람쥐*squirrel*는 그리스어 *skia*그림자 및 *oura*꼬리에서 만들어진 *skiouros*에서 유래하여 여러 변화경로를 거쳐 현대영어가 되었다.

카멜레온

작은 도마뱀으로 몸의 빛깔을 자유자재로 바꾸는 카멜레온*chameleon*은 맨 처음 그리스어 *khamai*난쟁이 및 *leon*사자에서 만들어진 *khamaileon*에서 유래하여 현대영어 철자로 변한 것이다. 고대 로마인들은 쐐기벌레*caterpillar*를 '털 많은 고양이'라는 뜻의 *catta pilosa*라고 불렀는데, 오늘날 현대영어에서 쓰인 철자 형태와도 크게 다르지 않다. 현대영어에 쓰이는 형태는 프랑스어 방언을 통해 마지막으로 영어에 들어온 것이다.

딱정벌레*beetle*는 '쏘거나, 물어뜯는 짐승'이란 뜻의 옛 영어 *bitela*에서 온 것이고, 거미*spider*는 중세영어에서 *spithre*로, 고대영어에서는 *spithra*라는 철자로 쓰였으며, 결국 '(실을) 잣다'란 뜻의 *spinnan*에서 현대영어 어휘로 철자가 변하였다. 무당벌레*ladybug*라는 말에서 *lady*는 성모 마리아Virgin Mary를 가리킨다. 벼룩*flea*은 '도망치다'라는 뜻의 영어 어휘인 *flee*와 발음이 유사하다.

딱정벌레

마지막으로, 개미*ant*에 얽힌 어원에 대해 알아보기로 한다.

이 작은 생명체에 대해 사전에서는 '이질적인 막시류膜翅類의 곤충heterogeneous hymenopterous insect'이라고 정의를 내리고 있다. 개미는 오늘날 미국의 일부 지방에서 *pismire*라고 부르고 있는데, 아마도 개미의 독샘 속에 함유되어있는 포름산酸의 배설물 때문에 그런 명칭이 붙은 것 같다.

오늘날 미국 남부의 일부 지역에서 pismire라는 말이 상류사회에서는 사용될 수 있을지 모르나, 영어를 사용한 선조들에게 있어서 이 말은 한낱 불결한 말에 지나지 않았다. *piss*라는 말에 대해 잠간 언급하자면, 고대 시기에서는 여성들이 한층 거친 표현 대신에 사용한 말이었다. 중세영어시기에 쓰인 초서의 걸작인 《캔터베리이야기*Canterbury Tales*》에 나오는 〈바스(Bath 런던 서쪽에 위치한 작은 도시)의 여장부 이야기*The Wife of Bath's Prologue & Tale*〉에서도 이런 표현이 등장하고 있는데, 흥미롭게도 한 곳에서는 urine, 다른 곳에서는 piss라는 표현이 쓰이고 있음을 알 수 있다. 다음에 두 구절을 각각 인용한다. 독자들이 내용의 묘미를 느낄 수 있도록 중세영어 원문과 우리말 번역을 붙여놓았다.

Glose whoso wol, and saye bothe up and down
That they were made for purgacioun
Of urine, and oure bothe thing smale
Was eek to knowe a femele from a male,
And for noon other cause – says ye no?
Th' experience wool it is nought so.

사람들은 겉으로 뭐니뭐니 하고, 설명을 하고
해석을 붙여서 그 기관은
소변을 누기 위한 것이라느니,
남녀를 구별하기 위한 것 이외의 아무것도

아니라고 하겠지만, 어떠세요. 그런 말을 곧이 들으세요?
우리 경험에 비춰보면 그게 결코 그런 게 아니잖아요.

For hadde myn housbonde pissed on a wal,
Or doon a thing that sholde han cost his lif,
To hire, and to another worthy wif,
And to my nece which I loved weel,
I wolde han told his conseil everydeel;

가령 내 남편이 담에다가 오줌을 쌌다든지,
자칫하면 목숨을 잃을지도 모르는 어마마한 일을
했다든지 하는 비밀을,
앨리슨하고 또 믿을만한 여자,
그리고 내가 극진히 사랑한 조카,
이 세 사람에겐 하나도 빼놓지 않고 일러 주었어요.

1405~1410년경에 나온
엘스미어 필사본에 등장하는
〈바스의 여장부 이야기〉
첫 페이지

06

A Story of Word Origins

전쟁

• • 한 국가가 전쟁에 참여하게 되면 국민들의 감정이 높아지고 활동력 또한 강렬해지기 마련이다. 이 시기에는 언어가 항상 놀라운 속도로 증가하여 새로운 말들이 나이아가라 홍수처럼 이미 사용되고 있는 언어에 쏟아져 들어오게 된다. 영어의 경우도 마찬가지이다. 평화 시에는 매년 약 3,000개의 새로운 어휘가 만들어진다고 하는데, 제2차 세계대전 시에는 해마다 6,000개 이상의 어휘가 새로 만들어져 영어에 추가 되었다는 보고가 있다. 그러나 실제로는 이보다 3배는 더 많을 것이라는 통계가 나와 있다.

위에 제시한 숫자는 그리 놀라운 일이 아니다. 전쟁이 계속되는 동안에는 새로운 무기 개발과 새로운 군무軍務를 수행하기 위해 첨단 과학이 동원된다. 군수업자들은 새로운 군수품을 개발해 내고, 의학의 발달로 새로운 기적이 일어나기

지프

1959년 10~12월에 등장한 뽀빠이 만화 표지

도 한다. 이 모든 일에 새로운 군사 용어가 필요해지는 것은 당연한 일이다.

새로 만들어지는 어휘가 사전에서 제자리를 차지하기까지는 대체로 상당한 시간이 걸리는데, 때때로 여기에는 예외가 있다. 그 한 예로, *jeep*라는 재미있는 어휘가 있다. 4륜 구동의 군용차에 붙인 이 별칭은 미국 육군에서 개발해 낸 것이다. 이 명칭에 얽힌 다음과 같은 재미있는 이야기가 있다. 제1차 세계대전 당시 미국 병사들이 시가E. C. Segar라는 만화가가 그린 《뽀빠이 Popeye》라는 코믹 만화를 즐기고 있었다. 이 만화에는 유진 지프Eugene the Jeep라는 이름을 가진 괴상하고 발랄한 모습을 한 동물이 나오는데, 이들 병사들은 미군의 공식 군용차를 지칭하는 "General Purpose"의 약자인 G.P.와 이 동물 이름의 발음을 서로 연관시켰다. 후에 수백만 미국 병사들이 갑자기 *jeep*라는 단어를 쓰기 시작하면서 사전 편찬가들은 즉시 이 단어를 사전에 등재하기에 이르렀다.

일반적으로 어휘가 새로 만들어지게 되면 최종적으로 사전에 등재되기 전 오랜 기간 동안 검증과 시험을 거치게 된다. 그 과정은 대개 다음과 같다. 가령, 새로운 단어가 나타났다고 가정한다. 우선, 이 단어가 진짜 새로운 단어인지, 또는 전에 쓰이던 단어가 다시 나타난 것인지를 검증해야 한다. 사전 편집자들은 그 방법의 하나로 독일어에서 한국어에 이르는 대체로 흔히 쓰이는 언어 사전은 물론, 마오리어(Maori, 뉴질랜드 원주민의 언어), 우루두어(Urdu, 파키스탄의 공용어), 하우사어(Hausa, 아프리카의 하우사족의 언어), 산스크리트어, 아랍어, 아프리칸즈어(Afrikaans, 남아프리카 공화국의 공용 네덜란드어) 등과 같은 낯선 언어 사전까지도 모두 조사해 보아야 한다. 그 뿐만 아니라, 식물, 윤리, 직물, 자수, 정치, 석유, 의학, 과학, 무역 등에 관련된 수많은 사전을 면밀하게 조사해 보아야 한다. 이렇게 해서 결국

이 단어가 참으로 새로운 어휘라고 판단되면, 비로소 이 단어는 어휘 사전에 오르게 되는 것이다.

이런 과정을 거치고도 한동안 사전에 등제되지 않은 전쟁 용어로 *fifth column* 및 *quisling*이라는 표현이 있다. 이들은 *jeep*처럼 신속하게 사전에 등재되지는 않았다. *quisling*이란 어휘는 1940년 독일이 노르웨이를 침공했을 때 국민을 배반하고 노르웨이 친나치당을 이끌며 스파이 노릇을 한 노르웨이 정치가였던 퀴슬링 소령Major Vidkun Quisling(1887~1945)의 이름에서 유래하며, 스스로 적의 스파이로 활동한 배반자를 가리키는 말이다. 이 단어가 오래 살아남을 수 있을지 여부는 꾸준히 지켜봐야 한다. 어떤 어휘라 하더라도 사전에 등재되는 방법을 획득해야 하는 것은 물론, 일단 사전에 등재되더라도 어휘로서의 평판을 얻어 그 위치를 지속적으로 유지해 나가야 하기 때문이다. 자주 사용되지 않는 활기 없는 단어는 세월이 흐르면 폐어廢語가 되기 마련이다.

fifth column '오열五列'이란 말의 유래는 매우 드라마틱하다. 이 말은 한 국가나 도시에서 첩자나 파괴자saboteur로 비밀리에 암약하는 자를 말한다. 1936년 스페인 내전 시 에밀리오 몰라Emilio Mola 장군이 이끄는 반란자들이 4열 종대로 마드리드를 향해 진군했을 때, 몰라 장군은 라디오를 통해, '제5열이 마드리드 내에 있다' 라고 말해 마드리드에 있던 이들의 동조자들이 제5열로서 봉기하여 반역하리라고 공표한데서 이 말이 탄생하였다.

*radar*는 전파가 반사하는 시간과 방향을 측정하여 목표물의 존재와 위치를 알아내는 전자 장치를 일컫는 말로, 제2차 세계대전 시에 태어났으며 *r*adio *d*etecting *a*nd *r*anging의 맨 앞 문자를 모아서 만든 말이다. 이와 비슷한 예로, 독일어에서 만들어진 *flak*라는 어휘가 있다. 전투기 편대가 받는 '대공포화' 라는 뜻인데, *Fl*ieger '조종사', *A*bwehr '방어' 및 *K*anonen '포砲' 의 앞 문자를 조합하여 만들어진 말이다. 우리가 흔히 나치 *Nazi*라고 부르는 어휘 또한 1933년 아돌프 히틀러의 세력이 된 '국가 사회 노동자당' 을 뜻하는 17개 문자로 된 독일어 Nationalsozialist에서 만들어진 말이다. 독일어 *Nati*onal의 발음이 [natsioná:l]로

소리나는 점을 생각하면 된다. 게슈타포Gestapo는 나치 정권하에 만들어진 비밀 국가경찰the secret state police을 일컫는 말인데, *Ge*heime *Sta*ats*po*lizei란 표현에서 문자를 따서 만든 말이다. 그리고 blitz라는 말은 엄청난 힘에 의한 신속하고 파괴적인 공중폭격을 일컫는 말로서, 독일어 *Blitz*krieg '전격전lightning war' 이란 어휘에서 앞의 절반을 떼어내어 만들어진 표현이다.

영어 어휘 중에는 제2차 세계대전 중에 그 의미가 달라져서 사전 편찬자들이 바뀐 의미로 영어사전에 등재해야만 하는 것들도 많이 있다. 예컨대, 프랑스어에서 영어에 차용된 *alert*란 어휘는 '주의를 게을리하지 않는, 빈틈없는 사람' 이란 뜻으로 오랫동안 우리에게 익숙하게 사용되어 온 말이다. 그러나 제2차 세계대전이 진행되면서 이 말은 적의 비행기가 가까이 왔음을 알리는 사이렌 공습경고에 적용되는 말로 그 의미가 변하였다.

또 다른 예로, 오래 사용되어 온 *appease*라는 어휘가 있다. 이 말은 '달래다, 가라앉히다, 진정시키다' 란 뜻을 지니고 있다. 그런데 1938년 당시 영국 수상이었던 체임벌린Arthur Neville Chamberlain(1869~1940)이 아돌프 히틀러를 '달래려고 appease' 애쓰면서 사용한 이 말은 불길한 의미를 띠고 있었다. 오늘날 우리가 다른 나라를 '달래려고' 한다면 전쟁을 피하면서 항상 도덕적인 원칙이라는 희생을 내세워서 정치적인 양보는 물론 다른 양보까지 해가며 이들 국가를 매수하려고 시도하게 된다.

전쟁과 직접 또는 간접적으로 관련된 영어 어휘의 상당수는 프랑스어나 프랑스-이탈리아어에서 유래하고 있다. 이탈리아 인들은 고대 로마 전쟁을 통해서, 그리고 프랑스인들은 수세기에 걸친 군사 작전을 통해 전투 기술과 전략을 수립하는데 오랜 훈련을 쌓아 왔으며 이에 걸 맞는 군사용어를 개발해 왔다. 이들 용어 중에서 몇 가지만 그 유래와 어원을 소개하기로 한다.

우리가 해군제독 또는 해군의 고위 장성을 말할 때 쓰는 *admiral*이란 말은 원래 *amir* 즉, 사라센 제국(이슬람제국)의 우두머리를 지칭하는 말로서, 스페인과 시실리의 초기 통치시기에는 '바다의 사령관' 이라는 뜻의 *amir-al-bahr*이란 말이 공식 용어로 쓰였다. 아랍어인 이 말의 맨 처음 두 단어는 프랑스어로 오면서 *amiral*로 변하였고 후에 고대 프랑스어인 a- 및 라틴어 ad-의 영향으로 admiral로 다시 해석되기에 이르렀다. 이 어휘는 영어로 들어오면서 13세기 초기에 해군海軍과 관련되는 용어로 쓰이면서 *flagship* '기함旗艦'을 *Admiral*로 부르게 되고, 이것이 현대영어에 적용되면서 바다의 사령관 즉, 해군 제독이라는 의미를 갖게 되었다.

병사들이 쓰는 헬멧이 세숫대야*washbasin*나, 스프 그릇 대용으로 흔히 사용되던 때가 있었나 보다. *basin*이란 말은 로마시대부터 쓰이기 시작하였는데, 후기 라틴어인 *bachinus*는 "식기(食器, an eating bowl)"를 의미하였다. 중세시대로 오면, 프랑크족의 왕인 샤를마뉴Charlemagne의 기사들은 원추 모양의 금속 모자나 헬멧(투구)을 썼다. 이 헬멧을 나타내는 말이 *bacin*이었으며 실제로는 '머리에 쓰는 사발'을 뜻하였다. 이 단어는 영어에 들어오면서 *basin*으로 변하였고, 후에 아기를 담아두는 리본으로 장식한 덮개달린 유모차를 가리키는 *bassinet*라는 말도 생겨나서 현대영어에서 쓰이고 있다.

해적*pirate*이라고 하면 우리는 8세기에서 10세기에 걸쳐 유럽의 북부와 서부 해안을 약탈한 북유럽 여러 나라의 해적이었던 바이킹viking이란 말을 떠올리게 된다. 그러나 17세기와 18세기에 서인도제도를 통해 카리브 연안을 항해하던 사람들은 종종 해적들의 침략을 받곤 하였는데, 이 시기에 서인도제도를 침략한 해적들은 프랑스인들로서, 이들은 카리브해 연안에 살던 인도인들의 습관을 모방하여 야생 소고기를 나무 선반이나 불꽃 위에 놓고 훈제燻製하였다. 카리브 인도인들은 이것을 *bocan*이라고 불렀다. 이 스페인령 연안을 횡행하던 프랑스인들은

바이킹의 투구(Viking' s Helmet)

대부분 해적이었으므로 이들을 프랑스어로 *boucaniers*이라고 칭하였는데, 영어에 차용되면서 *buccaneers*로 변하였다. 이 말은 원래 석쇠 위에 고기를 얹어놓고 훈제한 사람들을 뜻하는 말이었다.

육해공군 사관학교의 생도를 가리키는 말로 쓰이는 *cadet*의 유래는 다소 신기하면서도 그 유래가 복잡하다. 로마시기에 쓰이던 라틴어인 *caput*는 인두人頭를 의미하는 말이었다. 후기에 쓰인 라틴어에서는 이 말과 관련하여 지소어指小語인 *capitellum* '작은 머리'라는 표현이 생겨났고 이것은 프로방스어에서 '우두머리head'를 의미하는 *capdet*로, 프랑스어에서는 *cadet*로 쓰이게 되었다. 이 시기에 이르러서는 당시의 사회 관습에 따라 상류층 자제들이 군에서 복무하였고 추측컨대 장차 가족을 이끄는 '우두머리'가 될 사람들이었으므로 *cadet*는 '젊은 자제' 또는 '장교'라는 의미를 갖게 되었다.

이 말은 철자와 의미가 그대로 변하지 않은 채로, 프랑스에서 해협을 건너 스코틀랜드로 전해 졌는데, 이곳에서 그 의미가 변하기 시작하여 임시직을 기다리며 서성거리는 사환이나 심부름꾼을 의미하게 되었고, 철자에도 변화가 나타나서 골프장에서 골프 가방을 운반하며 일하는 남자를 일컫는 *caddie*로 변하였다. 이 말은 영국에서도 사정이 마찬가지여서 내리막길을 걸었는데, 스포츠에서 학생들을 도와주는 영국 대학 주변의 식객을 지칭하는 말로 쓰였다. 따라서 옥스퍼드에서는 *cadet*라는 말은 '도회지 사람'으로 분류되어 업신여겼다. 이윽고, 학생들은 cadet라는 말 대신에 *cad*라는 줄임말을 사용하였는데, 이것은 품위 있는 행동 규범을 따르지 못하고 예의가 바르지 못한 사람을 가리키는 뜻이었다. 한때 품위 있게 쓰인 말이 쓸모없는 말로 전락하는 것을 보여 주기라도 하듯, 이 어휘는 오늘날에도 미국 속어slang에서 매춘부들의 수입으로 살아가는 '뚜쟁이'라는 의미로도 쓰이고 있다. 그리하여, *cadet*라는 어휘는 원래 지녔던 의미와 권위를 그대로 지닌 미육군사관학교West Point의 '생도'라는 의미로, 그리고 *caddie*(또는 caddy)는 골프장에서 잔심부름하는 사람을 지칭하는 말로 구분되어 쓰이고 있다. 오늘날 *cad*는 비열하고 치사한 사람을 지칭하는 말로 여전히 쓰이고 있다. 어원상으로 보면 이 세 어휘는 한 피에서 갈라져 나온 형제들인 셈이다.

라틴어로 *campus*라는 어휘가 있다. 옛날 로마 군대가 진을 치던 "들판 또는 야영지"를 의미하는 말이다. 일련의 군사 작전은 이 야영지에서 수행되었다. 대학이 위치한 장소를 일컫는 말을 캠퍼스 *campus*라고 하는데, "들판field"에 세워졌기 때문에 생긴 말이다. *decamp*라고 하면 이 "들판"을 떠난다는 뜻이고, *camp*라고 하면 "들판"에 거주한다는 뜻이다. *scamp*라는 말도 있는데, 전투가 벌어지는 이 "들판"에서 도망치는 겁쟁이 불한당을 가리키는 말이다. 샴페인 *champagne*은 완만한 기복을 가진 "들판"과 언덕이 있는 프랑스의 한 지역에서 생산되는 포도주를 일컫는 말로, 프랑스어에서는 'h'를 집어넣어 만든 말이다. 이 포도주는 때로는 스포츠가 이루어지는 "들판"에서 승리하는 챔피언*champion*을 위해 남겨 두기도 한다.

현대 자동차에서 나온 차종 중에 '에쿠스'라는 것이 있다. 라틴어를 좀 배워 본 적이 있는 분들은 라틴어 *equus*가 말馬을 뜻하고 있음을 기억할 것이다. 그런데 유럽의 고교나 대학에서 배우는 라틴어는 로마 문학을 표현하기 위해서만 쓰인 고전 라틴어이다.

한편, 로마의 상인들이나 이런 부류에 속하는 사람들 사이에 통용되던 힘센 짐 말 또는 마차 말work-horse을 가리키는 표현은 '에쿠스'가 아닌 까발루스 *caballus*였다. 이것이 발달하면서 '말 타고 가다'란 뜻의 동사형인 *caballicare*가 되었다. 이 라틴어는 이탈리아어에서 *cavalcare*가 되었으며 여기서 명사형인 *cavalcata*가 나왔는데, 프랑스어를 거치면서 현대영어에 쓰이는 *cavalcade*라는 어휘가 되었다. 이 단어는 맨 처음 '일단의 기수 또는 기마대의 습격'이라는 의미를 지니고 쓰이다가, 17세기 초에 이르러 축제 기간에 이루어지는 '기수들의 행진'을 뜻하는 말로 사용되었다. 오늘날에는 이 말이 단순히 '행진, 행렬'을 뜻하는 말로 쓰이고 있으며, Cavalcade of Comics라고 하면 '만화연재물'이라는 뜻이 된다. 여기서 -cade라는 표현에 힌트를 얻어 만들어진 말들로 *aquacade*수상 쇼, *motorcade*자동차 페레이드와 같은 것들이 생겨났다.

우리에게도 조선시대부터 '야간통행금지'라는 제도가 있어서 야간에 통행을 제한하였다. 광복 후에도 한 때 야간에 통행을 제한하여 불편하던 시절이 있었다. 중세 유럽에서도 저녁 때 일정한 시간에 종을 쳐서 거리의 모든 등을 끄거나, 집안의 불빛을 가리도록 하는 법이 제정되기도 하였는데, 이것이 곧 야간통행금지를 지칭하는 *curfew*라는 말이었다. 이 말은 프랑스어에서 '불을 가리다'란 뜻의 *couvre feu*에서 유래하며, 원래의 뜻은 '소등 시각을 알리는 종' 또는 '야간통행금지 시각을 알리는 사이렌'이라는 의미를 지닌다.

영어 표현에 *forlorn hope*이라는 것이 있다. '헛된 희망' 또는 '절망적인 기도'란 뜻으로 영시에 자주 인용되는 표현이다.

이 말은 화란어 *verloren hoop*에서 유래하는데, 화란어 표현은 '잃어버린 군대'란 의미를 지닌다. 이 군대는 프랑스의 결사대les enfants perdus나, 또는 제2차 세계대전 중에 활약한 일본의 자살 특공대인 가미가제*kamikaze*를 연상하게 한다.

영어 표현은 맨 처음 공격 개시를 위해 선발된 공격조에 적용되었으나, 1641년 초에 와서 hope라는 단어와의 연결이 확고하게 자리 잡게 되었다. 군대 용어로는 '결사대 또는 결사대원'이라는 의미를 지닌다.

영어 어휘로 *marshal*이라고 하면 육군이나 공군에서 원수元帥를 지칭하는 말로 쓰인다. 그러나 이 말은 한 때 마구간에서 말들을 보살피던 비천한 마부馬夫를 가리키는 말이었다. 대중 라틴어에서 이 말은 '마부'를 나타내는 *mariscalcus*였으며, 프랑스어 및 영어로 들어와서는 *mareschal*로 바뀌면서 낮고 천한 위치에서 높은 신분 또는 사회적 지위로 오르게 되었다. 미국에서는 *marshal*이 그 위신을 잃은 때도 잠깐 있었으나, 오늘날에 와서는 영국군에서의 *field marshal* '야전군 사령관'이나, 프랑스의 육군 원수 *Marshal*에서처럼 그 위엄과 계급을 유지하며 쓰이고 있다.

전쟁터에서 사용되는 수류탄*grenade*이라는 명칭은 엉뚱하게도 열대 과일인 석류 열매*pomegranate*에서 유래한다. 로마인들은 이 열매를 '씨 있는 사과'란 뜻의 *pomum granatum*라고 불렀다. 고대 프랑스어에서는 이것을 *pome grenate*라고 하였는데, 이것은 스페인어에서 *granada*가 되었다. 프랑스어의 두 번째 요소로부터 *grenade*라는 영어 어휘가 탄생하게 된 것이다. 수류탄 모양이 석류 열매와 흡사하여 마치 씨앗이 터져 나오는 껍질을 가리키는 말로는 적절한 명칭이었을 것이다. 이 수류탄을 던지는 병사를 일컫는 말로는 *grenadier* '수류탄 투척병' 이란 영어가 쓰인다.

육군과 해군에서는 북소리가 울리기 직전에 병사들이 선술집이나 바bar에서 막사로 귀대하라는 경고를 하기 위한 신호로 북을 치거나 귀영 나팔 *tattoo*을 불게 되어있다. 이 어휘는 *tap* '맥주', 및 toe '(문을)닫다' 란 뜻의 화란어로 이루어진 *taptoe*에서 유래한 말로서, '선술집(바)의 영업시간이 끝났다' 란 의미를 지니고 쓰였다. *tattoo*는 한 때 선술집을 닫기 위한 신호로 사용된 북이나 나팔을 지칭하였다. 옛 문헌에 나온 기록에 보면 1644년 영국 노팅엄에 있는 군수비대에 허친슨 대령이 내린 다음과 같은 명령이 있다. 즉, "누구든지 밤 9시 이후 선술집에서 술을 마시는 자가 눈에 띠면 귀영 나팔이 불 때 벌금을 물게 될 것이다." 이 명령에 등장하는 귀영 나팔은 *Tap Too*로 묘사되어 있다.

지금까지 전쟁에 관련된 말의 유래와 어원을 얘기하였는데, 우리에게 친숙한 몇 가지 전쟁과 관련된 어휘를 좀 더 살펴보고 이 장을 마치기로 한다.

조국을 사랑하지 않는 사람이 어디 있으랴만은 전쟁이 벌어지면 가장 먼저 떠오르는 말이 무엇보다도 애국심*patriotism*일 것이다. 이 말의 역사는 꽤나 길지만, 그 열쇄는 '조상이 세운' 이란 뜻의 그리스어인 *patrios*에서 찾을 수 있다. 그리스어 *pater*는 '아버지' 란 뜻이다. 따라서 *patriotism*이란 말은 가족과 이들의 전통을 지키며, 이들 가족의 '선조들' 이 세운 나라를 수호할 준비가 항상 되어 있는 자의 품격을 일컫는 말이다.

전쟁이 임박해지면 국민의 정신은 호전적*martial*으로 되어 가는데, 이 때 쓰인 *martial*이란 말의 탄생은 로마 시대의 군신軍神 *Mars*에서 유래한다. 어느 전쟁이든 간에, 군대가 있고 계급이 있어야 하는데, 장군*general*에서 사병*soldier*, 일등병*private*에 이르기까지, 그리고 심지어 게릴라guerrilla도 각자 맡은 역할이 있게 마련이다.

라틴어의 '종鍾 또는 속屬'을 뜻하는 *genus*라는 말에서 '종이나 속 전체에 포함되는'이란 뜻의 *generalis*라는 말이 나왔는데, 군대 계급에서 *general*이라고 하면 그의 명령이 계급 전반에 걸쳐 매우 총체적*general*인 성질을 띠고 있어서 붙여진 이름이기 때문이다.

이와는 좀 다른 이야기인데, 전투에 임하는 병사들은 원래 유럽에서 수세기에 걸쳐 보수만을 바라고 주로 외국 군대에 고용된 용병들이었다. 이것은 로마 정부로부터 용병들이 '보수'로 받았던 '금화'를 지칭하는 라틴어 *solidus*에서 나온 말이다. 후기 라틴어에서는 *soldum*, 중세 라틴어로는 *soldarius*로 나타냈고, '보수'를 뜻하는 고대 프랑스어 sout에 영향을 끼쳤으며 후에 *soudier, soldeer*로 쓰였다. 이것이 1350년 이전에 쓰인 중세영어문헌에 라틴어를 모방하여 'l'이 첨가된 *soldeyour*로 쓰였다. 오늘날 우리가 사용하는 *soldier*라는 철자가 맨 처음 기록에 나타나는 것은 약 1590년경이다.

군대의 최하위 계급인 *private*라는 말은 계급 또는 보직을 '허용하지 않는' deprived 졸병卒兵을 지칭한다. '빼앗다, 박탈하다, 주지 않다'란 뜻의 라틴어 *privo*에서 유래하기 때문이다. *guerrilla*라는 말은 '작은 전쟁'을 뜻하는 스페인어로서, 프랑스어 guerre '전쟁'과 연관되어 있으며, 19세기 초 영어에 들어와 쓰이게 되었다. 현대영어에 쓰이는 '게릴라'라는 이 말은 불규칙적인 약탈자나 습격자 또는 정규군에서 특수임무를 띤 부대를 지칭하는 말로 쓰인다.

군대는 전투에 참가하기 전에 전반적인 전략*strategy*을 수립하게 된다. 이런 경우에 '전략'은 전쟁에서 승리하기 위해 전군全軍의 군사적인 위치와 군의 효율적인 관리체계를 계획하고 조직하는 방책이다. '전략'이란 말은 '군軍'을 뜻하는 그리스어 *stratos* 및 '이끌다'란 뜻의 *ago*에서 만들어진 프랑스어 *stratégie*에서 영어로 차용되면서 생겨난 말이다. 즉, 적군에 대해 육체적, 정신적인 우위를 얻기 위한 가능한 모든 방법을 이용하는 방책을 함축하고 있는 말이다.

전술*tactics*이란 말은 '전략'과 유사한 말인데, '배열, 배치하다'란 뜻의 그리스어 *tasso*에서 온 *taktikos*에서 유래하여 프랑스어 *tactique*를 거쳐 영어에 들어온 말이다. '전술'은 전함을 조종하며, 적과의 대치 상황에서 군대를 '배치'하고 다루는 방법과 기술을 지칭하는 말이다.

프랑스인들은 전략과 전술 이외에 이른바 *logistique*이라는 또 하나의 군사학을 만들어 냈다. 영어로는 '병참兵站'을 뜻하는 *logistics*라는 말이다. 이 말은 전쟁을 수행하기 위해 필요한 인적, 물적, 전투력을 유지, 증강시키기 위해 제공되는 여러 시설과 그 운용을 지칭한다. 즉, 병사들을 이동시키고, 이들에게 보급품과 숙소를 제공하는 일을 가리킨다. 이 말은 '병사를 숙영宿營시키다'란 뜻의 프랑스어 *loger*에서 유래하며, '병사가 거할 숙소를 찾다'란 의미를 지닌다. *loger*는 현대영어에서 lodge로 발전하였으며 산행하는 이들에게 제공되는 '산장, 별장'이란 의미로도 쓰이고 있다.

공격 개시와 함께 사용되는 무기들로는 *cannon, shell, bomb, bayonet*과 같은 것들이 있다. '총검'을 뜻하는 bayonet은 프랑스 남서부에 있는 바욘*Bayonne*이란 도시 이름을 따서 만들어진 말이다. 이곳에서 맨 처음 만들어져, 맨 처음 사용되었기 때문에 붙여진 것이다. 당시의 총검은 총구 안에 꽂도록 길이가 짧고, 평평한 대검이었으나 1688년 프랑스 육군에 의해 총신에 꽂을 수 있게 개량되었다. 폭탄*bomb*이란 말은 '둔탁한 소리'란 뜻의 그리스어 *bombos*에서 온 말이고, 포탄*shell*은 '바다 조개'를 뜻하는 고대 노르웨이어 *skel*에서, 그리고 대포*cannon*는 '갈대'를 뜻하는 그리스어 *kanna*에서 유래한 말인데, 대포 속이 비어있는 것과 갈대 속이 비어있는 것은 우연의 일치일까?

전쟁이 막바지에 이르게 되면 승리하는*victory* 쪽과, 패배하는*defeat* 쪽, 작전상 후퇴하는*retreat* 쪽, 그리고 끝내 항복 하는*surrender* 쪽이 있게 된다. 이러한 말들은 모두 라틴어와 프랑스어를 통해 영어에 들어온 것들이다. 우선, *victory*라는 말은 '정복하다'를 뜻하는 라틴어 *vinco, victus*에서 온 말이고, *defeat*라는 말은 라틴어 *diffacare*(*dis* 'not'; *facere* 'do' 즉, '수행하지 않다'란 뜻)에서 유래하여 고대 프랑스어를 거쳐 영어에 차용된 말이다. 전쟁이 패배했다는 말은 작전을 수행하지 않았다 undone는 말이다. *retreat*란 말은 '물러나다' 란 뜻의 라틴어 *retrahere*에서 시작하여 고대 프랑스어 *retraiter*에서 *retret*라는 동사가 만들어지고 중세영어 후기에 와서 차용 되어 현대영어와 같은 철자가 된 말이다. 끝으로, *surrender*라는 말은 '끝나다' 란 뜻의 *sur* 및 '단념, 포기하다' 란 뜻의 *rendre*가 합쳐진 고대 프랑스어 *surrendre*에서 영어에 들어와서 쓰인 말로서, 한걸음 더 역사 속으로 거슬러 들어가면 라틴어에까지 이르게 된다. 이제 전쟁은 끝나고 검劍을 적군에게 넘겨야 할 때 쓰던 말이다.

07

A Story of Word Origins

과학과 직업

• • 우리가 일상 쓰는 말들은 대체로 분명치 않을뿐더러, 백태가 낀 것처럼 흐릿하거나 안개처럼 모호한 것이 보통이다. 그러나 과학 용어나 직업을 나타내는 용어에 이르면 사정이 달라진다. 일상생활에 쓰이는 말과는 달리, 이 분야에 쓰이는 어휘는 대부분 분명하며 정확하고 경계가 뚜렷하게 갈라진다.

예를 하나 들어 보자. 의사가 수술 중에 다른 의사에게 '방금 맹장수술 *appendectomy*을 했어'라고 한다면, 우리는 수술실에서 무슨 일이 일어났는지 금방 알게 된다. 의사 친구는 *-ectomy*가 '오려낸 것, 떼어낸 것'을 뜻하는 그리스어에서 온 말임을 알고 있고, 그리하여 맹장appendix을 떼어내는 수술이 행하여진 것이다. 이것은 매우 분명하여 한 점 의심의 여지를 남기지 않는다. 교수가 그의 동료 중 한사람에게 자신이 인류학자*anthropologist*라고 말한다면, 그의 직업에 대해 오해란 전혀 있을 수 없게 마련이다. *anthropologos*란 말이 맨 처음 등장한 것은 그리스 철학자 아리스토텔레스의 작품에서였다. 이 말은 '인간, 인류'를 뜻하는 *anthropos* 및 '연구, 학문'을 뜻하는 *logos*에서 만들어져 '인간을 다루는 학문'이란 의미를 지닌다. 그리하여 우리의 대상이 된 교수는 인간을 전체적으로 다루는 학문을 연구하는 사람으로 논쟁의 대상이 되지 않는다. 이 말들은 저마다 분명한 의미를 지니고 있는 것이다.

누군가 다음과 같은 말을 했다고 가정해 보자. '난 자본주의*capitalism*는 싫어. 노동*labor*이 좋아.' 이렇게 되면 우리는 빈틈없는 과학 언어를 떠나 모호하고 때로는 다른 사람들이 말하는 거의 무의미한 언어의 세계로 들어가고 있는 것이다. 의사는 '맹장수술'이 무엇인지를 알고 있으며, 교수는 인류학자가 어떤 직업인지를 알고 있다. 그러나 방금 의문을 제기한 것처럼 '자본론자*capitalist*'란 무엇을 하는 사람을 가리키는 말일까? 아니, 정확하게 말해서 자본론자가 되려면 어느 정도의 화폐를 가져야만 하는 걸까? 미국에서 7500만 달러 어치 이상의 보험 증권을 가진 사람을 '자본론자'라고 부를 수 있을까? 그러면, '노동자*laborer*'는 도대체 누구인가? 맨손으로 일하는 사람인가? 요즈음 이런 사람을 노동자라고 하는 경우는 거의 없다. 소위 '노동자'라는 말은 이들의 '자본주의적'인 우두머리에 대항하는 말로 흔히 쓰인다. 마치 이들의 고용주가 노동자들과는 전혀 다른 세계에서 온 인간의 혈통을 지닌 사람인 것인 양 취급하면서 말이다. 그런데 *labor*란 말은 라틴어 *laborare*에서 유래하며, 이 말은 '피곤해지다'란 뜻을 지닌다. 흥미롭게도 이 말은 노동자들의 우두머리에게도 자주 적용되는 말이다. 이들의 우두머리 즉, 보스*boss*도 때로는 피곤해지기 때문이다. 종교개혁 이후에 비로소 노동*labor*은 하나의 의무duty로 여겨지게 되었다. 그 이전까지만 해도 사람들은 일을 해야만 했기 때문에 일을 했던 것이다.

'자본'과 '노동'이라는 말이 실제로 존재하지도 않은 사람들 사이의 인위적인 경계를 만드는 것처럼 일상생활에 쓰이는 영어는 부적절하고 매우 불완전한 의사전달 수단으로 쓰이고 있는 것이 사실이다.

우리는 항상 영어를 사용하면서도 과학 분야이외에 쓰이는 영어는 정확한 의미를 지니고 있지 못함을 알고 있다. 사정이 이렇다보니 사람들 사이에 격렬한 논쟁이 벌어지는 것은 당연하다. 논쟁이 한창 진행되면 우리는 사람들 사이에 말이 의미를 오해한데서 논쟁이 생겼다고 서의 정확한 판단을 내리게 된다. 어느 수학자는 불완전한 영어를 재단하고 압축해서 일련의 대수 공식으로 만들어서 사용해야 한다고 말한 적이 있을 정도다. 의학*medicine*과 같은 과학 분야에서는 의사의 말은 곧 삶과 죽음을 의미하기 때문에 66,000개가 넘는 의학 용어사전을 만들어서 의사들이 서로 무슨 얘기를 하는지 알 수 있어야 한다는 필요성이 의사들 사이에 꾸준히 요구되어 온 것은 그리 놀랄 일이 아니다.

이제 과학과 관련된 몇 가지 말의 어원과 유래를 살펴보기로 한다.

우리가 흔히 쓰는 아카데미*academy*라는 말이 한 농부의 이름에서 유래되었다고 한다면 믿을 수 있을까? 그리스 농부에 관한 유쾌한 이야기부터 시작해 보자. 고대 그리스의 전설적인 영웅 테세우스Theseus에 의해 납치된 고대 스파르타인으로 헬렌Helen이라는 처녀가 있었다. 하늘에 있는 그녀의 두 남동생 카스토르Castor와 폴룩스Pollux는 두 개의 밝은 별이 되어 누이를 찾아 헤맸으나 끝내 찾지 못하다가 납치된 누이와 그녀를 납치한 자의 행방을 알고 있는 농부 아카데모스*Akademos*를 만나게 된다. 농부의 민첩성에 대한 응징으로 그리스 신들은 아카데모스의 작은 숲grove을 영원히 감시하게 되었는데, 이 숲이 다름 아닌 위대한 철학자 플라톤이 제자들을 가르친 곳이 되었다. 그리하여 이 숲을 아카데메이아*Academeia*라고 부르게 되고 그의 사후 오랫동안 그의 제자와 그를 따르던 사람들이 토론을 위해 이곳에서 모임을 가졌다. 플라톤은 이 농부의 이야기를 입증하지는 않았으나, 후세에 학문의 장소를 의미하는 '아카데미'란 말이 영어에 들어와서 쓰이게 된 것이다.

수학에서 대수학*algebra*을 지칭하는 이 말은 원래 아랍어에서 온 것이다. 고대인들은 수학에서 이 분야의 명칭을 짓기 위해 의학 용어를 빌려오지 않으면 안 되었다. 이들은 아랍어에서 영어의 'the'를 의미하는 *al*과 '끊어진 것을 다시 결합하다'라는 뜻의 *jebr*를 합쳐 *al jebr*라는 말을 만들었는데, 때로 이것은 '접골接骨'을 의미하기도 하였다. 이것을 토대로 하여 고대인들은 이 새로운 학문의 명칭으로 매우 인상적인 어구를 만들었으니, 곧 *ilm al-jebr wa'l-muq-abalah*라는 복잡한 말로, '방정식에 의한 약분과 비교'를 의미하였다. 후에 이탈리아인들은 다행히도 이 어구의 두 번째와 세 번째 표현을 택하여 이 두 어구를 결합한 *algebra*라는 말을 만들어 냈다. 17세기 말에 이르기까지도 이 말은 아랍어가 지닌 본래의 의미를 그대로 지니면서 여전히 외과 치료를 지칭하기도 하였다. 그것은 역사학자였던 할레Halle의 다음과 같은 말에서도 엿볼 수 있다. "아랍어인 Algebra는 뼈의 파손상태는 물론 때로 뼈의 회복을 지칭하기도 한다." 그러나 오늘날 학교 어린이들에게 이 말은 단지 골치 아픈 수학 이름일 뿐이다.

초기 연금술사들*alchemists*은 수은이나 납과 같은 비금속을 금으로 만드는 방법을 찾아내는데 대부분의 시간을 보냈다. 요즘의 원자핵분열이론으로 보면 당시 연금술사들이 우리가 생각했던 것처럼 어리석지는 않았음을 보여준다. 아랍인들이 유럽을 공략했을 때 이들은 연금술에 대한 아이디어를 가져왔으며 알키미아*al-kimia*라는 명칭을 유럽에 소개하였는데, 이 말이 결국 영어의 *alchemy*라는 말이 되었다. 화학자*chemist*라는 말은 연금술사라는 말을 줄여서 생겨난 말이고, 화학*chemistry*이라는 말이 그 뒤를 이어서 만들어졌다.

재미있는 것은 합리주의자의 대표격인 데카르트도 젊었을 때 연금술에 심취한 적이 있었으며, 근대 역학의 체계를 세운 뉴턴은 말년에 이르러 연금술에 탐닉했다는 말도 있다. 연금술의 열망과 그 끝없는 추구는 대략 서양에서 근대 과학이 나타나면서 시들해지기 시작했으며, 중국에서는 유학과 불교의 중흥에 따라 쇠락의 길을 걸었다. 뉴턴 자신도 연금술을 탐닉했으나 뉴턴의 과학이 파급되면서 연금술의 열정은 식어 갔고 이에 대한 비판은 강화되었다. 연금술은 라부아지에의 근대적인 화학에 의해서 대체되었고, 이에 따라 화학에서의 연금술적인 전통은 점차로 쇠퇴되었다.

연금술사들

중세 사람들도 연금술이 지닌 일종의 신비성과 비금속을 귀금속(금)으로 바꾸고 싶은 물욕 등에 의해 매력을 느끼고 있었지만, 연금술을 아는 모든 사람이 그런 매력에 얽매여 있지는 않았다. 일반적으로 가톨릭교회는 연금술을 반대하는 입장을 취했는데, 특히 교황 요한 22세(재위 1316~1334)는 교령을 발표하여 연금술을 금지시키고 연금술사와 선동자를 처벌한다고 선언하였다. 또 샤를 5세(재위 1364~1380)는 1380년 연금술 작업에 필요한 기구류의 소유를 금지시켰다. 중세 영국의 작가였던 제프리 초서는 그의 《캔터베리이야기》에서 연금술사를 재미있고 우스꽝스러운 인물로 통렬하게 풍자하였다.

일릭서*elixir*라고 하면 "이 책에는 영적인 생명력이 넘치는 참다운 영약이 가득하다."라는 글에서 알 수 있듯이, 우리는 대개 영약靈藥이나 만능약을 떠올린다. *elixir*에는 연금약액 또는 불노불사의 영약이라는 뜻이 담겨있다. 초기 유럽의 연금술사들은 비금속을 금으로 변화시키는 작업을 끊임없이 진행하여 왔다. 이들은 어떤 특별한 물질이 있어서 비금속에 이 물질을 섞으면 금이 된다고 생각하였으며, 이것을 *al-iksir* 즉, 문자 그대로 "마른 가루약the dry powder" 이라고 불렀다. 이것이 라틴어에 들어오면서 *elixir*로 철자가 바뀌고 마법이란 말은 그대로 유지하였다. 중세 시대만 하더라도 사람들이 영원한 젊음을 가져다 줄 "생명의 영약" 즉, *elixir vitae*을 찾아 헤매고 있었기 때문이다. 신학과 의학을 연구한 파우스트Faust 역시 마술에 몰두하면서 그의 실험실에서 이 상상 속의 영약을 찾으려고 하였다.

마술사Magician라는 말의 어원은 페르시아 어로 '승려'라는 뜻을 포함하고 있다. 그런 마술사를 사람들은 강령술사降靈術師라고도 불렀다. 15, 16세기에 마술은 점성술과 마찬가지로 과학의 한 분야로 인정되고 있었다. 그리하여 자연과학자가 의사이며 동시에 마술사, 학자라는 언어적 혼동은 고대나 중세의 경우 당연한 것이었다. 학식이 있는 마술사는 대체로 승려계급에 속했고 그 특수한 신분을 통해 궁정의 상류사회와 교류하며 영향력을 행사했다. 그런데 실재했던 파우스트는 스스로 마술사라 자칭하며 악마에게 영혼을 판 것을 공언하고 다녔으나, 그는 상류사회에 속한 마술사는 아니었다. 오랜 세월이 흐른 오늘날까지도 *elixir*라는 말은 마술적인 의미를 그대로 지니며 쓰이고 있다.

'뱃멀미'를 뜻하는 nausea라는 말의 어원은 배ship에서 유래한다. 우리가 기억할 수 없던 오랜 옛날, 사람들은 오늘날의 선원들과 별로 다를 것이 없었다. 이들 또한 우리가 '뱃멀미seasickness'라고 하는 것과 같은 멀미를 앓았는데, 프랑스인들은 이것을 "바다의 병mal de mer"이라고 칭하였다.

*nausea*라는 말을 만들어 낸 것은 그리스인들이었는데, 이들은 이 말을 이런 상태를 만들어낸 도구인 '배'를 뜻하는 *naus*라는 말에서 직접 들여왔다. 로마의 풍자가로 유명한 쥬브날Juvenal이란 사람은 그가 쓴 '악녀 전설'이란 책에서 '아내들은 항상 뱃멀미를 느끼나 연인들은 항해 중에는 체력이 왕성해지고 성미가 온순해지는 법이다'라고 통렬하게 지적하고 있다. 그 당시만 해도 '바다에서 느끼는 가벼운 병'이란 뜻을 지녔던 *nausea*라는 말은 현대영어에서는 이보다 더 넓은 의미로 쓰이고 있다.

어느 나라를 막론하고 선박이 항구에 정박하게 되면 검역檢疫을 받게 되어 있다. 검역기간은 의심되는 전염병이나 질병의 성격에 따라 다르나, 전에는 꼭 40일이었다. 영어의 *quarantine*이라는 말도 결국 40forty을 나타내는 라틴어 *quadraginta*에서 온 말이다. 이 마술적인 숫자는 현대영어에서 여러 가지 용도

로 쓰이고 있다. 예컨대, *quarentena*라는 말은 그리스도가 40일간 금식했던 광야를 가리키는 라틴어 명칭이었고, 초기 로마 가톨릭교회에서는 같은 기간 동안 금식이나 고해성사를 지칭하는 말로 *quarantine*이라는 말이 쓰였으나, 이제는 천주교에서 대사大赦 또는 은사恩赦에 해당하는 말로 쓰이고 있다.

관습법에서는 소위 '과부 격리widow's quarantine'라고 해서 미망인이 그녀의 남편 사후에 40일간 남편이 기거하던 집에서 거주하도록 허용하는 제도가 있다. 하여튼, '40'이라는 신비스러운 숫자에는 일종의 종교적인 의미가 짙게 깔려 있는 것 같다.

흔히 목이 아프면 편도선염을 떠올리게 된다. 그리스인들은 목감기sore throat를 *kynanche*라고 명명하였는데, 이것은 그리스어에서 "개dog"를 뜻하는 *kyon*과 '질식시키다'를 뜻하는 *ancho*에서 만들어진 말이다. 이 말은 이후 극적인 철자변화과정을 거치면서 오늘날과 같은 철자가 되었다. 중세 라틴어에서는 *quinancia*가 되었고, 중세영어로 와서는 *quinesye*로 되었다가 그 후 오늘날과 같은 *quinsy*라는 철자로 쓰이게 되었다.

알버트 빌로트

목감기를 일으키는 균 중에 연쇄상구균이라는 균이 있는데, 이 균을 발견한 사람은 비엔나에 거주하면서 작곡가 브람스가 활동하던 시기에 우연히도 이 위대한 작곡가의 절친한 친구였던 오스트리아 태생으로 독일의 뛰어난 외과의사이자 저명한 박테리아 학자이기도 했던 알버트 빌로트C.A.T. Billroth(1829~1894)이다. 그는 이 균의 명칭을 라틴어에서 만들었으나, 이 말은 실제로는 그리스어에서 유래한 다. 즉, '뒤틀린 목걸이'라는 뜻의 *streptos* 및 '씨앗'을 뜻하는 *kokkos*를 조합하여 *streptococcus*라는 명칭을 만들어냈다. 연쇄상구균을 현미경으로 들여다보면 수많은 박테리아가 긴 목걸이 또는 사슬 모양을 이루고 있는 것으로 나타나기 때문에 이러한 명칭이 생겨난 것이다.

황도 12궁

영어에 *zodiac*이라는 매력 넘치는 어휘가 있다. 고대인들은 하늘을 둘러싸고 있는 것으로 여겨지는 상상속의 동물의 띠가 존재한다고 믿었으며, 이것을 황도대黃道帶, *zodiac*라고 불렀다. 그리스어로 *zoion*은 '동물'을 의미하는 단어이다. 태양과 행성들이 지나가는 길목에는 12개의 별자리가 띠 모양을 이루고 있는데, 이것을 황도 12궁이라고 한다. 황도 전체를 12개로 나누어 각 별자리에 대해 동물의 이름을 붙인 것으로 양의 자리Aries에서 시작하여 황소자리Taurus, 처녀자리Virgo, 전갈자리Scorpio를 거쳐 물고기자리Fisces에 이르기까지 순서대로 배열되어 있는데, 고대인들은 이 별자리들이 이동하는 것을 보고 점성술astrology을 만들어냈다고도 한다.

직업을 나타내는 영어의 어휘 중에서 *doctor*라는 말만큼 여러 분야에 두루 쓰이는 말도 없을 것이다. 이 말은 문자 그대로 '가르치다'라는 라틴어 *doceo, doctus*에서 유래하듯이 '가르치는 이teacher'라는 뜻이다. 이 말은 원래 학자learned men에게 적용되어 쓰이던 말로서, 그 흔적이 문학박사Doctor of Letters, 철학박사Doctor of Philosophy 등에 남아 쓰이고 있다. *doctor*라는 말은 중세 시대 후기에 와서 그 의미가 특정 분야 즉, 의사를 지칭하는 말로 한층 더 많이 쓰이게 되었다.

*doctor*의 본래 의미와 매우 가까운 말로 *pundit*라는 것이 있다. 이 말은 '학자'를 뜻하는 산스크리트어 *pandita*까지 거슬러 올라가며 힌두스타니어(Hindustani, 북부 인도 및 파키스탄에서 널리 쓰이는 언어)인 *pandit*에서 유래한 것으로서, 산스크리트어 및 인도의 철학, 법률 그리고 종교에 능통한 힌두인Hindu을 뜻하는 말로 쓰였다. 오늘날에는 학자연하는 사람이나 사이비 학자를 다소 유머러스하고 허물없이 말할 때 쓰인다.

민족과 문화에 관한 연구를 하는 학문을 민족학*ethnology*이라고 하는데, 그리스어 *ethnos* '종족, 부족' 및 *-ology* '학문, 연구'에서 유래한 말이다. 이 말은 제

2차 세계대전 시에는 민족학적인 관점에서 여러 국가 연구에 큰 관심을 초래하기는 했으나, 주로 인류학에서 사용되어 왔으며 '국가' 보다는 '종족' 에 적용되어 쓰인다.

조류학*ornithology*이라는 말은 새를 연구하는 분야로, '새' 를 뜻하는 그리스어 *ornis*에서 유래하며, 생물학*biology*은 그리스어 *bios* '생명' 에서 유래한 말이다. 생물학의 두 주요 분야는 동물학*zoology*과 식물학*botany*이다. 전자는 앞에서도 언급한 '동물' 을 뜻하는 그리스어 *zoion*에서, 후자는 '식물' 을 뜻하는 *botane*에서 만들어진 말이다.

'땅, 지구earth' 과 관련된 학문으로는 *geology, geography, geometry*와 같은 것들이 있다. 이들 학문의 뿌리는 모두 그리스어에 그 어원을 두고 있는데, '땅, 지구' 를 뜻하는 *ge*, '측정하다' 를 뜻하는 *metro*에서 기하학*geometry*이라는 말이 생겨났고, 땅의 구조와 역사 특히, 암석 형성에 관련된 연구는 지질학*geology*의 분야에서 다루어진다. 이와는 달리, 지리학*geography*는 육지와 바다 및 공중 등 지구 표층에서 일어나는 모든 현상을 기술하는 것과 관련된 학문이다. 그리스어 grapho는 '쓰다, 기술하다' 란 뜻이다. 따라서 *geography*라는 말은 '지구에 관해 기술하다' 란 뜻을 지닌다.

열린 공간 즉, 광장廣場에 대한 병적인 공포증이 있는 사람이 느끼는 증상을 영어로 *agoraphobia*라고 하는데, 강박신경증의 한 증상이다. 그리스어로 *agora*는 '시장터' 란 뜻이고, *-phobia*는 '공포' 란 뜻이다. 폴란드 태생의 영국 소설가인 콘래드Joseph Conrad(1857~1924)도 이 병을 앓았으며 방의 한 구석에 있는 벽의 모서리에 의자를 놓아 의자 뒤의 공간을 없앴다고 전해진다.

콘래드

이와는 대조적으로, 출구가 닫힌 좁은 공간(예를 들면 전차나 비행기 속)에 대한 병적인 공포증을 밀실공포密室恐怖, *claustrophobia*라고 하며 상황공포의 하

아프로디테

나이다. 이 말은 '빗장'을 뜻하는 라틴어 *claustrum*과 '공포'를 뜻하는 그리스어 *-phobia*에서 유래한다.

실어증失語症이라는 증상이 있다. 영어로 aphasia라고 하는데, 보통 왼쪽 대뇌반구에 있는 언어중추의 장애로 인하여 말하기 · 듣기 · 읽기 · 쓰기 등 언어능력의 일부 또는 전부를 잃은 상태를 일컫는다. 그리스어에서 온 말로, '아니다'란 뜻을 갖는 a- 및 '말하다'란 뜻의 *phemi*에서 온 *phasis*에서 유래하여 만들어진 말이다.

그리스의 사랑의 여신 아프로디테 *Aphrodite*의 이름에서 만들어진 사랑의 묘약 *aphrodisiac*이 있는가 하면, '완전히'란 뜻의 *de-* 및 '건조시키다'란 뜻의 *siccus*에서 만들어진 *desiccate*란 말에서 '건과일'이란 뜻의 *desiccated fruit*이란 표현이 생겨났다.

대학 college이란 말은 '함께 선택된'이란 뜻을 지닌다. '함께'란 뜻의 *col-*과 '선택하다'란 뜻의 *lego*에서 만들어진 라틴어 콜레기움 *collegium*에 그 유래를 두고 있다. 즉, 대학에 들어온 사람은 '다른 사람과 함께 선택된' 사람이라는 뜻이다.

의학 관련 용어 중에서 가장 최근에 생겨난 말의 하나로 psychosomatics를 꼽을 수 있을 것이다. 우리말로는 심신心身의학이라고도 한다. 서양에서는 수천 년 동안 인간의 정신mind과 신체body는 마치 별개의 요소인 양 다루어져 왔다. 그러나 최근 이 두 요소는 별개가 아니라, 서로 작용한다는 것이 알려지게 되었다. 이 두 요소가 서로 긴밀하게 관련되어 있다는 것은 두 개의 그리스어인 *psyche* '정신' 및 *soma, somatos* '신체'가 합쳐져서 만들어진 것에서도 분명히 알 수 있다.

동양의 철학이나 종교에서는 이미 수천 년 전부터 정신과 신체는 하나라는 생각을 해왔으며 요가나 명상 등을 통해 심신의학을 개발해 왔다. 심신의학은 오늘날 생체 역학, 심상心象 요법, 최면 요법, 명상 요법, 요가 등 광범위한 치료방법을 사용하여 정신과 육체의 심오한 상관관계를 깨닫게 하는 효과를 나타내고 있다.

08

A Story of Word Origins

종교

• • 종교와 관련된 어휘에 얽힌 이야기는 그 유래를 추적해 내기가 어려운 경우가 많다. 종교*religion*라는 말 자체도 논쟁거리다. 어떤 학자들은 이 어휘가 '종교상의 경외' 또는 '신에 대한 두려움'이라는 의미의 라틴어 *religio*에서 유래한 것이라고 주장하는가 하면, 이 어휘가 '반복해서 읽다'란 뜻의 라틴어 *relegere* (*re*- 'again' + *legere* 'read')에서 유래한 것으로, 로마의 웅변가 키케로가 사용한 것이라고 주장한다.

그러나 현자賢者들은 대부분, 어거스틴과 같은 라틴어 작가들의 저술에서 입증된 것처럼, 이 어휘가 '단단히 묶다bind tightly'란 뜻의 라틴어 *religāre* (*re*- 강조적 의미 + *ligare* '묶다')에서 유래된 것으로 보고 있다. 종교에서 믿음은 신앙인을 도덕과 윤리라는 확고한 끈과 '할지어다thou shalt'와 '하지 말지어다 thou shalt not'라는 명령으로 '단단히 묶어' 주기 때문이다.

모든 믿음의 중심 어휘는 말할 것도 없이 하나님God이다. God이라는 말의 역사는 추측과 논란의 대상이다. God이라는 말 자체는 덴마크어, 스칸디나비아어를 비롯하여 여러 나라 말에서 비슷한 어휘로 쓰이고 있으며 마술사를 지칭하는 고대 리투아니아어(ancient Lithuanian 인도유럽어의 특징을 가장 잘 간직하고 있는 언어. 발트 해 연안에 있는 발트 3국의 하나)와도 관련되어 있다.

천 년 전, God이라는 말은 소문자 god로 쓰여 '최고의 존재, 신, 신성神性' 이란 의미로 사용되었다. god이란 철자는 고대 프리지아어Old Frisian, 고대 색슨 어Old Saxon 및 네덜란드어에서도 god이란 철자로 쓰였고, 고대고지 독일어로는 gott(현대독일어로는 Gott) 고대 아이슬란드어에서는 godh, gudh, 고트어Gothic에서는 guth 등, 다양한 철자로 사용된 기록이 남아 있다.

god를 의미하는 게르만어는 원래 중성neuter이었으나, 게르만족이 기독교를 받아들이면서 남성형masculine으로 바뀌었다. good을 의미하는 어휘로 쓰인 고대영어 gōd는 원래 '알맞은, 적합한' 이란 뜻으로 쓰인 고트어와도 연관되어 있다.

이 단어는 중세영어에서도 같은 철자로 쓰였는데, 여기서 God이란 어휘가 유래되었는지는 확실치 않다. 다만, 그 연관성을 찾아볼 수 있다면 중세영어에 쓰인 god Friday 즉, Good Friday라는 표현에서일 것이다. 이 표현에 쓰인 god은 '거룩한, 신성한' 이란 의미를 지니고 있다. 정치와 종교란 원래 그 어원이 확실치 않은 모양이다.

종교적인 어휘로 널리 쓰이는 것 중 죄sin, 죄악evil, 행실morals, 연민remorse이라는 말에 대해 살펴보기로 한다.

죄 sin라는 말은 고대영어에서는 synn이라는 철자로 쓰였으며 '죄를 진' 이란 뜻의 라틴어 sons, sontis와 흡사하다. 행실 morals이란 말의 부계父系쪽 조상은 '관습, 풍습' 이란 뜻의 라틴어 복수형 mōrēs에서 찾아볼 수 있다. 한 지파의 풍습이나 관습에 알맞은 행실이나 윤리 moral는 다른 지파의 관습에는 맞지 않는 부도덕한 immoral 것이 될 수도 있다. 이것은 이 어휘가 지닌 본래의 이교도적인 해석이다. re- 'back' + mordeo 'bite' 를 합친 라틴어 remorsus에서 유래한 연민 remorse이라는 말에는 죄의식으로 인해 나타난 강한 고뇌가 표현되어있다. 양심이 등 뒤back에서 우리를 물게bite 되는 경우가 얼마나 많은가! 정신 좀 차리라고 말이다.

천국 heaven이라는 어휘는 서게르만어 방언에 나타나는 다른 많은 어휘에서처럼 어원상 수수께끼와 같은 단어다. 고대영어에서는 heofon[hɛəvɔn]이란 철자가 쓰였으며, 고대 색슨어heƀan, 고대고지 독일어(himil, 현대 독일어로 Himmel) 및 고트어himins에 쓰이는 어휘와는 사촌 간이다. 고대 아이슬랜드어인 himinn이란 어휘에서 'n' 앞에 오는 'm'이 'f(v)'로 변화하면서 철자가 변하기 시작하여 복수 속격genitive plural의 *hifna*, 복수 여격hifnum이란 철자가 쓰였고, 고대영어에 와서 heofon이란 철자로 쓰이면서 f음을 [v]음으로 발음하기에 이르렀다.

기독교에서 사탄Satan이라는 말은 적敵, 악마라는 말과 같다. 히브리어로 *satan*은 '악마, 마왕'이란 의미로 쓰이며 그리스어와 라틴어를 거쳐 고대영어에 들어와 '악마devil'란 의미로 쓰였다. 초기에는 인간의 적을 지칭하는 의미에 국한하여 사용되었다. 구약성서의 역대상 I Chronicles에 인격체의 이름으로 satan이란 표현이 맨 처음 등장한다.

존 밀턴의 실낙원에 나오는 사탄을 묘사한 귀스타프 도레의 그림

종교상의 용어로 많이 등장하는 말 중에 preacher, priest, pastor, rabbi, parson, abbot, monk, nun과 같은 어휘들은 어떤 경로를 거쳐 영어에 들어 왔을까?

'설교자, 목사'란 뜻의 preacher란 어휘는 중세영어로 거슬러 올라가면 prechour란 철자로 쓰였고, 좀 더 거슬러 올라가면 궁극적으로 '앞에서before'란 뜻의 prae-와 '말하다say'란 뜻의 dico가 합쳐진 라틴어 praedicator에 이른다. 일요일이 되면 설교자preacher는 회중 '앞에서' 말씀을 '전하게' 된다.

'성직자, 목사'란 뜻의 priest란 어휘 또한 고대영어 prēost, 고대프랑스어 prestre, 후기 라틴어 presbyter를 거쳐 그리스어 prēsbyteros에 이르는 오랜 역사를 지니고 있다. 그리스어 prēsbys는 원래 '가축의 무리를 이끄는 자'란 의미에서 old의 비교급인 older라는 형용사로도 쓰였고, 후에 '지도자, 장로'란 뜻의 an old man, an elder의 의미로 발전하였다.

'먹이다feed' 란 뜻의 라틴어 pasco는 영어의 pastor를 떠올리게 한다. '지도자, 목사pastor' 는 회중에게 (하나님의 말씀을) 먹이는feed 일을 한다. 가축이 목초를 먹는 목초지pasture도 pastor와 어원이 같다. 교구를 순회하며 설교했던 (개신교) 목사나 성직자parson와 그가 요청하는 '신의 위격(삼위일체, 성부, 성자, 성신)' 을 지칭하는 *person*이라는 어휘는 모두 라틴어의 persona까지 거슬러 올라간다. 히브리어에서 '유대인 종교 지도자' 를 의미하는 랍비rabbi라는 어휘는 그리스어 rhabbi, 후기 라틴어 rabbi, 그리고 고대 프랑스어 rabi에서 유래한 말로서, '선생, 스승' 을 뜻하는 *master*와 대명사 접미사 *-i*가 합쳐져서 만들어진 말이다. 현대영어에서 '수도원장' 을 의미하는 abbot는 예수가 사용한 일상 언어인 아람어 Aramaic로 '하나님 어버지' 를 뜻하는 압바abba라는 어휘에서 유래한 것이다. 수도원장은 그에게 모인 무리들에게는 '아버지' 가 되는 셈이기 때문이다.

로마 가톨릭 교회의 수장인 교황 Pope 또한 수도원장과 마찬가지로 무리들의 '아버지' 가 된다. 이 말은 결국 그리스어 주교bishop나 궁극적으로는 '아버지 father' 를 뜻하는 그리스어 papas로 거슬러 올라가며, 중세 라틴어의 papa '(대)주교bishop, archbishop' 에서 영어에 들어 온 것이다. 앨프레드 왕 시기의 고대영어에서는 그가 번역한 비드Bede의 《영국민 교회사*Ecclesiastical History*》에 papa라는 어휘가 나타난다. 이것이 후에 pope로 쓰이면서 오늘에 이르렀다. 교황이 있는 로마의 바티칸 Vatican이라는 어휘는 원래 교황의 공관이 세워진 언덕을 가리키는 명칭이었다.

바티칸

말이란 마치 지나간 문명의 역사를 이야기해 주는 고고학자들이 캐낸 가공물이나 화석과 같다. 종교와 관련된 말이나, 맨 처음 종교를 나타내는 말로 시작해서 이제는 세속적인 언어의 일부가 된 상당수 말의 내부를 들여다보면 여전히 지나간 시대에 남아 있던 이교도의 미신이 그대로 반영되어 있음을 알 수 있다.

우리가 일상적으로 쓰는 auspicious란 단어가 그 좋은 예에 속한다. 이 단어는 오늘날 '상서로운' 이란 의미로 쓰이는데, 우리는 이 단어에 종교적이나 이교도적인 예언의 의미가 숨어 있다는 것을 전혀 눈치 채지는 못한다. 이 말은 원래 'the birds flew well(새들이 훌륭하게 비상하였다).' 란 뜻이었다. 고대 시기의 성직자나 예언자들은 새들의 비상飛翔과 먹이 이동을 관찰하고 이들의 울음소리를 들으며, 심지어 새들의 내부를 면밀히 들여다보면서 신神들의 소원을 배우고 미래를 예측하였다. 그리하여 점괘가 잘 나올 경우 '좋은 징조of good omen' 란 뜻의 auspicious란 말을 사용하였다. 이 말은 라틴어 auspicium(avis '새(bird)' + specio '보다(see)')에서 유래한 것인데, 이렇게 볼 때 고대의 예언자들은 진정한 '새 관찰자' 였음을 알 수 있다.

슬픔이 많은 이 세상에 사는 우리는 늘 미래를 두려워한다. 고대 그리스인과 로마인들에게도 예외는 아니어서 omens라는 말은 장차 닥쳐 올 일들을 알려주는 징후로 쓰였다. abominate '싫어하다, 증오하다' 란 단어는 라틴어 *ab* 'away' 와 *omen* 'omen' 에서 온 것인데, '가증스럽고 진저리나는' abominable 것들은 모두 흉조evil omen이므로, 우리에게서 멀리 '떨어져away' 있기를 원하는 법이다. '불길한' 이란 뜻을 지닌 ominous란 말에서 omen(불길한 징조)를 느낄 수 있다면 다행이다.

'심사숙고하다' 란 의미를 지닌 contemplate란 단어는 오늘날에는 일상적인 영어 어휘로 쓰이고 있으나, 이 말의 탄생지는 이교도 신전神殿이었다. 문자 그대로의 의미는 *con-* 'with' 및 *templum* 'temple' 즉, '신전과 함께' 란 뜻으로, 로마 성직자들이 종교적으로 중요 사안에 대해 '심사숙고' 하게 될 경우, 이들은 이 성스러운 장소에서 장차 드러나게 될 징후를 곰곰이 생각하고 있었던 것이다.

초기 시기의 종교적인 미신에서 만들어진 단어로 마술魔術과 관련된 necromancy 및 magic이란 단어가 있다. 성경(마태복음 2장 1~12절)에 나오는 동방박사들Magi은 좋은 신과 나쁜 신의 숭배를 믿는 페르시아의 성직자들이었다. 페르시아어로 '성직자와 첫 번째 숭배자'를 뜻하는 magus는 그리스어에 들어오면서 '마법사wizard' 또는 '사기꾼juggler'을 의미하는 말이 되었고, 여기서 발달하여 magikos란 어휘가 되었다. 오늘날 영어에서는 이 단어를 magic이란 형태로 물려받았고, 후에 초기의 의미를 충실하게 지닌 magician이란 단어가 생겨났다.

동방박사들

'마술'의 의미를 지닌 단어로 앞에서 예로 든 necromancy는 영어에서는 마술을 뜻하는 일반적인 의미로 사용하고 있다. 그런데 이 단어는 불길한 종교적 의식으로 그리스인들에게서 시작된 말이다. 이들은 nekromantia란 말을 사용했는데, 궁극적으로는 nekros '사자(死者, a dead person)'와 manteia '예언divination'을 뜻하는 말에서 유래한다. 그리스인들의 의식은 죽은 자와 소통함으로써 미래를 예측하는 일이었다. 그러나 오늘날 이 단어는 초기에 지녔던 불길한 의미와는 무관하게 쓰이고 있다.

giddy[gɪdi]란 단어가 있다. 오늘날 영어에서 '어지러운, 아찔한'이란 의미로 쓰이는 *dizzy*란 단어와 별로 의미차이가 없이 쓰인다. giddy는 고대영어의 '신(神, god)'을 뜻하는 god에서 온 gydig '신이 소유했다'라는 말에서 유래한다.

그런데 6, 7백 년 전만 해도 이 단어는 '신들려 있는possessed by a god'이란 의미로 쓰였다. 기이하게도 enthusiastic이란 단어 역시 예전에는 이와 똑같은 의미로 쓰였다는 사실이다. 그리하여 이 두 단어는 예언자(점쟁이)의 광적狂的인 예언의 영향을 받은 사람을 지칭하였다. 영국의 시골에서 사는 사람들은 이교도를 개종시키는 사람들을 enthusiasts광신자로 불렀다. 이 말은 '신의 능력 안에서'란 뜻을 지닌 *en* 'in(in the power of)'과 *theos* 'god'의 형태를 합친 그리스어 enthusiastes에서 유래한다. 오늘날 enthusiast란 단어는 열렬한 야구팬을 뜻하는 말로 쓰이기도 한다. 영국에서는 '회전목마'를 뜻하는 표현으로 merry-go-round 대신 예전의 giddy가 지녔던 원래 의미와는 다른 얌전한 표현인 giddy-go-round라는 영국식 표현을 쓴다.

고대 시기의 모든 이교도인의 종교에서는 지배 세력이 운명fate이었다. 로마 황제가 '짐이 말했노라'라고 하면 그의 말은 곧 법이 되었고 신의 지시만 따르게 되어 있었다. 그 당시 쓰인 라틴어 fari는 '말하다to speak'라는 뜻이었고 여기서 신의 예언의 지시, 신탁, 운명을 뜻하는 *fatum*이라는 말이 생겨났다.

fatum에는 '신들이 친히 말했다'는 의미가 담겨 있었으므로 이 말에서 오늘날 우리가 쓰는 '운명'이라는 단어가 나타나게 된 것이다. 그리하여 인간이 아닌 신들이 '운명'을 지배하게 된 것이다.

로마 신화에는 물레를 잡고 있는 클로토Clotho, 물레에서 실을 뽑아내는 라케시스Lachesis, 그리고 그 실을 잘라내는 아트로포스Atropos 등, 세 명의 운명의 여신goddess이 등장한다. 마치 아트로포스가 우리 삶의 실을 뽑아내듯이 말이다. 그리하여 이 세 여신이 우리의 운명을 좌지우지했다고 여겨져 내려오고 있다.

세 명의 운명의 여신(goddess)

*agnostic*이란 단어가 있다. '모르는, 알 수 없는'이란 뜻을 지닌 그리스어 *agnostos*에서 유래하여 '신이 존재하는지, 그렇지 않은지 알 수 없노라.'란 의미를 지닌 단어이다. 신과 천상의 존재를 부인하는 것이 아니라, 이들이 실제로 존재하는지 확신할 수 없다는 뜻이다. 1869년 어느 파티에서 영국의 뛰어난 생물학자이며 과학자로 다윈의 진화론 옹호자였던 토마스 헉슬리Thomas Huxley(1825~1895)가 맨 처음 만들어 사용하였다고 알려지고 있다. 그는 접두사 *a*-와 Gnostic '영지靈智를 지닌 그노시스파'를 조합하여 이 단어를 만들었다. Gnostic은 '지식knowledge'이란 뜻의 gnōsis와 관련된 단어로 초기 기독

토마스 헉슬리

교인 작가들에 의해 사용되어 '보다 차원 높은 영적인 현상을 전하는 내밀한 지식'을 뜻하게 되었으며 이후로 Gnostic이란 말은 이러한 영험 지식을 지닌 이들을 지칭하게 되었다. 한편, '무신론자'란 뜻의 atheist는 *a-* 'not' 및 *theos* 'god' 즉, '나는 신의 존재를 부인한다'란 의미를 지닌 말이다.

'송가, 축가, 성가'란 뜻의 anthem이란 단어가 있다. 교회에서 부르는 성가 anthem은 원래 응답형식의 교창성가였다. 즉, 사제가 성가의 한 부분을 노래하면 합창단이 응답하는 형식이었다. 초기에 진행된 이러한 성가의 역사는 그리스어 antiphona에 반영되어 여기서 영어 단어인 anthem이 생겨나게 된 것이다. 그리스어에서 anti는 'against, in return'을, phone은 'sound'를 의미한다. 이 단어는 고대영어에서 antefne라는 철자로 바뀌어 쓰였고, 이 시기에 이미 교회 예배 의식은 다소 수정되어 있었다. 교회 합창은 사제의 선창先唱이 없이 진행된 것이다. 이 단어는 중세영어시기로 오면서 초기에 antempne로, 후기에는 antemne로 쓰이다가 오늘날과 같은 철자로 변하여 쓰이게 되었다.

초기 시기의 작가들이 하나님과 화해하고 화평하게 하나님과 결합한다는 의미로 '하나님과 하나 되기to make a onement with God'이란 어구를 사용하던 때가 있었다. atonement란 어휘가 맨 처음 종교적인 의미로 사용되었을 때, 실제의 의미는 at-one-ment 즉, '하나로'라는 뜻이었다. 여러 해가 지난 뒤, atone이란 동사가 만들어 졌는데, 그 뜻은 여전히 '하나로'이었다. 이 어휘의 발달과정은 중세영어 시기의 작가였던 초서의 작품 〈대학생의 이야기The Clerk's Tale〉에서 찾을 수 있다. 이 이야기에서 초서는 대학생의 말을 빌려 "If gentil men, or others of hir contree were wroth sche wolde brynge hem at *oon*(귀족들이 (영주가 없을 때) 서로 앙숙처럼 싸울 때라도, 그녀(그리셀다)는 이들을 모두 '하나로' 화해시켰다)"라는

〈대학생 이야기〉에 나오는 옥스퍼드 대학생

표현을 쓰고 있다. 초서가 쓰던 *oon* 'one'이란 말은 현대영어에서 "own"이란 말과 매우 흡사하게 발음되었고 *at one*이 발전하여 *atone*[ətoun]과 같이 발음하게 된 것이다. 오늘날 이 어휘는 종교상 '속죄하다'란 뜻으로 쓰인다.

바벨탑

규모가 제법 큰 칵테일파티에 참석해 본 사람이라면 파티에 참석한 사람들의 떠들썩한 말소리가 어느 정도인지 짐작이 갈 것이다. 사람들의 시끄러운 말소리나 장면, 그리고 말소리를 알아들을 수 없는 혼란스러움을 가리키는 말이 babel이다. 이 어휘는 고대 바빌론 도시 Babylon를 지칭하는 히브리어로, 구약성서《창세기》11장 1~9절에도 등장하는 혼란과 소동을 뜻하는 이 말의 어원은 언어의 혼란을 가져 온 바벨탑the Tower of *Babel*이란 말에서 기인한다. 성경에 의하면, 인류역사의 초기 즉, 대홍수가 휩쓸고 지나간 뒤 바빌로니아 땅에 정착한 노아의 후손들은 이곳에 도시를 건설하고 '하늘에 닿을 탑'을 세우려는 계획을 세우게 된다. 그러나 이 계획은 하나님의 노여움을 사게 되고 탑을 쌓는 사람들의 언어를 혼란시켜 탑을 쌓는 일은 중단되었다. 후에 이 지명을 바벨 또는 바빌론으로 부르게 되었다. 그리하여 말의 혼란이나 실행이 가능하지 않은 계획을 지칭할 때 쓰는 말이 되었다.

바빌론 도시

belfry라는 어휘에서 교회나 사원의 첨탑에서 은은하게 울려 퍼지는 종소리를 연상하겠지만, 어원을 살펴보면 종鐘과는 전혀 관계가 없는 단어에서 유래하였다. 이 단어는 실제로는 오직 전쟁과 관련되어 쓰였다. 영어에서는 맨 처음 berfrey라는 철자로 쓰였으며, 포위하는 군이 사용하던 일종의 안전을 위한 창고를 지칭하는 말이었다. 이 단어는 후에 이동용 탑이 되어 여기서 적군에게 미사일을 발사하기도 하였다. 탑 꼭대기에서는 공격군이 적의 요새나 진지를 잘 들여다 볼 수 있게 되었다. 시간이 흐른 뒤, 이 어휘는 파수꾼을 보호하기 위해 사용된 탑의 명칭이 되었는데 파수꾼은 경보기를 울리기 위해 종이 더 이상 필요치 않았으므로 berfrey는 마침내 belfry가 되었고 교회 건축의 일부를 지칭하는 명칭으로 살아남아 쓰이게 되었다.

'모닥불' 이란 뜻으로 쓰이는 bonfire라는 어휘는 활기찬 말로 여겨질는지 모르나, 유래를 더듬어 보면 놀랍게도 우울한 역사가 숨어 있다. 16세기 영국으로 거슬러 올라가 보면, 당시 bane이란 어휘는 스코틀랜드어로 bone이라는 철자로 쓰였고 시체를 태우는 의식은 이보다 더 역사가 오래 되기는 하나, banefire는 특별히 '시체를 태우는 불' 을 가리키는 말이었다. 헨리 8세의 통치 시기(1509~1547)에 성인들saints이 모닥불 bonefires에 화형을 당하는 일이 자주 있었고 화형식 후에 신도들이 타버린 잿더미 속에서 유체를 뒤지기도 하였다.

1674년 영국의 작가이며 번역가로 활동한 스탠리Stanley는 다음과 같이 썼다. "리스본에 있는 영국의 수녀들은 자신들이 토마스 베케트Thomas Becket의 두 팔을 가지고 있는 양 행세한다. 그런데도 교황 바오로는 유감스럽게도 헨리 8세가 잔인하게도 베케트의 뼈를 모두 태워 버렸는데, 베케트의 두 팔이 어떻게 모닥불을 피할 수 있었는지 기이한 일이라고 불평하고 있다. 헨리 8세의 이러한 행동은 가톨릭교를 비난하고 수도원을 약탈한 행위와 관계가 있다." 현대영어에서는 우울한 역사를 지닌 bonefire가 아닌 bonfire로 부드럽게 변하여 쓰이고 있다.

cardinal이란 영어 어휘는 다양한 의미를 지니고 쓰이는 흔치 않은 말이다. 가톨릭교회의 고위 성직자(추기경, 대주교 등)를 의미하기도 하고, 찬란한 주홍색을 뜻하는가 하면, 토종 새를 의미하며, 기본적으로 중요한 그 무엇을 지칭하는 말이기도 하다.

이처럼 다양한 의미를 지닌 이 단어는 놀랍게도 하나의 어원에서 유래한다. 즉, '(문의) 경첩hinge'을 뜻하는 라틴어 *cardo*에서 '경첩에 관련되는' 이란 뜻의 cardinalis로 발전했고, 이 말은 또한 '경첩으로 움직이는 것은 어느 것이든'으로 되어 매우 중요하고 특별한 것을 뜻하는 말이 되었다. 우리가 흔히 세 가지 미덕 즉, 믿음, 희망, 자비를 얘기할 때 '매우 중요한'이란 어휘가 곧 cardinal이다. 이 말을 cardinalis의 명사형으로 쓰면 로마 가톨릭 교회의 고위 성직자 즉, 교황이 거처하는 교회를 제외한 모든 중요한 교회를 초월하는 성직을 가진 추기경을 의미한다. 이 성직자들이 입는 화려하고 붉은 색의 겉옷은 매우 인상적인데, 이 색을 cardinal이라고 부르기도 한다. 이 색깔로 인해 candinal은 북아메리카에 서식하는 홍관조紅冠鳥를 지칭하는 명칭으로도 쓰인다.

성회 수요일에 교인의 이마에 그려진 성회 십자가

우리가 흔히 '카니발'이라고 부르는 영어 어휘 carnival은 먹고 마시며 즐기는 축제로, 사순절Lent 직전 3~7일간 행하는 사육제를 일컫는 말이다. 사순절四旬節은 부활절 40일 전의 기간을 말하며 그리스도교에서는 이 기간에 금식과 속죄를 행한다. 금식이 수요일에 시작되므로 성회聖灰수요일Ash Wednesday라고도 한다. 매년 부활절 40일 전에 시작하는 사순절 동안은 그리스도가 황야에서 단식한 것을 생각하고 고기를 끊는 풍습이 있기 때문에, 그 전에 고기를 먹고 즐겁게 노는 행사가 되었다. 12월 25일부터 시작하는 신년 축제와 주현제主顯祭를 합하여, 유럽의 북쪽 지방에서는 종교적 의의를 가지는 크리스마스가 되고, 남국에서는 야외 축제인 카니발이 되었다.

carnival은 caro, carnis '고기flesh, meat', *levo* '가져가다take away'에서 만들어진 후기 라틴어 carnlevarium에서 유래하여 '고기를 멀리하다'란 뜻을 지닌다. 오늘날에 와서는 가톨릭 문화권에 속하는 국가의 여러 도시(이탈리아의 피렌체, 독일의 쾰른, 스위스의 바젤, 브라질의 리우데자네이루, 미국의 뉴올리언스 등)에서 카니발이 성행하고 있다.

사순절은 '봄spring'을 의미하는 고대영어 lencten에서 유래하는데, 이 단어의 발음으로 인해 '길이length' 또는 '긴long'이라는 단어와 관련된 것이 아닌가 추측할 수도 있다. 사실, 사순절로 인해 봄의 기간이 '연장lengthening' 되었으니 말이다.

유럽을 여행해 본 사람이라면 '성당'이라는 말만 들어도 우리는 웅장하고 엄숙하며 위엄이 넘치는 모습을 연상할 것이다. 그런 '성당'이라는 영어 어휘 cathedral가 의자chair란 말에서 유래한 것이라는 사실을 알게 된다면 한층 더 놀랄 것이다.

고딕양식으로 지어진 성 바오로 성당

그리스어로 kathedra는 *kata* '아래down'과 *hedra* '자리seat'라는 말에서 유래하여 '의자, 자리, 좌석'을 의미하였다. 이 단어는 라틴어에서 cathedra가 되었는데, 엉뚱하게도 영국으로 들어오면서 특히 '가톨릭 주교의 자리throne'라는 뜻으로 변하였다. 주교의 자리(chair 또는 throne)는 대개 가톨릭 교구의 주 교회 내에 있었으므로 그러한 교회를 cathedral로 여기게 되었다.

한편, 라틴어 cathedra는 고대 프랑스어에 들어오면서 chaiere라는 형태가 되었으며 현대 프랑스어에서는 chaire로 변하였다. 이 단어는 이 시기에 이르게 되면 '교회의 강단, 설교단pulpit'이라는 의미로 쓰이거나 또는 '교수직professional chair'을 뜻하는 어휘로 쓰이게 된다. 가령, '그는 프린스턴대학에서 철학교수직을 차지하게 되었다'라고 할 때, He occupied the chair of philosophy at Princeton. 이라는 표현을 쓴다.

프랑스어 chaire는 chaise라는 또 하나의 변이형으로 발전하게 되는데, 이 어휘 역시 '의자chair'라는 뜻으로 쓰인다. 프랑스어로 chaise longue라고 하면 '긴 의자long chair'라는 뜻이다. 그런데 이 어휘는 이런 의미이외에 '역마차'란 뜻도 지니고 있다. 그 옛날 프랑스어를 모르는 어느 무지한 영국인이 chaise를 복수형으로 생각하여 '마차들carriages'이란 뜻으로 알고 shay라는 기발한 단수형을 만들어 냈다. 그리하여 웅장한 cathedral에서 우회적인 루트를 거쳐 오랜 옛날 옛적에 할아버지와 할머니가 타고 가면서 구애求愛하던 시절에 등장한 '한 마리 말이 이끄는 방울소리도 경쾌한 구식 2륜 경마차'를 뜻하는 shay라는 영어 어휘가 새롭게 태어나게 된 것이다.

프랑스 파리 남서쪽에 위치한 투르Tours(사진 참조)에서는 4세기 경 성 마틴Saint Martin이라고 하는 성인이 살았다. 그가 죽자 그가 생전에 걸쳤던 외투(라틴어로 *cappella*, 영어로 cloak)는 프랑크인 왕들에 의해 매우 성스러운 유품으로 보존되었고 성소 자체도 그가 걸쳤던 옷의 명칭을 따서 붙였다. 프랑스인들은 이 단어를 그들의 언어인 chapelle로 고쳐 사용하였고 이것이 영어에 들어오면서 오늘날과 같은 chapel이 되었다.

투르

성 마틴의 옷을 관리하던 관리인은 cappellanus라고 불렀는데, 이것이 고대 프랑스어에서 chapelain으로 쓰였다가 영어에서 chaplain이 되었다. 청소년들이 쓰고 다니는 테없는 모자를 일컫는 cap이라는 어휘는 라틴어 cappa에서 온 것으로 '외투cape or cloak'라는 의미 이외에 '머리를 덮는 두건'이라는 의미도 나타냈다.

성경(창세기와 출애굽기)에서는 '희생'을 '신에게 바칠 제물을 불에 완전히 태운 번제燔祭 a burnt offering'로 말하고 있는데, 영어 단어로 쓰이는 holocaust의 원래 의미는 신에게 드리는 '번제' 즉, 불에 완전히 태워 없애 버리는 의식으로 '희생'이라는 의미를 뜻하였다. 이 단어는 그리스어로 holókauston에서 유래하는데, '전부whole'라는 뜻의 holós와 '태워버리다burned'란 뜻의 kaustós가 결합하여 만들어진 것이다. 이 단어는 라틴어에 와서 holocaustum이 되었고, 고대 프랑

존 밀턴

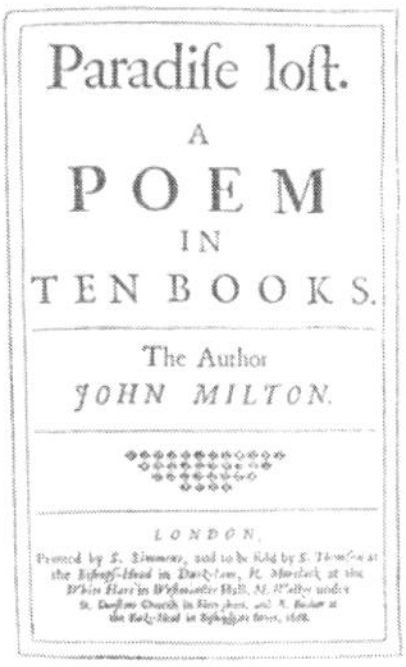

1658년에 나온 밀턴의 《실락원》 표지

스어에서는 holocauste가 되었다가 영어에 들어오면서 프랑스어의 영향으로 오늘날과 같은 단어로 쓰이게 되었다.

그러나 이 단어는 저널리즘의 영향으로 본래 의미가 변하여 오늘날에는 '화재에 의한 대참사나 대 파괴great destruction'를 의미하는 말로 널리 쓰인다. 존 밀턴John Milton(1608~1674)의 《복락원Paradise Regain'd》과 함께 나온 그의 비극 드라마인 〈고뇌하는 삼손(Samson the agonist; 그리스어로 Samson Agonistes)〉에서는 이 단어가 '학살 또는 파괴'를 뜻하는 의미로 쓰였다. 2차 세계 대전 중 나치에 의한 유대인 대학살이 자행되었을 때 the Holocaust란 표현이 맨 처음 사전에 등재된 것은 1965년이었다.

아우슈비츠

아주 이른 시기부터 로마 가톨릭 교회에서는 사제가 '자, 이제 (기도가 전달되었고 의식은) 끝났어요.'라는 라틴어 어구인 Ite, *missa* est로 미사를 끝맺는 예배의식이 오랜 세월에 걸쳐있어 왔다. 그리하여 이 표현에 나오는 missa라는 말은 여러 표현을 거치면서 중세영어시기에 이르러서는 현대영어 철자 mass에 가까운 masse가 되었다. 라틴어 missa는 '보내다, 파송하다send'라는 라틴어 mitto에서 유래하는데, 같은 어원에서 '선교mission'를 목적으로 '파송된sent' 수도회의 일원을 가리키는 말인 missionary라는 어휘가 등장하게 되었다.

pagan이라는 어휘가 있다. 흔히 '이교도'라는 의미로 쓰이는데, 이 말은 원래 '농부a peasant'를 뜻하는 라틴어 paganus에서 직접 유래하여 영어에 들어와 쓰였다. 그러나 이 단어는 이윽고 로마 군대에서 쓰이면서 군대에 가지 않은 병역 기피자에게 적용되는 경멸과 멸시의 개념으로 쓰이게 되었다. 그리하여 애초에 지녔던 의미에서 '그리스도인 병사가 아닌 사람' 즉, '이교도heathen'라는 뜻으로 변하였다.

그러나 한편으로는 기독교가 로마 제국 당시의 도시와 농촌에 널리 받아들여진 후에도 변두리 시골 지역에서는 고대부터 내려온 우상 숭배가 여전히 사라지지 않고 지켜져 내려오고 있었으므로 후기 라틴어 paganus에 원래 '시골 사람villager'이란 의미가 '이교도'란 의미로 변하여 쓰이게 된 것은 이런 이유에서였다.

불손하고 신성神聖을 부정하는 행위를 종교에서는 '신성모독'이라고 해서 profanity라는 말을 쓴다. 이 어휘는 '앞before' 또는 '바깥outside'이라는 뜻의 라틴어 *pro*와 '신전temple'이라는 뜻의 fanum에서 온 profanum 즉, '신전의 바깥out of the temple'이라는 말에서 유래한다. 신을 욕되게 하는 사람은 '신전의 밖'에 있으므로 부정하고 죄 많은unholy 사람이다. 그러나 어원상 광신자fanatic는 신전의 '안'에 있다. fanatic이란 어휘는 오늘날 어떤 일에 대해 열광하는 사람을 일컫는 말로 쓰이며, 줄여서 fan이라는 어휘로 쓴다. 특히, 열광적인 야구팬처럼 특히 운동경기에 열광하는 사람을 지칭하는 데 널리 쓰이고 있다.

이교도 그리스 시대에 쓰인 psalmós라는 어휘는 하프 연주에 맞추어 노래를 부르며 하프의 현絃을 뜯는 것을 의미하는 말로 쓰였다. 수 백 년을 거치는 동안 이 어휘는 여러 언어에서 salm, saume, salme, psaume 등, 30개 또는 40개나 되는 철자로 다양하게 쓰였으며 그때마다 첫 문자 "p"는 들어가기도 하고, 떨어져 나가기도 하였다. 고대영어 시기에는 salm, psalm이라는 철자가 쓰였고, 이처럼 다양하게 쓰이던 철자는 그리스어를 거쳐 라틴어 psalmus에서 영어에 들어왔다. 중세영어에서는 한 때 고대 프랑스어 saume, psaume를 본 따 saume라는 철자를 쓰기도 하였으나, 18세기에 고전 학문에 대한 관심과 문예부흥이 일어나면서 라틴어와 그리스어 철자의 'ps'를 그대로 본 따서 오늘날 우리가 쓰는 철자와 같은 psalm이 되었다. 구약성서에 나오는 시편을 Psalm이라고 하는데, 다윗이 쓴 〈시편 23편〉은 우리에게 잘 알려져 있다.

The Lord is my shepherd;
  I have everything I need.
He lets me rest in green meadows;
  he leads me beside peaceful streams.
  He renews my strength.
He guides me along right paths,
  bringing honor to his name.
Even when I walk
  through the dark valley of death,
I will not be afraid,
  for you are close beside me.
Your rod and your staff protect and comfort me.

You prepare a feast for me
  in the presence of my enemies.
You welcome me as a guest,
  anointing my head with oil.
  My cup overflows with blessings.
Surely your goodness and unfailing love will pursue me
  all the days of my life,
and I will live in the house of the Lord forever.

여호와는 나의 목자시니
내가 부족함이 없으리로다.
그가 나를 푸른 초장에 누이시며
쉴만한 물가로 인도하시는 도다.

내 영혼을 소생시키시고
자기 이름을 위하여
의의 길로 인도하시는 도다.
내가 사망의 음침한 골짜기로 다닐지라도
해를 두려워하지 않은 것은
주께서 나와 함께 계심이라
주의 지팡이와 막대기가
나를 안위하시나이다.
주께서 내 원수의 목전에서
내게 상을 베푸시고
기름으로 내 머리에 부으시니
내 잔이 넘치나이다.
나의 생전에 선하심과 인자하심이
정녕 나를 따르리니
내가 여호와의 집에 영원히 거하리로다.

구약성서의 셋째 책으로 모세 오경五經에 속하는 레위기Leviticus 16장에는 히브리인의 속죄일Hebrew's Day of Atonement에 이스라엘 백성의 속죄 제물로 대제사장 아론(Aaron, 모세의 형)이 염소 한 마리의 머리를 취하여 광야로 보냈다고 기록되어 있다. 이와 동시에 또 한 마리의 염소는 여호와를 위하여 속죄제로 바쳤다. 구약성서을 영어로 번역한 16세기의 성서번역학자였던 틴들W. Tyndale(1494~1536)은 이 구절을 이렇게 쓰고 있다: '아론은 두 염소를 위하여 제비를 뽑되, 한 제비는 여호와를 위하고, 한 제비는 아사

윌리엄 틴들

셀 scapegoat을 위하여 할지라.' 여기서 틴들은 히브리어 azazel을 '희생양'이라는 뜻의 scapegoat로 표현하였다. 그리하여 이 어휘는 '죄로 인하여 광야로 버려지는 속죄양'이란 본래의 의미에서 누군가 다른 이를 위하여 희생하는 사람을 뜻하는 의미로 널리 쓰이게 된 것이다.

로마가 한창 번영하던 시기에 무게의 가장 작은 단위인 온스(28.3495g)의 24분의 일에 해당하는 작은 돌을 가리키는 말로 쓰인 라틴어가 scrupulus라는 어휘였다. 이 단어는 한편으로 '불안, 근심, 의심의 원인,' 또는 아마도 '신발이나 샌들 안의 조약돌'을 암시하는 비유적인 의미로도 로마의 웅변가 키케로Cicero에 의해 쓰였다. 15세기에 이르러 프랑스인들은 이 단어를 중세 프랑스어 scrupuleux에서 차용한 scrupule로 바꾸고 오늘날 우리가 쓰는 '양심의 여러 작은 문제에 대해 지나치게 민감함 즉, 양심의 가책을 느끼는 일'이란 뜻의 scruple과 똑같은 의미로 사용하였다. 양심적인scrupulous 사람은 자신의 신발에 든 아주 작은 돌을 느낄 수 있을 정도로 매우 민감한 반면, 얼굴(가죽)이 두꺼운 사람은 이것조차도 느끼지 못하고 무감각하다는 것이 이 어휘의 밑바탕에 들어있는 기본적인 개념이다.

shibboleth란 어휘가 있다. 한 정당이나 집단이 다른 정당이나 집단과 구별하기 위해 내 건 표어나 진부한 문구, 시험해 보는 말a test word, 또는 암호란 뜻으로 쓰이는 이 어휘는 '옥수수 열매'라는 뜻의 히브리어 shibbōleth에서 들어온 말로, 성경에 나오는 이야기에 근거를 두고 있다.

구약성서의 사사기(Judges, 12:4~6)에 의하면, 길르앗 사람들Gileadites이 요단 강 나루터에서 에브라임 사람들Ephraimites과 전투를 벌이고 있었는데, 에브라임 지파 몇 명이 전선戰線을 넘어 아군으로 위장하고 길르앗 쪽으로 넘어 들어왔다. 이때 길르앗 지파의 지휘자 한 사람이 침입한 길르앗 인 중 한 사람을 그의 막사로 불러들여 심문하면서, "Shibboleth라고 발음해 보라"고 명령하였다. 사사기 12장 6절에는 "에브라임 사람이 능히 구음을 바로 하지 못하고 씹볼렛Sibboleth이라고 하니, 곧 그를 잡아서 요단 나루터에서 죽였더라(And he said *Sibboleth*, for he could not frame to pronounce it right. Then they took him and slew him)."라고 기록되어 있다. 에브라임 인들이 sh[ʃ]음을 발음하지 못하였으므로 이것을 길르앗 인들과 식별하기 위한 암호로 사용한 단어가 shibboleth였던 것이다.

이와 비슷한 예가 또 있다. 제2차 세계 대전 중 연합군이 중국인 행세를 하는 일본인을 중국인과 식별하기 위해 사용한 일종의 암호로서, 일본인들에게는 'l' 음을, 중국인들에게는 'r' 음을 발음하도록 한 일이 있었다.

다마스쿠스

종교를 지칭하는 어휘는 위에서 설명한 것들 이외에도 많이 있으나, 지면관계상 몇 개만 더 설명하고자 한다.

그리스도교에서 매우 중요하게 생각하는 어휘 중에 갈보리 Calvary라는 어휘가 있다. 예수가 십자가에 못 박힌 언덕을 일컫는 말이다. '갈보리의 언덕' 이라고도 한다. '못 박히다' 란 말은 영어로 crucify라고 하는데, 라틴어로는 '십자가' 란 뜻의 crux 'cross' 와 '고정시키다' 란 뜻의 figo 'fix' 에서 만들어진 crucifigo에서 유래한다. 다마스쿠스Damascus(시리아의 수도로, 시리아 남서부 사막 중앙에 있는 오아시스 도시임. 구약성서에도 그 이름이 밝혀져 있는 옛 도시로, 중동의 옛 종교문화를 보호 육성한 곳임.) 입구에서 그리 멀지않은 예레미아Jeremiah의 작은 동굴 위에 있는 해골 모양의 바위가 예수가 십자가에 못 박힌 바로 그 장소라고 여겨지고 있다. Calvary라는 어휘가 라틴어의 '해골' 을 뜻하는 calvaria에서 유래한 데서도 알 수 있다. 고대 로마인들은 아람어인 Gulgata를 라틴어로 calvaria라고 옮겨 사용하였으며, 히브리어로는 Gulgoleth라고 하였다. 그리

골고다 언덕

스인들은 이 말을 Golgotha로 음역하여 오늘날 우리가 영어로 쓰는 '골고다'와 매우 비슷한 철자를 사용하기에 이르렀다.

모든 기독교인들의 궁극적인 목표는 사후死後에 낙원 즉, 천국 paradise에 가는 것이다. 이 어휘는 '공원'이라는 의미의 그리스어 paradeisos에서 유래하나, 원래 그리스인들이 페르시아 인들로부터 이 어휘를 빌어다 썼다. 이슬람교를 믿는 이들은 사후에 '벽으로 둘러싸인 울타리'란 뜻의 pairidaeza라고 불리는 곳으로 간다고 믿었다. 그리하여 이 단어는 프랑스어에서 paradis로 쓰이다가, 영어에 들어오면서 오늘날 우리가 사용하는 paradise가 되었다.

마지막으로, 아멘 amen이라는 어휘를 빼놓을 수 없다. 히브리어인 amen은 단순히 '진실로' 또는 '분명히'라는 뜻에 지나지 않았으며, 믿음과 긍정의 신호로 사용된 말이었다. 초기시기의 그리스어와 라틴어 학자들은 구약성서에서 그들이 특별히 감동적이라고 느끼는 구절의 끄트머리에 히브리어 표현인 이 어휘를 삽입하였으며 그 이외의 다른 뜻은 없었다고 한다.

09

A Story of Word Origins

스포츠

• • sport라는 말은 '즐기다' 또는 '화사하고 멋있게 (자신을) 드러내다'라는 의미의 disport라는 말이 줄어서 된 것으로, '그 여성은 해변 가에서 멋진 새 수영복을 입고 흥겹게 놀았다.(she disported herself on the beach in her smart, new bathing suit.)'라는 문장에서 엿볼 수 있다.

이 어휘의 역사를 좀 더 거슬러 올라가면 *des-* 'away'와 *porto* 'carry'가 합쳐진 라틴어 disport의 원래의 의미는 '가져가다carry away', 좀 더 풀어 설명하면 '일이나 업무에서 (무거운 짐을) 가져가다'란 뜻이다. 즉, 일에서 (해방되어) 자유로워진다는 뜻이다. 어느 화창한 날 오후에 직장인이 업무에서 벗어나서 야구게임이나 골프를 치면서 자신을 즐기려고 하는 것이야말로 스포츠sports가 지닌 본래의 의미가 아닐까. 그는 진정으로 '일에서 벗어난' 것이다. 다시 말하면, 스포츠는 그의 '기분을 전환*divert*' 시켜주게 된다. divert는 라틴어로 diverto라고 쓰는데, *di-* 'away from'과 *verto* 'turn'이 합쳐진 단어로서, 사람들이 게임games에 빠져들게 되면 일상의 힘든 업무에서 (잠시나마) '벗어나게turn away from' 되기 마련이다.

이처럼 스포츠라는 말 속에는 여러 가지 의미가 포함되어 있으며 대개 게임game이라는 표제 밑에는 들어가지 않는 사냥이나 낚시와 같은 것들도 다양하게 들어가 있다. game이라는 어휘가 사용되던 초기에는 함축된 의미가 매우 넓어서 재미있는 오락거리는 거의 모두 빠지지 않고 이 항목 안에 포함되었다. 고대영어로는 *gamen*이라고 하여 '재미fun'라는 의미로 쓰였다. 그러나 오늘날에 와서 game이라는 어휘는 대체로 게임의 마지막에 득점score을 많이 올려서 이기는 쪽에 트로피를 가져다주는 시합contest이라는 의미로 쓰이게 되었다.

일찍이 영어의 역사가 시작되는 무렵부터 게임의 득점이 기록되는 일이 일어났더라면, 아마도 그 기록은 막대기에 새긴 눈금notch을 통해서였을 것이다. 고대 노르웨이어에서 빌어다가 사용한 *scoru*라는 어휘는 '눈금notch'을 의미했기 때문이다. 지금도 칼에 벤 자국이나, 물건에 홈을 낼 때, 또는 칼로 물건을 베거나 자를 때에는 여전히 '눈금을 긋게score' 되는 것은 이 어휘가 지닌 어원에서 그 뜻이 유래하기 때문이다.

우리는 고대 문명이 남긴 폐허에서 현대 게임의 기초가 된 여러 게임을 엿볼 수 있다. 가령, 핸드볼handball은 호머 시대에도 있었던 역사가 오래된 게임이며, 스쿼시 라켓(squash rackets, 줄여서 스쿼시라고 함)은 수도원의 벽에서 탄생했다.

고대 그리스와 로마의 여러 국가에서는 게임과 시합이 원형투기장 *arena*에서 이루어졌고, 이들의 스포츠는 잔인했다. arena라고 하면 로마시대에 사자에게 희생된 희생자들의 피를 빨아들이기 위해 사자 굴에 뿌려놓았던 모래 *harena*를 생각나게 한다. harena라는 어휘는 대개 모래를 뿌려 놓은 원형경기장 자체에 적용되다가 나중에 영어에 들어오면서 'h'가 떨어져 나가 오늘날과 같은 arena가 되었다.

게임이건 스포츠건, 고대나 현대를 막론하고 amateur란 어휘를 빼놓을 수 없다. 라틴어로 '사랑하다'라는 동사 어휘를 변화시켜보면 *amo* 'I love', *amas* 'you love', *amat* 'he/she/it loves'와 같이 되어 amateur와의 관계를 대강 짐작하였으리라고 생각한다. 즉, *amateur*는 금전이 아니라 재미를 위해 진행하는 스포츠를 '사랑하는 사람'을 뜻하는 말이다.

보퍼트 공작Duke of Beaufort은 영국 잉글랜드 서남부의 주州인 글로스터셔

Gloucestershire 주변에 10마일이나 되는 잘 정돈된 영지領地를 갖고 있었다. 배드민턴Badminton이라고 부르는 이 영지는 19세기 후반 새로워진 영국인의 생활상을 여러 모로 엿볼 수 있는 곳이기도 하였다. 한편, 이곳에서는 클라레(claret, 프랑스 보르도산 적포도주)와 소다 음료soda drink도 영지의 이름을 따서 배드민턴이라는 명칭을 붙였으나, 이러한 명칭은 그 후 오랫동안 사람들에게서 잊혀져 버렸다. 그러나 당시 인도에서 성행하던 푸나Poona라는 게임이 영국인들에 의해 수입되어 보퍼트 공작을 통해 보급되면서 이 게임은 배드민턴이라는 명칭을 갖게 되었다. 그리하여 배드민턴이란 게임은 1873년에 영국에서 처음으로 시작되었다. 배드민턴은 1992년 이후 올림픽 종목으로 채택되었다.

볼링bowling이라는 말의 유래는 단순하나, 볼링이라는 게임의 역사는 무척 로맨틱하다. 이 어휘는 원래 '거품'을 뜻하는 라틴어 *bulla*에서 유래하며 나중에는 '(구기용의) 공bowl'을 의미하게 되었는데, 처음에는 '공 그 자체'를 의미하거나, 또는 '공을 굴리거나 던지다'라는 의미를 지녔다.

기원전 5200년 경 어느 이집트인의 무덤에서 이집트인들이 게임을 하기 위해 만들어 놓은 돌로 된 핀 등, 완전한 용구가 영국인 고고학자인 페트리 경Sir Flinders Petrie에 의해 발견되었다. 영국에서는 에드워드 3세, 리처드 2세 그리고 다른 군주들에 의해 볼링이 금지된 적이 있었다. 너무 해害가 없는 스포츠에다가 전쟁을 준비하는데 별다른 훈련이 필요 없다는 이유 때문이었다. 헨리 8세도 볼링을 금지시켰으나, 화이트홀(Whitehall, 런던 웨스트민스터구의 관청가로, 트라팔가 광장에서 국회의사당까지의 일대를 일컬음. 헨리 8세가 1529년에 몰수하여 화이트홀 궁전으로 만들었음.)에 멋진 볼링 레인을 만들어 게임을 즐기곤 하였다고 한다. 볼링 게임을 하는 사람을 bowler 또는 kegler라는 어휘로 나타낸다.

페트리 경

포커 게임

카드 게임 중에 bridge라는 것이 있다. 이 게임의 가장 초기의 명칭은 *biritch*이었다. 이 명칭은 1886년에 런던에서 발행된 'Biritch, or Russian whist'라는 제목의 팜플릿에 처음으로 나타난다. 휘스트whist는 2명이 1조가 되는 진행하는 카드놀이의 일종이다. 브리지 게임은 1880년대 영국인들에 의해 열광적으로 받아들여진 뒤, 맨 처음에는 포커 게임poker과 같이 남성 전용 게임으로 시작하였다.

그러나 20세기에 들어와서 브리지 게임을 즐기려는 여성 클럽이 남성 클럽에 비해 더 늘어나고 흔해졌다. 카드놀이가 마음이 약한 왕을 즐겁게 해주기 위해 만들어졌다는 이야기는 그리 신빙성이 있지 않다.

샤를 6세

유럽에서 카드놀이를 한 첫 번째 기록이 1392년 또는 1393년에 프랑스 왕 샤를 6세Charles VI(1368~1422)의 왕실 금전 보고서에 나타난 것은 사실이다. 그런데 찰스 6세의 정신병이 1393년까지 나타나지 않은 것으로 보아, 그를 위해 카드 게임이 갑자기 만들어졌다고 단정짓는 것은 의심의 여지가 있다.

브리지 게임이 맨 처음 어떻게 시작되었는지에 관해서는 알려진 것이 없다. 그러나 1120년경 중국에 살았던 한 중국인이 자신의 첩을 즐겁게 해 주기 위해 브리지 게임을 만들었다고 주장하는 학자들도 있다. 이집트에서는 카드놀이가 종교적인 사상과 연결되어 진행되었다. 1483년에 이르면 유럽에서는 카드놀이가 크게 성행하게 되고 이탈리아 볼로냐에서는 카드놀이를 금지하라는 성 베르나디온의 첫 번째 설교가 행하여졌으며 회중이 그의 설교에 감동되어 집에 있던 카드들을 모두 불에 태웠다고 한다.

독일은 당시 카드 제조의 초기 중심지였으며, 카드에는 귀족, 성직자, 지주, 노동자를 대표하는 종이나, 하트, 잎사귀, 도토리와 같은 형상을 그려 넣었다. 이와는 달리, 스페인은 검이나 (관직이나 권위를 상징하는) 막대기, 컵 그리고 화폐를 카드에 그려 넣었다. 카드 게임에서는 *discard*란 어휘가 자주 쓰이는데, 초기에는 *de* 'away'와 *card* 'card'에서 온 decard라는 철자로 쓰여 '손에서 카드를 버리다'라는 의미로 사용되었다. 오늘날에는 카드놀이보다는 다른 방법으로 *discard*란 어휘가 사용되고 있다.

체스

체스chess 놀이를 하는 사람들은 상대편에게 경고를 줄 때 '장군!check'이라고 말하는데, 이 말은 '당신네 왕을 조심해, 위험에 처해 있으니까.'라는 뜻이 담겨 있다. *check*와 *chess*라는 어휘는 뚜렷하지 않은 시기의 어느 땐가 극동에서 시작되었는데, 두 어휘 모두 페르시아어로 '왕king'을 의미하는 *shah*에서 유래한다. 샤shah는 아랍어를 거쳐 고대 프랑스어 *eschec*, 중세영어 *chek* 그리고 마지막에는 영어의 *check*가 되어 처음에는 체스 게임에서 '장군'을 부르는 경우에만 쓰였으나, 나중에는 현대영어에서 쓰이는 것처럼 논리적으로 '정지, 방해, 잃음' 등, 다양한 의미를 나타내게 되었다. 한편, chess는 고대 프랑스어 *eschecs*에서 중세영어에 들어오면서 ches가 되었다. 고대 프랑스어인 *eschecs*는 단순히 *eschec*의 복수형으로 후에 영어에서 *check*가 되었다. 즉, *chess*는 일련의 *checks*인 셈이다. 고대시기에 페르시아인들은 상대방 왕이 무기력하게 궁지에 몰리게 되면 *shah-mat* 즉, '왕이 죽었다'라고 선언하였다. 그 옛날 페르시아인들이 사용했던 표현을 오늘날 우리가 체스 게임에서 쓰는 용어로 바꿔보면 *check-mate* 즉, 상대편 궁에 장군을 불러 궁이 막히는 mate는 바람에 상대편을 이기게 되는 궁수에 비견된다고나 할까.

벌금놀이 *forfeit*라는 것이 있었다. 글자 그대로 게임에 지면 '벌금penalty'을 내는 게임이다. 미국의 극작가playwright였던 존 데일리John A. Daly(1838~1899)가 80년대 그가 연출한 드라마에서도 언급한 것처럼, 몰수 게임은 당시에도 시대에 뒤떨어진 게임의 하나였다. 고대영어시기에는 *forfaite*라는 어휘가 고대 프랑스어의 *forfait*에서처럼 하나의 범죄crime를 의미하였으며, 만일 죄를 범하게 될 경우에는 체포를 당하였다. 이 프랑스 어휘는 *fors* 'outside'와 *fait* 'done' 즉, 문자 그대로 '밖에서 행하다done outside'라는 뜻이 되어 '법의 테두리를 벗어난' 것을 뜻하였다. 그리하여 이 어휘는 원래의 의미인 '법을 위반하다 어기다transgress'란 뜻으로 쓰이게 되었다. 이 말 자체는 단순히 '경계를 넘어가다', 또는 '법의 한계를 넘다'를 뜻한다. *forfeit*와 유사한 어휘로 쓰이는 *counterfeit*는 '모방하다' 또는 '-와 흡사하다'란 뜻의 프랑스어 *contrefaire*에서 온 것이다.

존 데일리

오늘날 인기 있는 스포츠의 하나로 각광받고 있는 골프golf의 유래에 관해서는 유감스럽게도 확실치 않다. 대부분의 학자들은 화란어 *kolf*에서 유래하는 것으로 주장하고 있다. 즉, 화란어의 kolf는 하키hockey나 크로켓croquet에서 사용해 온 클럽club을 지칭하는 개념으로 쓰였다는 것이다. 이런 주장은 곧 골프가 화란에서 시작되었음을 암시해준다.

골프에 대해 초기에 설명해 놓은 것의 대부분은 스코틀랜드에서 나왔다는 것은 사실이다. 그러나 기록에 의하면 스코틀랜드인들은 화란(네덜란드)으로부터 최상의 골프공을 수입하였다. 골프가 스코틀랜드에서 널리 인기를 얻게 되자 스코틀랜드 정부는 당황했다. 골프는 스포츠로서의 궁술archery을 밀어내고 있었는데, 당시 궁술 훈련은 전쟁 준비에 중요하였다. 그리하여 1457년 3월 스코틀랜드 의회는 골프가 전혀 쓸모없고 무익한 것이라고 선언하기에 이르렀다.

메리 스튜어트

그로부터 몇 년 뒤, 제임스 1세는 볼링에서 했던 것처럼 골프를 전면 금지시켰다. 그러나 놀라운 것은 1503~1506년에 나온 왕실 회계국의 금전 출납부에는 왕이 골프공을 구입하기 위해 돈을 쓴 것으로 기록되어 있음을 엿볼 수 있다. 또 다른 자료에 의하면 스코틀랜드의 여왕이었던 메리 스튜어트Mary Stuart(귀족들의 반란으로 폐위되었다가 잉글랜드로 망명하였으나, 1587년 처형됨. 제임스 6세가 메리 여왕의 아들로 후에 제임스 1세로 잉글랜드와 스코틀랜드 통합 왕이 됨)는 골프광으로 남편이 살해된 뒤에도 며칠 동안 골프를 쳤다. 그러나 메리 여왕 역시 결말은 좋지 않았다.

체조 *gymnastics*라는 말과 그리스어의 *gymnazo*는 비슷한 데가 있음을 알 수 있다. 그리스어로 *gymnazo*는 '벌거벗고 하는 훈련'을 의미하며 '벌거벗은'이란 뜻을 나타내는 *gymnos*에서 유래한다. 고대 그리스에서는 어른이나 아이를 막론하고 벌거벗은 채 훈련이 행하여지는 경우가 흔했으며 어느 시기에는 유명한 올림픽 트랙 경기가 누드로 진행된 적도 있었다. 이 시기의 그리스인들은 오늘날 열심히 일광욕을 하는 사람들이 그렇듯이 벌거벗은 상태가 건강에 좋다고 믿었다. 그리스의 위대한 의사였던 히포크라테스는 태양이 건강에 좋을 뿐만 아니라 후위 신경에도 진정을 시켜주는 효과가 있다고 주장하였다.

오늘날 체조 *gymnastics*는 대개 옥내 경기장 *gymnasium*에서 이루어지는데, 운동경기 *athletics*라는 표현은 일반적으로 옥외 경기에 적용되는 개념이다. 이 어휘는 '상금prize'을 의미하는 그리스어 *athlon*에서 유래하며 경기에서 이긴 선수 *athlete*가 받게 되는 보상이다.

한 때 *hazard*란 말은 아랍어의 *al* 'the'와 *zahr* '주사위die'에서 유래한대로, 단순히 주사위놀이dice game을 뜻하는 어휘였다. 그러나 주사위를 던지는 것이 확실치 않기 때문에 아랍어인 *al-zahr*는 스페인어에 들어오면서 '예상치 못한 사건'을 뜻하는 azar가 되었고, 프랑스어에서는 *hasard*, 영어에서는 *hazard*라는 철자로 쓰이게 되었다. hazard는 오늘날에도 여전히 도박 게임을 지칭하고 있기는 하나, 그 의미는 손실이나 손해를 입을 기회에 드러나 있음을 나타내기도 한다.

앞에서도 주사위놀이를 잠깐 언급했지만, 주사위를 굴리는 놀이는 모든 오락 중에서 아마도 가장 오래된 옥내 놀이의 하나일 것이다. 주사위를 흔들어 던지는 통이 반복해서 데굴데굴 굴러 가는 소리는 오직 선사시대의 적막寂寞만이 멈추게 할 수가 있다. 원시인들은 손가락 관절의 뼈로 만든 공기 놀이로 상대편을 '사라지게fade' 했다고 한다.

주사위 *die*의 복수형은 *dice*로 쓴다. 중세영어에서는 die를 *dee*라는 철자로 썼다. 이것은 'given'을 뜻하는 라틴어 동사 *do, datus*에서 유래되어 고대 프랑스어에서 *de*로 쓰인 것이 영어로 들어온 것이다. 누군가가 주사위를 내던져서 숫자가 위로 올라오면 변하지 않게 되는 것이다. '주사위가 던져졌다the *die* is cast'란 말을 쓰는 것은 이런 이유에서이다.

주사위놀이는 지위고하를 막론하고 늘 성행하였다. 로마 시대로 오면 주사위놀이가 자제력을 잃을 정도로 널리 전파되었다. 로마의 초대 황제였던 아우구스투스Augustus(본명은 가이우스 옥타비아누스, B.C. 63~A.D. 14)도 주사위 놀이를 매우 즐겼다. 로마의 다섯 번째 황제로 악명 높은 네로Nero는 주사위놀이의 열렬한 애호가였다. 로마의 3대 황제였던 칼리굴라Caligula(재위 37~41)는 황제 재임 시 모든 기록을 갈아치울 만큼 가장 비뚤어진 주사위를 던진 인물의 하나였다. 로마의 4대 황제(재위 41~54)로 티베리우스의 조카였던 클라우디우스 황제Claudius는 주사위에 관한 책을 썼으며 후에 우리에게도 《명상록》으로 널리 알려진 로마의 16대 황제였던 마르쿠스 아우렐리우스 황제의

네로

코모두스 황제

아들로 로마의 황제가 된 코모두스Lucius Aelius Aurelius Commodus(재위 180~192)는 주사위 도박craps을 하기 위한 장비를 방안에 별도로 차려 놓을 정도였다. 비뚤어진 주사위는 새로운 발명품이 아니다. 오늘날에도 로마시대 당시 진흙이나 목재 또는 뼈 등으로 만들어졌으나 납과 같은 것으로 무게가 조작造作된 주사위 수 백 개가 로마의 폐허에서 발굴되고 있다.

훈 족族 the Huns의 왕인 아틸라Attila가 동쪽에서 왔을 때 왕과 함께 따라 온 사람들이 폴로 팀 *polo*이었다고 한다. (훈 족은 4~5세기에 유럽에 침입했던 중앙아시아의 유목민임.)

우리가 잘 아는 아라비안나이트*Arabian Nights*에 나오는 이야기에도 있듯이, 폴로 게임이 생긴 것은 문둥병에 걸린 왕을 치료하려고 했던 한 현인賢人의 공으로 돌려야 한다. 폴로 게임은 현인이 해결하려고 했던 방법이었다.

*polo*라는 어휘는 인도 북서부에 있는 인더스 강 계곡의 언어인 발티어Balti에서 유래하며 '공'을 의미하는 티베트 어인 *pulu*와 관련이 있다. 발티어도 티베트어의 한 방언에 속한다. 폴로 게임 자체는 동방에 그 기원을 두고 있으며, 페르시아에서 콘스탄티노플Constantinople(이스탄불의 옛 명칭)을 거쳐 티베트, 중국 그리고 일본으로 전해진 것이다.

훈족의 제국. 중앙아시아 초원지대에서 독일, 흑해에서 발트해에까지 이른다.

14세기 유럽 도시를 포위하는 훈족의 그림

인도에서 성행하던 폴로 게임이 영국에 들어 온 것은 1862년 인도에 주둔하고 있던 영국군이 귀국하여 본국에 소개한 이후로, 맨 처음 폴로 게임이 시작된 것은 1871년이었다.

폴로 게임은 말을 타고 달리면서 하키hockey와 같이 스틱stick으로 볼을 쳐서 상대편 골에 볼ball을 넣어 득점을 겨루는 경기이다. 오른손으로는 스틱을, 왼손으로는 말을 다루면서 문자 그대로 사람과 말이 일체가 되어 투지가 넘치는 게임을 전개한다.

폴로 게임

앞에서 언급한 하키는 그 역사가 가장 오래된 게임의 하나이다. 하키를 비롯하여 스틱으로 하는 게임은 고대 페르시아처럼 역사가 깊다. 이들 게임은 아메리카 인디언에서 그리스인에 이르기까지 줄곧 지구상에 사는 사람들에 의해 진행되어 왔는데, 고전 시기(고대 그리스 로마 시기)의 그리스인들은 아테네의 장군이며 정치가였던 테미스토클레스Themistoles가 축조한 성벽에 하키 게임을 묘사하는 명각(銘刻, inscription)을 후세에 남겼다. 오늘날 하키는 스틱을 써서 하는 모든 게임 중 가장 잘 알려진 게임이 되었다. 하키라는 말은 '양치기의 지팡이shepherd's staff'를 의미하는 고대 프랑스어 *hoquet*에서 그 명칭을 차용해 온 것으로 전해지고 있다.

아이스 하키

사커soccer는 하키와는 전혀 다른 스포츠로서 영국에서 성행하며 일명 association football이라고도 한다. 즉, 단체나 협회association에서 정한 규칙에 따라 진행하는 축구football란 뜻이다. association을 줄여서 assoc라고 쓰고 앞의 두 문자를 떼어내면 *soc*만 남게 되는데, 이렇게 해서 생겨난 것이 soccer란 어휘다.

경마競馬에서 말을 달리게 하는 일 *race*은 기수騎手 *jockey*가 해야 하는 일이다. *race*라는 어휘는 '서두르다, 힘차게 달리다' 란 뜻의 고대 영어 *raes*에서 온 것이다. 말을 탄 기수가 어떻게 해야 하는지를 잘 묘사한 말이다. 기수가 말에 올라타면 등자(登子, ㄷ자 꼴 쇠붙이) *stirrup*를 사용한다. 그러나 옛날에는 말에 올라탈 때 안장에 매달려 있는 로프의 둥근 고리에 발을 얹었다. 이 장치를 지칭하는 중세영어로는 '올라타다' 란 뜻의 *stige*와 '로프' 란 뜻의 *rap*이 합쳐진 *stigrap*이 쓰였으며 이것이 현대영어에서 *stirrup*이 되었다.

그런데 경마와 달리, 말을 타고 느리고 여유 있게 달린다면 문득 *canter*라는 어휘를 떠올리게 될 것이다. 이런 경우 중세 영국시대의 캔터베리 *Canterbury* 순례자들을 모방하게 될는지도 모른다. 영시의 아버지로도 불리었던 제프리 초서가 쓴 《캔터베리이야기》에서 우리는 순례자들이 런던에서 말을 타고 올드 켄트 길을 따라 성 토마스 베케트Saint Thomas á Becket의 성소로 가는 장면을 연상하게 한다. *canter*는 곧 이런 순례의 길을 떠나는 이들을 묘사하는데 알맞은 어휘이다.

10

A Story of Word Origins

예술

• • 예술*art*은 모든 문자의 시작이다. 음악*music* 또한 실체가 없는 의사소통의 한 형태라고 할 수 있다. 조각sculpture이라는 것도 말로서가 아닌 돌stone로서 우리에게 이야기를 전해 주려 하지 않는가.

인간은 자신은 물론, 자신의 생각이나, 감정을 어떤 형태로든 나타내기 위해 항상 열심히 노력해 왔다. 그리하여 태어난 위대한 산물이 곧 예술, 음악, 그리고 드라마와 같은 것들이다.

*art*라는 말은 '기술skill'을 의미하는 라틴어 *ars*에서 유래하여 고대 프랑스어를 거쳐 영어에 들어 왔다. 영어로 *arm*은 궁극적으로 *ars*와 관련되어 있는데, 인간의 '팔'은 사물의 형태를 만들고, 사물을 결합하며, 사물을 알맞게 합치는 일을 하기 때문이다. 즉, 예술가 *artist*는 장인정신 *artisan*에서 나온 것이다.

드라마*drama*라는 어휘는 '행하다perform'란 의미를 지닌 *drao*에서 온 그리스어 *drama*와 철자가 똑같다. *music*은 그 기원을 그리스어 *mousike*에 두고 있다. 이 어휘는 그리스 신화에 나오는 학문과 예술을 맡은 아홉 여신을 *Muses*라고 하는데, 이들 '여신에 속하는' 이란 뜻의 *mousikos*에서 온 것이다. 이 여신들은 제우스와 기억의 여신 모네모신 *Mnemosyne* 사이에서 태어났다.

박물관*museum*이란 어휘도 그리스어 *mouseion*에서 라틴어를 거쳐 영어에 들어왔는데, 기원전 3세기에 *mouseion*은 구체적으로 '박물관museum' 이나, '도서관library' 그리고 알렉산드리아에 있는 '프톨레미 소토 천문대' 를 지칭하는 의미로도 쓰였다. 알렉산드리아는 기원전 331년 알렉산더 대왕이 이집트를 정복한 후, 그곳을 수도首都로 정하여 세운 도시다. 그의 사후 이집트는 그의 휘하에 있던 장군의 한 사람으로 기원전 30년까지 지속된 왕조를 세운 프톨레미 소토Ptolemy Sotor 장군에 의해 다시금 점령당했다. 이 왕국은 클레오파트라Cleopatra의 죽음과 함께 막을 내렸다.

한스 슬론 경

우리가 알고 있는 박물관은 매우 현대적인 모습을 갖추고 있는데, 대부분의 경우 개인 소장품을 출품하면서 발전해 온 것이다. 그 한 예로, 대영 박물관the British Museum은 의사이며 박물학자 그리고 수집가인 한스 슬론 경Sir Hans Sloane의 소장 사실私室 cabinet에서 생겨났다. 그가 수집한 6만여 점의 방대한 개인 소장품이 계기가 되어 이들 소장품을 모아놓은 곳을 *cabinet*으로 부르게 되었다. 이 명칭이 때로는 개인이 수집한 적은 규모의 소장품을 지칭하는 말이 되었다가 나중에는 상당한 규모의 소장품을 지칭하는 말에도 사용되기에 이르렀다. 뉴욕의 올버니Albany에 있는 자연사 박물관The State *Cabinet* of Natural History와 같은 것이 좋은 예다.

*cabinet*이란 어휘는 '작은 우리 또는 바구니' 란 뜻의 이탈리아어 *gabinetto*에서 온 것으로, 그 어원은 라틴어 cavea까지 거슬러 올라간다. *cavea*는 '야생동물이 사는 움푹 들어간 곳 또는 울타리' 를 뜻하는 말이다. 오늘날 소장품관 *cabinet*이나 박

대영 박물관

대영박물관의 Reading room

물관*museum* 에 있는 야생동물들은 박제剝製 형태로 보관되어 있다. 그런데 그리스인들의 박물관은 이런 식으로 세속적인 용도로 사용되지는 않았다. 이들이 사용한 *mouseion* 은 '뮤즈의 신전Temple of the Muses' 을 의미했다. 뮤즈는 앞에서도 언급한 것처럼 음악과 서정시, 예술, 학문을 관장한 아홉 명의 영감靈感의 여신을 지칭한다. 이 여신들이 즐겨 거처하던 곳은 파나수스 산기슭과 헬리콘 산 위에 있는 유명한 샘과 분수噴水였다. 그리하여 우리는 아직도 '영감의 샘' 이니, '지식의 분수' 니 하는 표현을 쓰곤 한다.

칼리오페

아홉 명의 여신 중의 으뜸은 서사시의 여신 칼리오페 *Kalliope*(Kaliope로도 씀)인데, '아리따운' 이란 뜻의 *kalos* 와 '목소리' 란 뜻의 *ops* 에서 유래한다. 호머의 유명한 작품인 《일리아드와 오디세이*the Iliad and the Odyssey*》에 영감을 불어넣어 준 여신으로 오늘날 가장 잘 알려져 있다. 그러나 현대영어에서 *calliope*[kəláiəpi]는 규모가 작고 시대에 뒤떨어진 서커스단에서 이따금씩 진행하는 거친 휘파람 소리를 내는 볼품없는 오르간을 뜻하는 단어로 쓰인다.

역사의 여신 클리오 *Clio*는 '유명해지다' 란 뜻의 *kleiein*에서 유래한 그리스어 *kleio*가 어원이다.

세 번째 여신 에라토 *Erato*는 사랑과 서정시를 관장하는 여신이다. 음악의 여신 에우테르페 *Euterpe*는 그리스어 *eu* 'well', *terpo* 'delight'에서 온 명칭으로, 서정시와 플룻 연주자의 후원자로 관악기를 만든 여신으로도 유명하다. 오페라는 이 여신의 혜택이 크다. 탈리아Thalia는 '꽃이 만발하는'이란 뜻의 그리스어 *thaleia*에서 유래한 라틴어로 기쁨과 희극 그리고 서정시의 여신이었다. 이와는 달리, 멜포메네 *Melpomene*는 비극의 여신으로 대개 비극의 가면을 썼는데, 비극이란 것이 무대 위에서 노래를 부르는 것이었으므로 이 여신의 이름은 원래 '노래하다'란 뜻의 그리스어 *melpomai*에서 유래한다. 테르프시코레Terpsichore는 '기쁨'이란 뜻의 *terpsis*와 '무용'이란 뜻의 *choros*에서 온 말로 무용의 여신이다. 무용은 이 여신의 활동 무대였다.

여덟 번째 여신인 폴리힘니아 *Polyhymnia*는 그리스어의 *poly* '많은'이란 표현과 *hymnos* '찬양'을 합쳐 만들어진 엄숙한 성가에 영감을 불어 넣는 종교의 여신이었다. 마지막으로 아홉 번째 여신 우라니아 *Urania*는 천문astronomy의 여신으로 천문학자들이 망원경으로 관찰하는 '천체'를 의미하는 그리스어 *ouranos*에서 유래한다.

종교의 여신 폴리힘니아

그리스 로마 신화에 나타난 예술과 문학의 여신들은 나름대로 위계hierarchy가 있었다. 그러나 이러한 문화가 있기 수천 년 전 인간은 무용과 노래 그리고 육체의 장식ornament에 표현된 아름다움을 사랑하였다. 원시인들은 춤을 출 때에는 반드시 노래를 불렀으며 춤을 추지 않고는 노래를 부르지 않았다고 전해지고 있다. 그러한 경우에 원시인들은 자신들의 몸에 검고, 노랗고, 희고, 붉은 여러 가지 색을 칠하고, 문신을 했으며 상처를 내고 머리에는 깃털을 꽂았으며 자신들을 돋보이게 하기 위해 갖가지 목걸이는 물론, 귀걸이, 코걸이에다가 팔찌, 발찌까지 고안해 냈다.

이렇게 해서 예술은 맨 처음 하나로 합쳐졌다가 인간의 역사가 진행되면서 후대後代에 와서 여러 갈래로 나누어지고 독특한 분야가 되었다. 그리하여 시와 음악, 무용 그리고 노래는 각각 독립된 분야로 발전하게 된다. 드라마는 노래와 무용에서 대부분 자연스럽게 생겨나고 위대한 건축술은 인간의 몸을 보호하려는 욕구에서 나타나게 되었다. 결국, 예술은 그 옛날 원시인들이 벌였던 육체의 욕구와 육체에 대한 온갖 장식을 훨씬 뛰어넘는 경지에까지 이르게 되었다. 그리고 인간이 지닌 최초의 악기인 목소리는 마침내 복잡하면서도 다양한 소리의 조화를 만들어내는 과정을 거쳐 현대 오케스트라로 탈바꿈하게 되었다.

피아노로 화음chord을 연속해서 차례로 연주하고 있는 것을 듣게 되면 우리는 아르페지오 *arpeggio*를 듣고 있다고 할 수 있다. 이 화음이 주는 효과는 하프harp를 탈 때 나타나는 효과와 같은 것이라고 할 수 있는데, 이 말의 유래에서 그 이유를 알 수 있다. 즉, *arpeggio*는 '하프를 타다'란 뜻의 이탈리아어 *arpeggiare*에서 유래하는데, 그래서 그런지 이탈리아인들은 '하프'란 말 대신 *arpa*를 탄다고 말한다.

새커리 자신이 그린
《허영의 시장》 표지 그림

보헤미안 *Bohemian*이란 말이 유행하게 된 것은 19세기 영국의 사회상을 고발한 소설 《허영의 시장 *Vanity Fair*》에서 가난한 무명 화가의 딸 베키 샤프Becky Sharp를 만들어 낸 영국의 소설가인 새커리William M. Thackeray(1811~1863)의 덕분이다.

새커리 이전만 해도 *Bohemian*이란 말은 한낱 집시gypsy에 지나지 않았다. 집시들은 보헤미아에서 왔거나 또는 그 길을 따라 서쪽으로 들어간 것으로 알려져 있다. 그러나 1848년 새커리는 베키에 대해 다음과 같이 쓰고 있다. "베키는 거친 성격에다가 방랑벽이 있었는데, 이런 성격은 취미나 형편이 모두 보헤미안*Bohemian*이었던 부모에게서 물려받은 것이었다." 이때부터 bohemian이란 어휘는 예술가 그리고 틀에 얽

새커리

매이지 않는 버릇을 가진 사람들을 묘사하는 데 널리 쓰이게 된 것이다.

르네상스 시대에 이탈리아를 대표하는 화가, 조각가, 건축가이며 15세기 이탈리아 정부를 위해 모든 종류의 전쟁 장비를 고안해 낸 천재 과학자이며 기술자이기도 했던 레오나르도 다빈치Leonardo da Vinci를 모르는 사람은 아마 없을 것이다. 그가 사용했던 소위 명암법明暗法을 지칭하는 어휘 *chiaroscuro*는 음영법이라고도 하는데, '밝은bright'을 뜻하는 *chiaro*와 '어두운dark'을 뜻하는 이탈리아어 *oscuro*의 두 말이 합쳐져서 만들어진 표현이다. 즉, 회화에 쓰이는 이 용어는 빛과 밝음, 그림자와 어둠을 대비시켜 대상을 입체적으로 표현하는 기법이다.

현대 미술의 데카당스*decadence*에 관해 얘기하는 사람들이 있다. 라틴어로 *de* 'away from'와 *cadere* 'to fall'이 합쳐진 것으로 더 나은 표준형식에서 '떨어져 나간 것'이란 의미를 지닌다. 문학과 미술의 쇠퇴기衰退期를 일컫는 표현이기도 하다. '퇴폐적인'이란 뜻의 *decadent*나 '쇠퇴하다'란 뜻의 decay는 모두 유사한 의미를 지닌다. 데카당스의 일부 표현인 *cadence*는 톤tone이나 무용의 리듬이 오르고 내리는 것을 일컫는 말이다. 이탈리아어로는 *cadenza*라고 해서 악장의 마지막에 화음을 내키는 대로 연속해서 오르고 내리는 기술적인 음악 용어를 지칭할 때 사용하는 표현이다. *decadence*는 옛날에는 decay의 영향으로 두 번째 음절에 강세가 왔으나, 오늘날에는 첫 음절 *dec*에 강세를 두어 발음한다([dékədəns]).

딜레탄트*dilettante*란 말은 원래 '예술 애호가'란 뜻으로 쓰였다. 라틴어에서 *delectare*라는 어휘는 '기쁨을 주다'를 의미했기 때문이다. 한편, 라틴어로 *cognoscere*는 '깨닫다, 알게 되다'란 뜻으로서, 프랑스어에 들어오면서 connôitre가 되고 영어에서는 connoisseur[kɔnəsə́ːr]라는 철자가 되어 '미술품 감정가' 란 의미로 쓰이게 되었다. 영어 어휘에는 라틴어의 영향이 강하게 남아 있는데, 이 어휘에는 '예술을 애호하는 사람' 이라는 뜻뿐만 아니라 '전문적인 식견을 갖춘 미술 비평가' 란 의미도 담겨 있기 때문이다.

극장에서 무대에 올리는 연극은 모두 상세한 해설 *exposition*로 시작하는데, 저자는 연극의 줄거리plot가 시작되는 부분에 대해 설명해 준다. *exposition*은 라틴어 *expositus*에서 온 것으로서, *ex* 'out' 및 *pono* 'place' 가 합쳐져서 이루어진 말이다. 그리하여, 극작가는 청중 앞에서 그가 만든 이야기를 밖으로out 내놓아야place 하며 청중은 이야기가 앞으로 어떻게 전개되어 가는지를 비로소 알 수 있게 된다. 연극의 마지막에 이르면 클라이맥스 *climax*에 이르게 되는데, 그리스어로 *klimax*는 '사다리ladder' 란 뜻이다. 연극에서는 이야기가 전개되면서 흥분과 긴장의 사다리를 타고 정점에 이르게 된다. 등장인물 사이에 벌어지는 사건은 실타래처럼 복잡하게 얽혀가면서 모든 일이 가망이 없는 듯 뒤섞이며 전개되어 간다. 그러다가 사건의 해결 *denouement*이 나타나게 된다. 프랑스어로 *dénouement*은 '실타래 또는 매듭을 풀다' 란 뜻으로, 라틴어에서 *dis-* 'apart' 와 *nodo* 'knot' 까지 거슬러 올라간다. 즉, 연극은 '매듭을 푸는' knots apart 것으로 대단원의 끝을 맺으면서 복잡하게 전개된 사건들이 풀리게 되는 것이다.

연극계에서는 평론가들이 연극의 복잡한 줄거리 *intrigue* 즉, 줄거리를 구성하는 여러 가지 복잡한 이야기에 대해 논의하게 된다. 이렇게 함으로써 intrigue의 원래 의미인 '뒤얽힌 상황, 난국' 이 연극에서 살아남을 수 있기 때문이다.

*intrigue*라는 말은 *in* '안' 과 *tricae* '사소한 일, 난국' 이란 뜻이 합쳐져서 '상황을 복잡하게 하다' 란 뜻의 라틴어 *intricare*에서 유래하는데, 프랑스어의 영향으로 미묘한 의미 차이를 나타내는 어휘로 발전했다. '난국' 을 의미하는 원래의 개념은 현대에 와서 '난해' 의 개념으로 바뀌었다. 따라서 오늘날 *intrigue*는 '미묘하고 난해한 방법으로 (청중의) 관심을 불러일으키다' 라는 의미로 쓰인다. 그리하여 어떤 여성이 이 방식에 관련된다면 아마도 그녀는 복잡한 상황 *intrigue* 즉, 이루어질 수 없는 연애사건에 휘말리게 될 수도 있다. *intrigue*는 이밖에도 '은

밀한 공모' 또는 '음모陰謀'란 의미로도 쓰인다.

엘리베이터가 중간 쯤 되는 층에서 우리를 내려놓는다고 가정해보자. 그러면 우리는 오케스트라와 발코니 '사이between'에 있는 층에 내리게 될 것이다. 건물의 두 높은 층 사이에 있는 낮은 층을 지칭하는 *mezzanine*이라는 어휘는 '가운데'를 의미하는 라틴어 *medianus*에서 유래하며 이탈리아어 *mezzanino* 그리고 프랑스어 *mezzanine*를 거쳐 영어에 들어온 것이다. 이 어휘의 의미가 확장되어 '무대에서 가장 낮은 발코니' 또는 '발코니의 앞 줄'을 지칭하는 의미로 미국 영어에서 맨 처음 쓰인 것은 1927년이었다.

베토벤

베토벤 생가

베토벤의 월광 소나타moonlight sonata라는 말은 어떻게 해서 만들어졌을까. 베토벤은 그의 인생을 압축한 작품이라고도 할 32곡의 피아노 소나타를 썼는데, 그는 제14번 소나타를 Op.27, No.2라고만 불렀다. 생전에 그의 작품에 어떠한 별칭을 붙이는 것도 좋아하지 않았기 때문이다. 그러나 비평가였던 렐슈타프Rellstab가 이 곡을 듣고 이 작품의 제1악장이 스위스의 루체른 호반Lake Lucerne에 비친 달빛을 연상한다고 생각하여 '월광 소나타'라는 별명을 붙였다. 베토벤은 이 별명을 몹시 좋아하지 않았으나, 오히려 이 별명으로 인해 월광 소나타는 오늘날 전 세계에서 가장 널리 알려진 고전적인 작품의 하나가 되었다.

존 필드

19세기 아일랜드 출신 피아니스트이며 작곡가인 존 필드John Field(1782~1837)가 피아노를 위하여 꿈꾸듯 고요하면서도 명상에 잠기는 소곡을 작곡하면서 녹턴 *nocturne*이란 이름을 붙였다. 야상곡夜想曲이라고도 불리는 녹턴은 폴란드 바르샤바 출신 프랑스 피아니스트인 쇼팽Chopin이 이 명칭을 이어받아 한층 깊고 세련된 장르로 승화시켰다. 후기 라틴어인 *nocturnus* '*of the night*' 에서 유래한다.

그리스어에서 영어에 들어 온 어휘 중에는 상당수 '노래하는 것'과 관련된 것이 많다. *ode*라는 어휘는 단순히 '노래'를 뜻하는 *aoide* 또는 *oides*에서 유래한다. *melody*는 *melos* '곡조' 와 *aoidos* '가수' 등 두 부분으로 나눌 수 있다. 패러디 *parody*라는 어휘는 *para* 'along side oof' 및 *oide* 'song'을 합친 그리스어 *paroidia*에서 기원하여 라틴어에서는 *parodia*로 쓰였다. 따라서 패러디는 풍자 또는 조롱할 목적으로 다른 저자의 노래 '곁을 따라' (즉, 모방하여) 쓰인 '노래'였다. 연극이나 문학 및 음악 부문에 두루 쓰이는 개념이다.

리스트

랩소디 *rhapsody*라는 어휘는 그리스어까지 거슬러 올라가서 '함께 꿰매다'라는 뜻의 *rhapto*와 '노래'라는 뜻의 *oide*에서 만들어진 *rhapsoidos*에서 유래한다. 즉, 당시 랩소디는 (그리스어로 쓰인) 음송吟誦할 서사시가 상당히 길었으므로 마치 많은 '노래를 함께 꿰매어' 놓은 듯한 인상을 주었다. 리스트F. Liszt(1811~ 1886)의 〈헝가리 광시곡〉이 그 좋은 예다.

오케스트라의 지휘자가 오케스트라를 지휘할 때 올라서게 되는 지휘대 또는 연단演壇을 의미하는 *podium*이란 어휘는 고대 원형 경기장내의 원형 투기장을 둘러싼 '돋은 무대나 발코니'를 뜻하는 라틴어 *podium*에서 온 말이다. 로마의 황제들이 초기 기독교인들이 사자의 밥이 되는 것을 바라보기 위해 앉았던 발코니를 의미한다. 흥미롭게도 *podium*은 영어에 들어오면서 교회의 벤치형 좌석을 뜻하는 *pew*로 탈바꿈하였다. 그런데 *pew*라는 어휘가 교회에서 쓰이게 된 것은 1496년 이후였다.

세레나데 *serenade*란 어휘는 야곡夜曲이라고도 한다. *serene*이라는 어휘는 한 때 '갠 날씨fair weather'란 뜻으로 쓰였다. 로마 시대에는 날씨가 좋을 때면 '하늘이 개고 바람 한 점 없는fair and calm' 이란 뜻의 라틴어 *serenus*를 써서 나타냈다. 후에 이 표현이 *sereno*라는 이탈리아어로 쓰였을 즈음에는 '야외open air' 라는 의미로 변했고, *serenata*라는 어휘는 '야외' 에서 부르는 야곡으로, 특히 사랑하는 사람이 그의 연인에게 부르는 노래라는 뜻이 되었다. 프랑스인들은 이 매력이 넘치는 어휘를 *sérénade*로 받아 들였고, 영어에 들어오면서 *serenade*라는 철자로 쓰이게 된 것이다.

한 때 우리나라에서도 '버라이어티쇼' 라는 말이 유행하던 적이 있었다. 사회자의 객담과 음악 그리고 코미디 등 다양한 장르로 진행되어 인기를 끌었다.

리우데자네이루

리우데자네이루(Rio de Janeiro, 1763~1960년까지 브라질의 수도. 리우라고도 함. 세계 3대 미항의 하나임.)에서는 '가난한 언덕poor hill' 에 거주하는 시인과 작곡가들이 해마다 6개월을 음유와 작곡으로 시간을 보낸다. 그리하여 이들이 만든 곡 중의 하나가 마침내 인기를 얻게 되면 사순절Lent이 시작되기 전 3일간 리우에서 열리는 축제Carnival의 마지막 날 즉, 성회 수요일Ash Wednesday 전날 열리는 마디그라(Mardi Gras: Fat Tuesday. 사육제의 마지막 날로 참회의 화요일이라고도 함.)축제의 주제곡으로 선정되어 유명해지게 된다.

이것과 유사하면서도 시대적으로 다소 멀긴 하나, 15세기의 프랑스 시인이며 작곡가였던 올리비에 바슬랭Olivier Basselin(1400~1450)은 14세기 말경 노르망디의 보드비르Vau-de-Vire에 살았는데, 그가 직접 작곡한 노래와 그의 동료들이 만든 노래는 지역의 특징을 지니고 풍자적 색채를 띠었으므로 이들이 만든 노래는 단순히 '보드비르의 노래' 로 알려졌다.

바슬랭과 그의 동료들이 작곡한 가사와 멜로디가 이윽고 파리에 알려지면서 18세기에 이르러 극장에서 상연되는 풍자 희극farce에 삽입되기에 이르렀다. 그리하여 이들이 살았던 원 고장은 '도시의 계곡Valley of the City' 를 뜻하는 Vau-de-

스튜트가르트 근처에 위치한 독일에서 가장 큰 바로크양식의 궁전

Ville로 변질되었으며, 후에 파리에서 상연되는 풍자 희극은 '보드빌과 함께 하는 코미디*Comedies avec Vaudeville*'라는 명칭으로 불리게 되었다.

마침내 미국인들은 vaudeville이라는 표현을 받아들여 영국인들이 부르는 variety라는 어휘와 동일한 표현으로 사용하였다. 그리하여 1890년대 중엽에서 1930년대 초 사이에 미국 전역에서는 연극처럼 대사를 곁들이면서 사이사이에 노래로 변화를 주는 가벼운 뮤지컬로 인기를 끌었다.

미술과 건축에서는 로코코*rococo* 양식이니, 바로크*baroque* 양식이니 하는 개념이 쓰이고 있다. baroque라는 말은 포르투갈어인 barroco에서 기원하며 스페인어 barrueco, 프랑스어 baroque를 거쳐 영어에 들어왔다. 포르투갈어로는 '불규칙한 모양을 가진 진주'를 가리키는 말이며, 미술의 세계에서는 '불규칙한 모양을 지닌' 그로테스크풍의 환상적인 양식을 의미한다.

이와 비슷한 개념의 로코코*rococo*란 어휘는 무미건조하게 화려한 장식을 가리킨다. 이 단어는 조가비세공을 뜻하는 rocaille에서 유래하는데, rocaille는 '돌stone'을 뜻하는 통속라틴어 rocca에서 기원하여 '바위rock'를 의미하는 중세 프랑스어 roche에서 온 것이다. 로코코 양식은 프랑스의 루이 14세와 15세의 통치시기에 유행한 지나칠 정도로 꾸민 조가비세공이나 소용돌이장식에서 발전하였는데, 본래 당시 귀족사회의 생활을 미화하기 위해 고안된 장식이나 공예품에 대해 쓰이다가 나

로코코풍의 그림

중에는 18세기 프랑스 미술, 나아가서 유럽 미술 전반에 걸친 양식을 나타내는 개념이 되었다.

virtuoso란 어휘를 소개하는 것으로 이 장을 끝내려고 한다.

라틴어로 *vir*는 '인간'을 의미하고 virtus '가치가 있는'이란 뜻을 가리킨다. 따라서 라틴어로 virtuosus는 '탁월한, 뛰어난excellent'란 뜻이다. 인간이라면 누구나 이런 특질을 지니고 있게 마련이다. 바이올린이건, 그림이건, 또는 어떤 다른 예술이건 간에 특별한 지식이나 능력 때문에 남보다 뛰어난 사람을 우리는 '거장'이니, 또는 '명인'이니 하는 명칭을 붙인다. 여기에 걸맞은 어휘가 곧 virtuoso란 어휘이다. 특히 음악에 놀라운 재능을 지닌 사람을 지칭하는 말로 흔히 쓰인다. virtuoso의 뿌리(어근)가 되(*vir*)는 이러한 재능을 지닌 유일한 생명체는 오직 '인간man'이라는 점을 가리킨다.

11

A Story of Word Origins

가옥

• • 오늘날 대부분의 현대 가옥은 아무리 값싼 부동산이라고 해도 집을 설계하는 전문가 즉, 건축가architect가 설계한 것인데, 이 말은 그리스어 architekton에서 유래한다. '으뜸가는'이란 뜻의 archos와 '집짓는 자'라는 의미의 tekton이 합쳐져서 이루어진 architect는 말 그대로 건축의 거장 master builder인 셈이다.

집을 얘기할 때 가장 거창한 것을 꼽는다면 뭐니뭐니해도 '궁전'을 뜻하는 말인 palace이다. 이 말의 유래는 로마의 황제였던 네로Nero가 맨 처음 궁전을 지은 것과 밀접하게 연관되어 있다. 네로 황제 당시 팔라티노 언덕palatine hill은 고대 로마의 일곱 개 언덕 중 최초로 궁전을 세운 언덕이다.

도시의 규모가 점차 커지자 팔라티노 언덕은 생활하기에는 더없이 좋은 장소가 되었다. 그런데 웅변가인 키케로Cicero와 로마의 정치가로 계략가인 카틸리나Catiline의 저택이 이 언덕에 있었고 부유한 저택이 언덕에 산재해 있었다.

팔라티노 언덕의 일부

그러자 네로 황제는 이 언덕을 모두 자신의 소유로 만들려는 생각을 하게 된다. 그리하여 네로 황제의 명령에 따라 개인 저택은 모두 제거되었고 네로의 건축가들이 네로를 위해 정성을 들여 주거지를 세웠으며 이렇게 하여 세워진 저택은 팔라티움palatium이란 명칭으로 불리었는데, 문자 그대로의 의미는 '팔라티노 언덕 위에'란 뜻이었다. 이 단어에서 유래하여 프랑스의 왕들이 그들의 저택을 프랑스어로 palais로 불렀고, 영어에 들어와서는 paley, 나중에는 palace라는 말로 변하여 오늘에 이르게 되었다.

mansion(Netherlands)

mansion(São Paulo City)

우리는 어떤 특정한 인물이 저택mansion에 산다고 하면 궁전보다는 못하지만 그래도 거창한 집을 머릿속에 떠올린다. 맨 처음 mansion이란 말이 쓰였을 때에는 처음에는 단지 사람이 살고 있는 장소를 뜻하는 소박한 말이었다. '머물다'란 뜻의 라틴어 manere는 '거주하다dwell'와 같은 의미를 지녔으며 후에 명사로도 쓰여 거처abode, 영지나 장원 또는 저택manor이란 의미로 쓰이게 되었다. 여기서 집이나 거처를 뜻하는 라틴어 mansio, mansionis라는 말이 생겨났고 13세기에는 mansion이란 어휘로 쓰이게 된 것이다.

이와 유사한 방법으로 영어에는 짐짓 위엄을 나타내는 residence라는 어휘가 프랑스어를 경유하여 영어에 들어왔는데, 이 말은 원래 '뒤back'를 뜻하는 *re*-와 '앉다sit'를 뜻하는 sedeo가 합쳐진 라틴어 resideo에서 유래한 것이다. 결국 영어 residence는 뒤로 편안히 앉아서 휴식을 취하는 장소인 셈이다.

집이나 거처를 뜻하는 말 중에는 이보다 더 소박한 house, dwelling처럼 고대영어에서 쓰인 어휘도 있으나, 플로리다와 캘리포니아에서 흔히 볼 수 있는 방갈로bungalow라는 어휘도 있다. 이 단어는 북부인도와 파키스탄에서 널리 쓰이는

파빌리온(프랑스)

파빌리온(독일)

파빌리온(스위스)

언어인 힌두스타니어 bangla에서 유래한 것으로 17세기에 영어에 들어와 쓰이게 되었다. 베란다가 앞으로 넓게 튀어나온 방갈로는 원래 동인도 건축양식에서 온 것이다.

폐쇄된 장소의 또 다른 유형으로 파빌리온pavilion이라는 것이 있다. 대개 연예활동이나 무용을 위한 임시 장소로 사용하기 위해 천장에 덮개를 씌워 만든 형태의 건축물이다. 텐트처럼 생긴 이 건축물의 양쪽 측면이 바람에 나부끼는 것을 보면 영락없는 나비butterfly를 연상하게 되어 라틴어 papilio는 '나비'를 뜻하는 의미로 쓰였고 프랑스어 pavillon(고대 프랑스어로는 '천막'을 의미. 빠비용[pavijɔ]으로 발음)를 경유하여 영어로 들어와 쓰였다. 영화 〈빠삐용〉(1973)에서 빠삐용으로 분한 스티브 맥퀸이 영화의 마지막 장면에서 남미 프랑스령 기아나 형무소에서 탈출에 성공하면서 절벽 아래로 나비처럼 날아가는 모습은 매우 인상적이다.

집에는 지붕roof이 있게 마련이다. 이 단어는 '지붕'이나 '꼭대기'를 뜻하는 고대영어 hrōf에서 온 것으로 지붕 널을 잇대어 만든 것이다. 이것을 shingle이라고 하는데, 지붕에 사용하는 널은 나무조각을 잇대어서 만든 것으로, 라틴어 scindula는 '쪼개다', '갈라지다'란 뜻의 scindo에서 만들어진 것이다. 벽wall이란 어휘도 '기둥', '울타리'를 뜻하는 라틴어 vallus에서 온 것이고, 굴뚝chimney이란 어휘 또한 어원을 거슬러 올라가면 프랑스어 cheminée 및 후기 라틴어 caminata('벽난로'란 뜻)에서 라틴어 caminus를 거쳐 궁극적으로 그리스어인 kaminos '난로'에까지 이르게 된다.

오랜 옛 시절에 가장 멋진 방으로 꼽힌 것 중의 하나로 다락방attic이라는 것이 있었다. 오늘날에 와서는 지붕 밑에 있는 방 정도로 흔히 생각하고 있으나, 역사적으로 보면 이곳이야말로 우아함을 지닌 방으로 손색이 없었다. 이 단어는 '아테네인의 특징을 지닌'이란 뜻의 고전어인 Attic에서 유래하는데, 아테네인의 건축양식은 균형미와 우아함 그리고 세련됨으로 유명하였다.

18세기 영국에서는 그리스 예술과 건축 양식이 다시 살아나서 런던의 가옥은 고대 아테네 건축구조를 본따 지어졌고 지붕 바로 아래에 있는 낮은 층은 소위 아테네양식attic order의 붙임기둥으로 장식하였다. 미국 뉴욕 시청의 꼭대기 층을 아테네식 르네상스 양식Renaissance Attic이라고 칭하는 이유가 바로 이런 이유 때문이다.

다락방(19세기)

garret라는 어휘는 사전에서 attic과 의미가 유사하다고 나와 있다. 그러나 이 어휘의 역사를 보면 attic과는 전혀 다르다.

garret는 게르만어에서 유래하여 '피난처' 또는 '망루'를 의미하는 고대 프랑스어 garite가 되었고 중세영어에서는 garite 또는 garette로 쓰였다. 이 시기의 작가는 "garrits와 등대는 보초나 파수꾼이 있는 곳"이라고 썼다. 프랑스나 영국에서는 영주나 백작이 저택을 지을 때 반드시 망루garite를 짓도록 설계했다고 한다. 그러나 오늘날 attic은 그 옛날 그리스인이 지녔던 위엄은 사라져 버리고 garrets는 적에 대비하게 위해 지은 용감한 망루로서의 기능은 없어지고 말았다. 이 두 어휘는 세월이 흐르면서 본래 지닌 의미가 변하여 지붕 밑에 있으면서 가구도 갖추어져 있지 않은, 그리하여 언젠가는 깨끗이 치워야 할 잡동사니로 가득한 방이란 의미로 전락하였다.

이와는 달리, 지하실cellar은 위에서와 달리 정교한 역사가 없다. 이 어휘는 한때 특별히 식량을 저장해 두는 장소를 뜻하는 라틴어 cella에서 유래하여 여러 개의 작은 방cell을 의미하는 말로 쓰였기 때문에 이후로 단순히 1층 위 또는 아래에 있는 저장소나 창고storehouse를 의미하는 말로 쓰이게 된 것이다. 아파트apartment에 사는 이들은 지하실cellar이나 다락방attic이 없다. 이들이 사는 주거지의 명칭은 라틴어 *ad* "to" 및 *partio* "divide"가 모여 만들어진 어휘가 프랑스어를 거쳐 영어에 들어와 apartment가 되어 사적인 공간으로 나누어질 수 있는 거처란 의미로 쓰이게 된 것이다.

그리스양식의 거실

오늘날 집에 관해 얘기할 때 parlor는 대체로 거실living room로 부르는 것이일상적인 일이 되고 있으나, 예전에는 관례적으로 손님을 맞이하기 위한 접견실이었다.

프랑스어로 parler는 "말하다"란 뜻으로 여기서 생긴 parlor는 대화를 주고 받기위해 마련해 놓은 방을 뜻하는 말이었다. 중세 라틴어인 parlatorium는 수도원에 마련된 특별한 방으로 이곳에서 수도승들은 오랜 침묵을 깨고 방문객들이나 때로는 수도승끼리도 "서로 얘기를 나누는 일"이 허락되었다.

응접실drawing-room이란 말도 빼놓을 수 없다. 시대를 거슬러 올라가면 저녁식사가 끝나고 남자들은 자리에 남아서 아직 마시지 못한 술잔을 기울이거나 담배를 피우기도 하면서 담소를 나누는 동안 여성들은 식당에서 나와withdraw, 휴식을 취하는 방withdrawing room으로 들어갔다고 해서 생긴 말이다. 객실이나 응접실을 뜻하는 이 어휘는 16~17세기 유럽에서 널리 유행하였다.

그러나 식당dining room이란 말은 그 역사가 조금 더 복잡하다. dine이란 말은 프랑스어 diner에서 온 것으로 역사를 거슬러 올라가면 *dis* "not"과 *jejuno* "fast"가 결합한 라틴어에서 유래한다. 즉, 식사하는 장소인 dining room은 금식하지 않는not fasting 곳이란 의미를 지닌다.

방에는 벽에 그림pictures이 걸려있고 머리 위에는 천정ceiling이 있으며 마루에는 융단carpet이 깔려 있다. picture의 어원은 간단하다. 이 단어는 라틴어로 '그림'을 뜻하는 pictura에서 유래하고 이것은 '칠하다paint'라는 뜻의 pingo에서 내려온 것이다. 천정ceiling은 15세기 말 가까이 이르러 생겨난 것으로, 프랑스어 *ciel* 'sky, covering'에서 유래한다. 그런데 이 단어의 역사는 '창공, 하늘의 덮개'를 뜻하는 라틴어 caelum와도 얽혀있다. 인간에게는 라틴어에서 유래한 말이 가장 먼저 쓰였을 가능성이 있다. 양탄자carpet의 유래는 위의 두 어휘와는 달리, 그 역사가 훨씬 더 복잡하다.

carpet, scarce, excerpt와 같이 서로 닮지 않은 어휘들이 모두 똑같은 라틴어 동사에서 유래했다고 하면 믿기 어려울 것이다. 그러나 그것은 사실이다. 이들이 서로 '뽑다pluck'라는 말과 연관되어 있으면서도 각각 발달해 온 역사와 방법을 보면 놀랍고 예측키 어려울 따름이다.

우선, carpet는 궁극적으로 '뽑다pluck' 또는 '소모기로 빗은 양털card wool'이란 뜻의 라틴어 carpo에서 유래한다. 맨 처음 만들어진 융탄자는 실을 풀어서 만든 양모의 천으로 만들어졌다. *scarce*는 '적은, 모자라는 듯한'이란 의미를 지닌 프랑스어 escars에서 만들어진 것으로 원래 라틴어 *ex* 'out'과 *carpo* 'pluck'에서 유래한다. '뽑다, 뜯다pluck'란 말을 상기해보라. 가령, 개의 털을 자꾸만 뽑는다면 개털은 점점 적어지고 부족해지게 되는scarce 것이다. 마지막으로, excerpt는 라틴어 excerptus 즉, *ex* 'out'과 *carpo* 'pluck'에서 만들어진 것으로 문맥에서 '뽑아낸 것plucked out'이란 의미를 지닌다. 그리하여 융단을 만들 때 삼색 실을 뽑아서 엮어내는 것과 똑같은 방식으로 이 세 단어에는 "뽑는다plucking"라는 개념이 포함되어 있다.

침실에는 대개 옷장bureau이 있게 마련이다. 이 말은 '거친 양모로 된 천'이란 뜻의 고대 프랑스어 burel에서 유래하며 당시에는 책상 덮개로 쓰였다. 시간이 흐르면서 burel은 bureau로 변하였고 천의 명칭은 천이 덮은 대상을 지칭하는 의미로 변하여 쓰이게 되었다. 따라서 bureau는 프랑스인들에게는 (서랍이 달린) 사무용 책상이 되었고 영어에서는 침실에 두는 옷장 또는 서랍장이 되었다. 프랑스어에서는 이 어휘가 세 가지 의미로 각각 폭넓게 쓰였다. (1) 녹색 모직 천으로 짠 덮개에서 사무용 책상, (2) 사무용 책상에서 그 책상이 놓여있는 사무실, 및 (3) 정부나 관청의 부서 등. bureaucracy란 말은 사무용 책상을 뜻하는 bureau와 '규율'을 뜻하는 그리스어 *-kratia*에서 만들어진 것으로 관청의 수많은 사무용 책상에서 이루어지는 규율, 규제가 지배하는 관료정치, 관료지배를 일컫는다.

bureau와 연관되는 것으로 chiffonier란 어휘가 있다. 높고 좁은 거울이 달린 서랍장을 가리키는데, 역사적으로 보면 그곳에는 가정주부가 자신의 화려한 옷이나 장신구대신 잡동사니를 넣어 보관하던 장소였다. 요즘 사전에도 이 말이 지닌 의미의 하나로 '넝마주이ragpicker' 또는 '잡동사니 모음'으로 설명하는 것을 보면 짐작이 가는 일이다. 이 모든 의미는 오늘날에도 여전히 '넝마조각rag'을 의미하는 프랑스어 chiffe에서 시작되었다.

침실에 있는 침대 틀*bedstead*은 원래 '침대'와는 무관하고 침대가 차지하는 장소에 지나지 않았다. 이것으로 인해 또 다른 하나의 의미를 나타내게 된다. 고대영어 stede에서 유래한 stead는 원래 '자리에 가만히 서 있기'에서 '서 있기 위한 곳'이란 의미가 되었다. 영어로 '이것 대신에 저것을 택하겠다I'll take that instead of this'라고 할 때 instead of this는 "이 자리(대신)에, 이것 대신에in place of"란 의미를 지닌다.

베개*pillow*란 말은 철자의 변천으로 인해 흥미를 자아내기에 충분한 유래를 지니고 있다. 이 어휘는 '등받이'를 뜻하는 라틴어 pulvinus에서 유래하여 마침내 고대영어로까지 내려와 pylu라는 이상한 철자로 쓰이게 되었다. 우리가 '담요, 모포'라고 부르는 blanket이란 어휘는 고대 프랑스어에서는 blankette, blanquette이란 철자로 쓰여 모두 "흰색"을 나타내는 blanc에 어원을 두고 있어서 처음에는 천을 만드는데 쓰인 흰색 양모 천을 의미하다가 14세기 중엽에 이르면 의미가 좁아져서 오늘날처럼 쓰이는 의미로 제한되었다. 지나가는 말이지만, 한 때 사생아bastard로 태어난 것을 두고 영어에서는 "담요를 잘못 잡고 태어난born on the wrong side of the blanket"이란 표현이 쓰이고, "불륜, 불장난"을 가리키는 말로 blanket love란 말이 쓰이기도 한다.

침실에 놓여있는 침대에는 침대 덮개*canopy*가 있다. 이것은 왕실의 경우, 왕에 대한 존경과 명예의 표지가 되기도 하고 가정에서는 그곳의 생활양식과 아름다움을 드러내는 상징이 되기도 한다. 이처럼 '덮개'란 말은 하나의 멋진 장관을 연출하는 표시로 사용되는데, 고대 그리스인들에게 이 말은 단지 하루살이gnats에 지나지 않았다. 그리스인들은 konops라고 하는 하루살이 또는 모기가 퍼뜨리는 역병을 피하기 위해 그리스어 konopeion라는 말이 의미하듯, 방어 커튼을 둘러친 이집트형의 침대에서 잠을 잤다. 그리하여 이 말은 후에 커튼에도 적용되어 라틴어를 거쳐 영어에 들어오면서 canopy라는 어휘로 수정되기에 이르렀다. 칵테일이 나오기 전에 나오는 카나페*canapé* (얇은 빵에 캐비어, 치즈 등을 얹은 전채 요리의 일종)라는 말은 프랑스어를 경유하여 영어에 들어온 덮개와 어원이 똑같다. 식욕을 돋우려고 식탁에 맨 처음 전채appetizer로 들어오는 소위 스프레드spread (빵에 바르는 버터 등과 같은 음식)는 말 그대로 일종의 식탁의 덮개와 같은 역할을 하게 된 셈이다.

집안에 있는 가구 중에는 가구나 의자의 등받이 또는 팔걸이에 씌우는 장식 달린 덮개*antimacassar*를 갖추고 있기 마련이다. 장식을 한 덮개가 의자 등받이에 씌워져 있어서 옛날 중조부가 머리에 발라 사용했던 머리용 마카사르 향유*macassar oil*로부터 등받이에 묻지 않게 이를 보호하기 위해 생겨난 말이다. 이 향유는 셀레베스 섬(인도네시아 동부에 있는 큰 섬)에 있는 망카사라*Mangkasara*에서 수입한 것으로, macassar라는 말은 그곳 지명에서 유래한 상업명이다.

방 주위에 놓여있는 가구도 다양한 의자를 의미하는 말들이 있다. 가령, 쿠션을 댄 터키식 긴 의자*ottoman*라든가, 발을 얹거나 무릎을 꿇고 기도할 때 쓰는 의자 또는 무릎방석*hassock*, 그리고 베개가 달린 침대 의자*couch*와 같은 어휘들이 있다. 프랑스어 표현인 se coucher는 문자 그대로 "자리에 눕다, 취침하다"란 뜻으로 영어 표현인 lie down에 해당한다. 그러면 coucher에서 유래한 couch란 말보다 '눕다'를 표현하는데 더 적합한 말은 무엇일까? 발을 얹어놓는 대臺가 지나치게 크고 등받이가 없는 낮은 소파인 ottoman이란 말은 원래 1300년경 오토만 제국 즉, 구 터키제국을 창건한 오스만 1세Osman(1259~1326)의 이름을 따서 만들어진 말이다.

couch는 프랑스어, ottoman은 터키어에서 온 말이나, hassock은 고대영어에서 온 어휘이다. hassuk이란 철자로 쓰였을 때에는 '풀이나 잡초 덤불'을 나타내는 의미로 쓰였다. 그 후에 이 말은 골풀rush이나 진들피sweet gras를 넣어서 만든 무릎 방석을 뜻하게 되었다. hassock이란 어휘가 맨 처음에 쓰였을 때에는 단지 쿠션에 쓰이는 장식술에 지나지 않았으며 이 장식술의 크기를 알맞게 다듬어서 교회로 옮겨 강단을 장식하는데 쓰였다. 이것이 세속화되어 오늘날에 와서는 무릎방석이나 쿠션이란 의미로 쓰이게 된 것이다.

샹들리에

집안에는 저녁이 되면 등燈이 있어 불이 켜지게 마련이고 일부 주택에는 나뭇가지 모양의 촛대*candelabra*와 샹들리에*chandelier*가 설치되어 있다. 전자는 원래 '양초candle'나 '램프lamp'라는 의미로만 쓰였으나 오늘날에는 이런 의미 이외에도 나뭇가지 모양으로 만들어져 전등이 환하게 들어오는 붙박이 장식 전등을 뜻하는 말로도 쓰이고 있다. candelabra는 양초를 뜻하는 라틴어 candela에서 유래하는데, 이 말은 '빛나다shine'라는 의미의 candeo에서 나온 것으로 교회에서 행하여지는 여러 종교 의식과 함께 영어에 들어와서 쓰였다. 이 말과 같은 어원을 지닌 chandelier는 대개 천정에 걸려 있는 것이 보통이다.

우리에게 친숙한 집안의 작은 방closet은 원래 음모를 꾸미고 은밀한 계획을 짜는 왕의 작은 거실과 같은 사실私室이었다. 그리하여 오늘날에 와서 closet을 동사로 써서 누군가와 밀담을 나누기 위해 사실에 들어간다고 할 때 사용하고 있다. closet은 "폐쇄된 곳"을 뜻하는 라틴어 clausum에서 유래하여 프랑스어를 거쳐 영어에 들어왔다. 사실의 문을 흔들어 움직이게 하는 경첩hinge는 hang이란 말과 잘 어울리는데, 이 말이 "(경첩으로) 자유롭게 여닫히다"란 의미를 품고 있기 때문이다.

침실에는 벽감(壁龕, alcove: 벽의 일부를 쑥 들어가게 만든 부분)이 있는데, 이곳에는 조각이나 장식품을 놓은 경우가 많다. 이 어휘는 "동굴, 분화구"를 의미하는 아랍어 al-qobbah에서 영어에 들어온 것이다. 우리게 익숙한 도서관library이란 어휘는 궁극적으로는 "책에 속하는"이란 의미를 지닌 라틴어 librarius에서 온 것이며 "책" 또는 "나무껍질"을 뜻하는 liber라는 어휘에서 유래한다.

벽감

창문window이라는 말에는 유쾌하고 매우 시적인 이미지가 들어있다. 이 말은 스칸디나비아어 vindauge에서 온 것으로, *vindr* "바람"과 *auga* "눈"이 합쳐져서 이루어진 어휘이다. 그러므로, window는 시적 이미지답게 '바람을 감지하기 위한 눈', 또는 '풍안風眼'이 된다.

창문에 있는 창틀pane에도 우리가 생각하는 의미와는 다른, 동떨어진 이야기가 이 어휘와 관련된 여러 어휘에 나타나 있다. 창문의 틀 window*pane*, 배심원단jury *panel*, 그리고 "한 조각의 천a piece of cloth"은 의미상 서로 상관이 없어 보인다. 그런데 라틴어 pannus는 '천cloth'이나 '천 조각piece of cloth'을 의미하는 말이었다. 이 말은 동일한 의미로 프랑스어와 영어에 들어와 pan이란 철자로 쓰였다. 그 후, 100년이 채 안 되는 세월이 흐른 뒤 pan은 천 조각 뿐만 아니라 어떤 것이라도 한 조각을 의미하게 되었는데, 시간이 좀 더 지나면서 의미가 좁아져서 창문의 한 조각piece 즉, 창틀window*pane*이란 의미로 쓰이게 된 것이다.

한편, 라틴어 pannus는 다른 경로를 통해 '한 조각의 천'이란 원래의 의미는 그대로 유지한 채로 프랑스어와 영어에 들어오면서 panel이란 어형을 지니게 되었고 후에 양피지의 한 조각 또는 한 두루마리roll란 의미로 쓰이게 되었는데, 특히 법집행관이 배심원들의 이름을 기록한 두루마리를 지칭하게 되었다. 그러자 panel은 배심원 자체나 전문가 그룹에도 적용되고 때로는 모든 활동분야에 적용되기에 이르렀다. 그리하여 위의 어휘들은 같은 어원에서 유래하여 창틀이나 창문의 한 칸, 천의 한 조각 이란 의미에서 배심원 명단이나 양피지의 한 두루마리에 이르기까지 광범위한 의미를 나타내는 어휘들로 시간이 흐름에 따라 철자를 달리하면서 진화하여 오늘에 이르게 된 것이다.

테라코타(중국)

집 안에는 점토의 애벌구이인 테라코타 *terra cotta*로 만든 꽃병이나 인형 또는 귀한 도자기porcelain 몇 점 정도는 장식용으로 비치한다. 양질의 도토陶土로 만들어진 의미의 terra cotta는 이탈리아어에서 온 것이나, 어원을 거슬러 올라가면 "빚은 흙"이란 뜻의 라틴어*terra cocta*에서 유래한다. 표면이 반들반들하고 반투명의 도자기인 porce-lain은 이탈리아어 porcellana에서 유래하여 프랑스어를 거쳐 영어에 들어온 것으로, 이 말은 원래 매끄럽게 반짝이는 일종의 껍질같은 용기容器가 마치 반짝이는 도자기의 표면과 같다는 뜻의 이탈리아어에서 나온 것이다.

집 안의 아래층에는 대개 부엌kitchen과 식료품이나 식기를 두는 방pantry이 갖추어져 있다. 이들 어휘를 한 단계씩 거슬러 올라가서 처음부터 이들 어휘의 철자가 그동안 어떻게 변해왔는지 더듬어 보는 것도 흥미롭다. kitchen이란 말은 고대영어 cycene에서 중세영어 kitchene로 철자를 달리 하면서 영어에 들어왔는데, 이것은 "요리하다"란 뜻의 coquo에서 유래한 coquina의 변형인 통속라틴어 cucina 또는 cocina를 통해 들어온 것이다. 이들 어휘는 철자가 모두 복잡하면서도 요리가 이루어지는 장소kitchen라는 점에서 논리적이다. pantry라는 말은 부엌에 비해 유래는 비교적 간단하다. 이 어휘의 궁극적인 자원은 '식량bread'을 뜻하는 라틴어 panis인데, 17세기까지는 단지 식량(음식)을 보관해두는 저장소였다.

식기를 넣어두는 방의 서랍에는 이따금 장식용 작은 깔개나 냅킨doilies이 놓여있게 마련이다. 영국의 수필가인 조셉 애디슨Joseph Addison(1672~1719)의 사촌으로 애디슨이 창간한 스펙테이터*The Spectator* 잡지에 이따금 기고하곤 했던 유스터스 버젤Eustace Budgell(1687~1737)이란 인물이 있었다. 그는 1712년에 이 잡지에 기고한 글에서 다음과 같이 썼다. "모든 이들의 기억 속에 저 유명한 도일리*Doily*는 아직도 생생하다. 그는 한때 값싸고 우아한 직물 원료를 써서 생산할 수 있는 모직물을 찾아냄으로써 막대한 재산을 모은 인물이었다." 버젤은 당시 런던의 부유한 모직물 양품상이었던 도일리Mr. *Doily*에 관해 언급하고 있는 것이다. 그는 자신의 이름을 따서 여름용으로 가볍게 입는 양모 제품을 개발하였고 오늘날 도일리*doilies*라고 부르는 장식용 받침 또는 받침 깔개를 만든 장본인이다.

예의가 갖추어진 품위있는 집안이라고 하면 은쟁반salver이 눈에 띄게 마련이다. 여기에는 명함이나, 편지, 음식, 음료 등 무엇이나 담을 수 있게 되어 있다. 이 쟁반은 무해한 은제품으로 되어 있으나, 어휘의 역사는 그리 유쾌하지 않다.

오늘날 정치력이 있는 인물은 무장한 차와 방탄용 유리로 자신을 보호하는 경우가 흔하다. 그의 가장 큰 두려움은 총이기 때문이다. 그러나 이런 무기들이 나오기 이전 왕이나 군주를 무서워 떨게 한 것은 다름 아닌 독(毒, poison)이었다. 그는 맛있는 닭이나 오리, 칠면조 다리나 충분히 요리하지 않아 설익은 고기 한

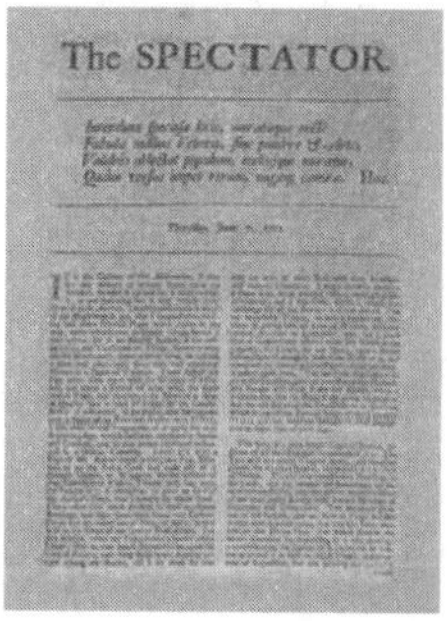

The Spectator

1788년판(Spectator)

유스터스 버젤

입을 먹었을 때 생명에 치명적인 결과를 초래할 수 있음을 알고 있었다. 그리하여 그는 음식이나 술에 독이 있는지를 맛보는 감정사를 두어 자신을 보호하였다. 왕이나 군주가 음식을 맛보기 전에 미리 맛을 보는 이러한 과정을 스페인어로 *salva*라고 불렀는데, 이 말은 '구하다 또는 보호하다'란 뜻의 후기 라틴어 *salvo*에서 유래한 것이다. 영어에 쓰이는 salvage '해난구조'란 어휘는 본래 *salver*와 어원이 동일하다.

스페인어 *salva*가 영어에 들어오면서 salver로 어형이 달라져 쓰일 때쯤 이 말은 음식을 맛보는 감정사가 맛을 본 음식을 왕이나 귀족에게 가져가는 '쟁반'이라는 명칭으로 바뀌어 사용되었다. 이것이 곧 무해한 쟁반 또는 은쟁반salver이며 하녀가 편지나 다른 무해, 무독의 물건 또는 음식을 담아 내어놓는 도구가 된 것이다.

미리 음식 맛을 보는 의식을 지칭하는 명칭이 이탈리아어로는 credenza이다. 이 말은 영어에 들어와서 credence가 되었는데, 맨 처음에는 일종의 르네상스식 찬장 또는 식기장食器欌이란 뜻으로 쓰였다. 중세시기에는 음식을 제공하기 전 미리 음식 맛을 보는 것이 통례였다. 오늘날에도 기독교에서 제식에 필요한 것을 두는 제기탁자credence table이란 표현을 사용하고 있다. 그러나 credence는 이보다는 '신용, 신뢰belief'라는 의미로 더 흔하게 쓰인다. I give full *credence* to his statement.(그의 말을 전적으로 신뢰한다) 이 문장에서는 그가 진술한 내용에 거짓말이란 "독poison"이 전혀 없다는 것을 의미한다.

주류관리인(중세시기)

쟁반의 우아함은 주류관리인butler을 거의 필요로 한다. 초기 영국에서는 bottle이 botel이란 철자로 쓰였고, *boteler*라고 칭하는 하인이 병botel을 나르고 동시에 지하 포도주 저장실의 책임자 역할을 하였다. *boteler*는 오늘날 butler가 되어 적어도 가끔씩은 칵테일을 흔들어대기도 한다.

우리가 진정으로 사는 맛을 느끼는 것은 뭐니뭐니해도 시골에서의 소박한 생활 즉, 전원bucolic 생활을 꿈꾸는 일이다. 이 말은 그리스어 *boukolos* 즉, 그 옛날 양치기들이 그런 생활을 했듯이 시골에서 소박하고 목가적인 생활을 즐긴다는 것이다. 그리스어에서 이 말이 유래한 것은 그런 까닭이다. *boukolos*는 "황소ox"를 뜻하는 *bous*와 "-하려는 경향이 있는tend"이라는 의미의 *-kol*이 합쳐져서 이루어진 어휘이다. 따라서 전원생활bucolic을 느끼려는 사람은 소박하고simple, 목가적인 생활rural life을 하고 싶어하고 우리네 시골에서 흔히 볼 수 있는 '황소oxen'가 '되려는tend' 경향을 띤 사람인 것이다.

캐나다 온타리오주에 있는 헛간

시골 주택에는 건초나 곡식을 넣어 두는 헛간barn이 있다. 고대영어에서는 '보리barley'를 뜻하는 *bere*와 '장소'를 뜻하는 *œrn*의 두 부분이 *bere-œrn*에서와 같이 결합하여 만들어진 것으로, 현대영어의 barn은 원래 '보리를 넣어두는 곳'이란 의미로 쓰였다. 헛간에 있는 위층loft이란 말은 스칸디나비아어에서 영어에 들어온 것으로, 스칸디나비아어에서는 대기air나 창공sky을 의미하는 말로 쓰였다. 이 말이 영어로 들어오면서 의미가 좁아져서 지붕 바로 아래에 있는 마루가 깔린 고미다락방 또는 창고의 위층을 뜻하게 되었고 이 공간은 하늘로 향하게끔 되어 있었다. 보리와 같은 곡식을 저장하는 장소로는 안성마춤인 곳이었다. 현대시기로 들어와서는 보리 대신 건초나 목초timothy를 저장하는 곳으로도 활용되고 있는데, 이 말은 1726년경 뉴욕에서 남부 캐롤라이나주로 거친 건초(목초)를 들여와 맨 처음으로 질좋은 건초를 재배한 농부 티모시 한슨Timothy Hanson의 이름을 따서 생겨난 어휘이다.

오래된 헛간(폴란드)

시골생활을 진정으로 느끼는 것은 집 안의 창문 뒤쪽으로 보이는 과수원

orchard일 것이다. 이 말은 정원 뜰garden yard이라는 의미의 기분좋은 명칭이 되기도 한다. 수세기 전에는 *ortgeard*라는 철자로 쓰였는데, *ort*는 "정원"을 뜻하는 라틴어 *hortus*에서 들여와서 약간 다듬어 만든 것이고, *geard*는 "안뜰yard"을 뜻하는 고대영어에서 온 것이다. 집안에 있는 정원으로 뜰을 갖고 있다는 것이 얼마나 멋진 일인가!

12

A Story of Word Origins

영어 - 차용어의 보고寶庫

오늘날 사용되는 현대영어 어휘는 영어 이외의 다른 언어에서 빌어다가 사용하고 있는 어휘 즉, 차용어가 80퍼센트를 훨씬 넘는다. 이들 차용어는 라틴어에서 직접 영어에 들어온 것도 있고, 라틴어에서 유래하여 고대 프랑스어를 거쳐 영어에 들어온 것들도 있다.

원래 영국에 영어가 쓰이기 훨씬 오래 전인 선사시대에 대륙에서 바다를 건너 영국에 들어온 부족은 켈트인Celts이었으며 이들이 곧 영국의 원주민이었다. 로마가 영국을 정복한 후에도 켈트인들은 로마인의 지배를 받으면서도 자신들의 언어는 잊지 않고 사용해왔다. 이들이 현대영어에 남긴 어휘는 그 수가 많지는 않으나 강 이름Thames, 경치나 가연풍경을 뜻하는 명칭Cumberland, 영국의 주요 도시나 지명London, Aberdeen 등 여기저기 남아 쓰이고 있다.

영국의 조상이라고 일컫는 앵글로색슨인Anglo-Saxons이 영국에 들어온 것은 기원 후 450년경이었다. 약 360여 년간 영국을 통치한 후 로마가 기원 후 410년에 본국으로 철수한 지 40년 가까이 된 후의 일이다. 영어에 지대한 영향을 끼친 라틴어는 앵글로색슨인들이 영국에 들어오기 훨씬 전부터 이미 영국에서 사용되었는데, 초기 시기에 라틴어에서 유래하여 영어에 들어온 어휘로는 *butter*, *cheese*, *pound*, *street*, *mile*, *inch*, *priest*, *wine* 등이 있다.

8세기에 스웨덴, 노르웨이 및 덴마크로 일컫는 스칸디나비아제국의 부족들이 유럽대륙을 떠나 다른 지역으로 진출하기 시작했는데, 이들 중에서 영국에 들어온 부족들의 언어를 일컫는 스칸디나비아어 또한 영어에 많은 영향을 끼쳤다. 약 400개의 노르웨이어 및 덴마크어가 구어체로 현대 표준영어에 남아 쓰이고 있다. 그 중에서 현대영어에 쓰이는 대명사로는 *their*, *their*, *them*이 있다.

만일 이들 대명사가 영어에 들어와 쓰이지 않았더라면 현대영어에는 고대영어에서 쓰인 *he*, *heora*, *hem*이 그대로 남아 쓰였을지도 모른다. 그러나 오늘날 고대영어의 형태는 모두 사라지고 스칸디나비아어에서 들어온 th-형만 남아 쓰인다.

영국인의 조상이라고 일컫는 앵글로색슨인들이 사용한 "영어"는 500년 간 현대영어의 기본 골격을 이룬 게르만어Germanic 방언에서 갈라져 나온 언어이다. 그러나 1066년 프랑스 북부의 노르망디 공작이었던 윌리엄William이 대군을 이끌고 영국 해협을 건너 헤이스팅스전투Battle of Hastings에서 영국군을 무찌르고 쳐들어와 영국을 정복하면서 상황은 크게 달라졌다. 노르만계 프랑스어Norman-French가 서게르만어계 방언에 속하는 영어를 누르고 널리 쓰이게 된 것이다.

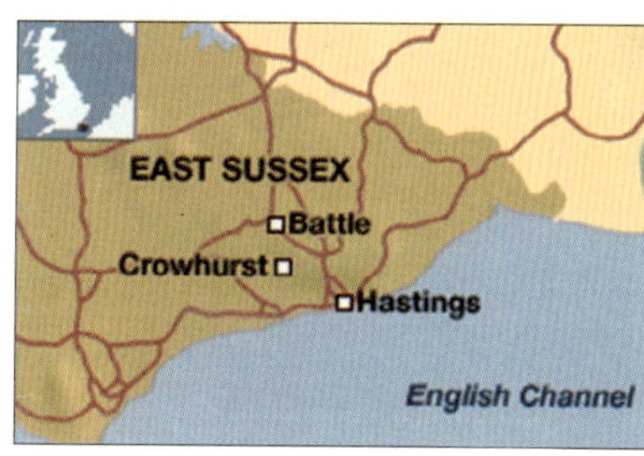

헤이스팅스 지도

정복자인 노르만인들이 득세하던 중세 영국에서 쓰인 노르만계 프랑스어의 수는 약 1만 개로 추정되는데, 이 중에서 4분의 3은 아직도 현대영어에서 여전히 쓰이고 있다. 그 중의 일부를 열거해 보면 다음과 같다. *palace*, *throne*, *enemy*, army, *soldier*, *reign*, *sov-ereign*, *sceptre*, *chancellor*, *duke*, *court*, *castle*, *tower*, *suit*, *fel-ony*, *grief*, *sermon*, *pastry*, *bacon*, *fashion*, *beauty*.

그리하여 수세기 동안 프랑스어는 노르만 귀족의 언어로, 영어는 귀족과 성직자를 제외한 일반 평민이나 봉신vassals, 농노serfs 또는 하층민들의 언어로 함께 쓰이게 되었다. 중세시기에 프랑스어가 영어에 끼친 영향은 고전어(라틴어, 그리스어) 못지않게 지대하였다. 한편으로는 프랑스어가 영어에 풍부한 어휘 자원을 제공하게 된 것 또한 사실이다.

〈아이반호〉(영화포스터)

프랑스어가 영어에 끼친 영향이 어떠하였는지에 대해서는 〈아이반호*Ivanhoe*〉에 재미있는 이야기가 실려있다. 이 소설은 영국의 시인이며 소설가인 월터 스콧경Sir Walter Scott(1771~1832)의 역사소설로 여기에 등장하는 어릿광대 웜바Wamba는 프랑스어와 영어 사용을 빗대어 다음과 같이 말한다. 토착 앵글인들은 가축을 *sheep*, *pig*, *calf*, *ox*라고 부르는 반면, 당시 지배계층이었던 노르만인들의 식탁에 이 가축들이 요리되어 올라 왔을 때에는 토착영어 대신 프랑스어에서 들여온 명칭인 양고기mutton, 돼지고기pork, 송아지고기veal, 소고기beef로 불린다는 것. 이것이야말로 언어를 계급에 따라 완벽하게 구분한 예가 아니고 무엇이랴!

14세기에 이르면 프랑스어와 토착영어는 서로 섞이고 혼합되면서 쓰였고 라틴어에서 들여온 차용어가 영어화하기 시작하였다. 그러다가 16세기에 이르러 라틴어는 영국에 문예부흥이 일어나면서 문화의 상징이 되었다. 당시 엘리자베스 여왕은 궁정에 찾아온 외국의 사절단들과 라틴어로 환담을 나누었으며 재상이었던 올리버 크롬웰Oliver Cromwell(1599~1658)은 시인 밀턴John Milton(1608~1674)을 그의 라틴어 비서로 채용할 정도였다.

런던의회 광장에 있는 올리버 크롬웰의 동상

그리스어는 라틴어에 비해 영어에 들어와 쓰인 어휘가 그리 크지 않다. 그러나 그리스어는 라틴어를 경유하여 영어에 들어왔으므로 라틴어를 제외하

존 밀턴

고 그리스어 자원을 추적하기가 쉽지않은 경우가 많다. 라틴어를 거치지 않고 그리스어에서 영어에 직접 들어온 어휘 중에는 일반 과학, 의학, 그리고 언어연구에 관한 전문용어가 많다. 그 중 일부를 열거해 보면 *problem*, *idea*, *method*, *theorem*, *theory*, *diagram*, *system*, *astronomy*, *arthmetic*, *philosophy*, *geometry*, *rhetoric*, *logic*, *grammar*, *astrology*, *geography*, *physics*, *mathematics*, *pharmacy* 등은 모두 그리스어에서 영어에 직접 차용된 어휘들이다.

고전어(라틴어, 그리스어) 이외의 다른 언어에서 영어에 들어온 차용어휘는 영어의 풍요로움에 기여하기는 했으나 고전어에 비해 그 수가 많지 않았다. 참고로 다른 언어에서 영어에 들어온 어휘가 어떤 것들이 있는지 몇 개만 소개해 보기로 한다.(괄호 안은 원언어)

mugwump(아메리카 인디언어), *alchemy*(아라비아어), *jaguar*(브라질어), *typhoon*(중국어), *ski*(스칸디나비아어), *waltz*(독일어), *buoy*(네덜란드어), *geyser*(아이슬랜드어), *puttee*(인도어), *grotto*(이탈리아어), *coyote*(멕시코어), *jubilee*(팔레스타인어), *copra*(포르투갈어), *mammoth*(러시아어), *stevedore*(스페인어), *caviar*(터키어), *canoe*(서인도어)

17세기 아메리카 신대륙이 발견되고 식민지가 건설되면서 영어는 다시금 새로운 시대를 맞이하게 된다. 혁명과 전쟁, 서부로의 개척, 과학의 급속한 발전과 정보통신기술의 발달 등, 이 모든 것들은 영어에 전례없는 풍요롭고 새로운 어휘를 제공해준 용광로melting pot가 되었다. 따라서 우리가 미국영어American language라고 부르는 또 하나의 새로운 영어는 영국영어와는 전혀 다른 어휘자원의 보고寶庫로 영국영어와 쌍벽을 이루며 오늘날 전 세계에서 널리 사용되고 있다.

영어에 들어온 다양한 차용어 중에서 고전어인 라틴어와 그리스어 및 프랑스어가 주요 어휘자원을 이루고 있는 것은 영어의 오랜 역사에서 이미 알려진 사실이나, 실제로 현대영어에 어떻게 쓰이고 있는지, 다음에 예로 소개한 문장에 나오는 이탤릭체로 된 일부 어휘들을 주목하면서 그 유래를 살펴보기로 한다.

> We are *accustomed* to *think* of our *miscellaneous* and *polyglot speech* as the "English" language, yet it is *doubtful* whether more than one word in fifty in our *vocabulary actually originated* in that little patch of island we call *England*.
>
> 우리는 '갖가지 잡다한' 것과 '여러 언어에서 온' 말을 "영어"라고 '생각하는' 것에 '익숙해져' 있다. 그러나 우리가 사용하는 어휘의 50개 중 한 개 이상이 실제로는 우리가 '영국'이라고 부르는 작은 섬나라에서 유래한 것인지는 의심하지 않을 수 없다.

위 문장에 나오는 '갖가지 잡다한'이란 뜻의 miscelleneous는 라틴어 miscellāneus에서 유래하며 고대 프랑스어를 거쳐 영어에 들어와서 쓰이게 된 말로 '뒤섞다'란 의미를 지닌다. 그런가 하면, '생각하다'란 의미의 *think*는 고대영어 *thencan*에서 온 것으로, 고대 라틴어에서 '알다know'란 의미를 지닌 *tongēre*와도 연관되어 있다.

한편, polyglot은 '많은many'이란 뜻의 poly와 '언어, 말tongue'이란 뜻의 glotta가 합쳐진 그리스어 polygottos가 영어에 들어와 쓰이게 된 말이다. speech란 어휘는 고대영어 spœc에서 유래하며 '말하는 행위와 태도'를 지칭하는 의미로 쓰였다. language란 어휘가 영어에 들어온 것은 고대 프랑스어 langage 'tongue, language'를 경유한 것이나, 궁극적으로는 '말, 언어'를 뜻하는 라틴어 lingua에 기원을 두고 있다. 이 말에서 유래하여 linguist '언어학자'란 어휘가 생겨났다.

위 문장에 등장하는 doubtful, vocabulary, actually, originated는 모두 라틴어에서 파생되어 생겨난 것들이다. 고유명사인 England는 두 개의 부분 즉, engla

및 land ('앵글족의 나라land of the Angles' 란 뜻)라는 고대영어 어휘가 합쳐져서 이루어진 말이다.

지금까지 살펴본 것처럼 위 문장에서 11개의 어휘 중 고대영어에서 온 어휘는 단지 2개에 불과하며 나머지 어휘(9개)는 모두 고전어 또는 프랑스어에서 영어에 들어와 쓰인 차용어(외래어)임을 알 수 있다.

그러면 영어에 들어온 다양한 차용어의 유래를 좀 더 살펴보기로 한다.

알카트라즈 감옥

샌프랜시스코에서 1.5마일 떨어진 샌프랜시스코 만에 있는 작은 섬 알카트라즈Alcatraz는 음침한 감옥의 명칭이다. 명칭 자체는 중요치 않으나, 이 단어의 역사를 보면 영어가 어떤 기묘한 사건에 의해 만들어졌는가를 보여준다. 아랍어로 *al-quadus*는 '물 양동이water bucket' 란 뜻이었다. 이 말에서 감옥prison과 새bird의 명칭이 어떻게 영어에 들어왔는지 불가사의한 일이다. al-quadus는 폴투갈어에 들어와서 alcatraz라는 철자로 변하였다. 여기에는 폴투갈 선원들 사이에 떠도는 다음과 같은 신비스러운 이야기가 전해진다. 이 선원들은 알바트로스albatross와 펠리칸pelican을 혼동하였는데, 펠리칸은 그림에서 보는 것처럼 작은 물주머니를 달고 있었다. 그리하여 선원들은 펠리칸에게 algatross라는 별명을 붙여 주었다. 그러자 고전의식을 지닌 영국 선원들은 이 새가 흰색을 지녔으므로 '하얀white' 을 의미하는 라틴어 alba로 고쳐 albatross라고 하는 것이 낫겠다고 결정하였다. 그리하여 원래 "물양동이"를 뜻

알바트로스

펠리칸

〈늙은 선원의 노래〉 표지

서머셋에 있는 늙은 선원 동상

하는 아랍어에서 유래한 이 어휘는 놀랍게도 오늘에 이르러 감옥을 지칭하는 고유 명칭인 Alcatraz 및 늙은 선원Ancient Mariner의 알바트로스albatross라는 두 개의 전혀 다른 어휘로 쓰이게 되었다. '선원의 노래The Rime of the Ancient Mariner'는 영국 낭만주의 시기의 시인 코울리지Samuel T. Coleridge가 쓴 1798년 서정시집Lyrical Ballads 초판으로 출판한 장시長詩임.)

카누canoe라는 말은 언뜻 아메리카 인디언들을 연상케 한다. 아메리카대륙을 발견한 것으로 전해지는 크리스토퍼 콜럼버스Christopher Columbus가 자신이 실제로 찾고자 한 동양의 해안을 발견했더라면 다른 유형의 동일한 배를 보았을 것이다. 카누는 중국, 폴리네시아, 아프리카 그리고 다른 지역에서도 이미 쓰이고 있었기 때문이다.

통나무 배

이 말은 원래 속이 비어있는 통나무로 만든 통나무 배dugout를 가리키는 말이었다. 콜럼버스의 선원들은 하이티어인 kanoa에서 빌어다가 스페인으로 가져간 다음 canoa로 바꿔 사용했으며 바다를 두 번씩이나 건너간 후에 오늘날과 같은 canoe라는 철자가 생겨나게 되었다. 이 단어는 매우 초기에 쓰여진 미국문학에 나타나는데, 1608년 버지니아로 들어온 미국 탐험대가 "카누를 타고 따라오라는to follow in canowes" 말을 남기고 존 스미스 선장을 한 때 남겨둔 적이 있었다고 전해진다. 스미스 선장은 후에 인디언들에게 납치되었으나, 인디언 추장인 포해튼Powhatan의 딸인 포카혼타스의 개입으로 생명을 건졌다.

1995년 월트 디즈니사에서 만든 〈포카혼타스*Pocahontas*〉는 이들의 사랑 이야기를 모티프로 하여 제작된 장편 애니메이션 영화이다.

포카혼타스가 스미스 선장을 구하는 장면(1870년)

우리가 어떤 문제에 대해 핵심을 얘기할 때 쓰는 말이 crux라는 어휘이다. 또한 결정을 해야 하는 장소와 시간을 일컫는 말이기도 하다. 이 말의 의미는 영국의 유명한 과학자이며 수필가였던 프랜시스 베이컨Francis Bacon이 사용한 "결정적인 경우instantia *crucis*"라는 표현에서 온 것으로, 그는 이 표현을 도로의 갈라진 곳 또는 길 안내서 finger-post라는 의미의 crux에서 은유(메타포)적으로 사용한데서 비롯되었다. [은유의 예: 인생은 여행이다.Life is a journey.] 가장 중요한 점은 어느 쪽으로 가야할지를 결정해만 하는 바로 그 지점을 지칭한다. crux는 원래 십자cross를 지칭하는 라틴어에서 온 말이나, 오늘날에는 교차로 또는 십자도로를 나타내는 현대적인 의미로도 쓰이고 있다.

denizens이라고 하면 어떤 일정한 지역에 가정을 이루고 사는 거주민inhabitants을 일컫는 말이다. 가령, "미국에 거주하는 주민"을 일컬을 때 denizens of the United States와 같은 표현을 쓴다. 이와는 달리, 가령 미국이 아닌 다른 지역에 거주는 주민을 우리는 외국인foreigners이라고 부른다.

denizen이란 말은 고대 프랑스어인 denzein에서 유래하는데, 일정한 곳, 가령 '도시 안에 사는 사람'을 의미한다. 이 말은 '안으로부터from within'란 뜻의 라틴어 de intus에서 유래한다. foreign은 고대 프랑스어 forain에서 차용한 것으로, '바깥, 외부'를 의미하는 라틴어 foras에서 기원하여 후기 라틴어 foranus를 거쳐 영어에 들어왔다. 그리하여 외국인foreigner은 지방이나 도시 또는 특정 지역의 '밖outside'에 거주하는 사람을 지칭한다. 시간이 지남에 따라 foreign이란 말은 그 의미가 확장되어 무언가 그 주제와 관계없다든가 또는 맞지 않는(foreign to the subject)고 할 때 우리는 어떤 것이 논의 중인 그 주제의 '밖outside'에 있다는 것을 지칭하는 뜻으로 이해한다.

아르키메데스 동상(Berlin)

2천여 년 전 고대 그리스인들의 도시였던 시러큐스Syracuse의 왕 히에로Hiero는 그리스의 수학자였던 아르키메데스Archimedes(Ἀρχιμήδης, B.C. 287~B.C. 212)에게 황금으로 된 왕관에 은이 얼마나 들어 있는지 알아볼 것을 요청하게 된다. 아르키메데스는 이 문제를 해결할 방법을 고심하게 되는데, 어느날 목욕탕에 발을 들여놓는 순간 하나의 방법이 그의 머리를 스쳐 지나갔다. 그가 기쁜 나머지 외친 말이 유레카*Eureka*였는데, 이 말은 "방법을 찾았다.I have found it."란 뜻이었다. 그가 목욕탕 안에 들어갔을 때, 탕 안의 물이 자신의 몸무게만큼 올라왔음을 알게 되었다.

그리하여 그는 탕 안의 배수량은 탕 속에 잠긴 자신의 몸무게와 똑같다는 사실을 문득 깨달았다. 여기서 그는 왕관을 물 속에 넣은 다음, 금과 은의 무게를 똑같이 하여 물속에 넣고 각각 무게를 재서 넘치는 물의 차이를 관찰하여야겠다는 생각이 문득 떠올랐다.

그 결과, 아르키메데스는 왕의 금관에 은이 섞여 있음을 알아내게 된 것이다. 전하는 바에 의하면, 아르키메데스는 방법을 찾아 너무 기쁜 나머지 탕 밖으로 나와 벌거벗은 채 거리로 뛰쳐 나왔다는 얘기가 전해진다.

셰익스피어의 비극 중의 하나인 〈안토니와 클레오파트라Antony and Cleopatra〉(3막 13장)에는 알렉산드리아를 포위한 시저의 군대에 대항하기 위해 전쟁터로 떠나기 전날 밤, 클레오파트라와 나눈 대화가 다음과 같이 이어진다. "자, 한번 더 찬란한 밤을 가집시다. 우울한 휘하 부대장들을 불러들이오. 다시 한번 술잔을 채우고, 심야의 종을 조롱해 줍시다.Come, let's have one other gaudy night. Call to me all my sad Captaines, fill our Bowles once more; let's mock the midnight Bell." 이 대화에 나오는 gaudy는 그 의미가 오늘날 쓰이는 것과는 멀리 떨어져 있다. 이 어휘가 로마 가톨릭에서 기도를 하는데 쓰이는 수십 개의 묵주(구슬) 중에서 가장 큰 구슬 중의 하나인 로사리오 묵주rosary bead를 지칭하는 명사로 맨 처음 쓰인 것은 14세기 중엽이었다. 그 후 이 말은 겉만 번지르르한 싸구려 물건이나 장난감을 뜻하는 말로 쓰였고, 이보다 더 후기로 오면 옥스퍼드나 캠브리지대학에서 해마다 열리는 기념축제나 향연feast이라는 의미로 쓰였다. 이 어휘는 '화려한, 천한, 야한' 이란 형용사로도 쓰인다.

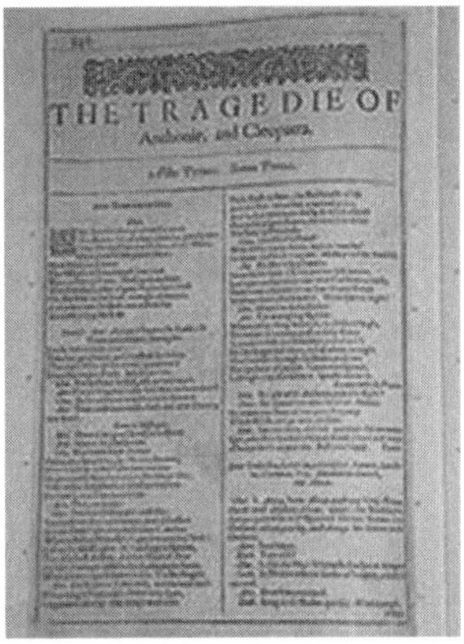

안토니오와 클레오파트라
복사본(첫 장)

고대 로마시기까지 역사를 거슬러 올라가면 spoil이란 말의 어원을 추적하게 된다. 라틴어인 spolium은 껍질이 벗겨져 나간 동물의 외피나 가죽을 의미하는 말이었다. 여기서 정복당한 적으로부터 빼앗은 병기와 갑옷을 뜻하게 되고 그 후에는 적에게 약탈한 물건이 어느 것이든 약탈한 전리품spoils을 의미할 때 쓰였다. 그리고 마침내 영어에서는 spoil이 동사로 쓰여 의미가 수정되기에 이르렀고 오늘날에는 '해를 끼치다. 상처를 주다, 손상하다' 란 여러 의미로 쓰이고 있다.

우리가 전쟁 직후의 시기를 말할 때 흔히 쓰는 aftermath란 말이 있다. 이 말은 물론 '끔찍한 결과' 란 의미다. 그런데 초기 영어시기에 쓰인 이 말의 의미는 '두 번째 베는 목초木草, a second mowing' 이었다. 가령, 여러분이 자신에 대해 칭찬을 아끼지 않는다면 이것은 마치 다른 사람에게 (하늘에서 쏟아지는) 비rain처럼 자신에게 칭찬을 퍼붓는 셈이 되는 것이다. 고대 프랑스어인 lavache는 '큰 비a deluge of rain' 을 의미하는 말로 '씻다wash' 를 뜻하는 라틴어 lavare에서 좀 애매모호하게 시작되어 영어에는 lave '씻다' 및 lavatory '변소, 화장실' 이란 어휘를 가져다 주었다.

예의바른polite 신사는 어떤 사람일까? '세련되고smooth' 교양있는polished 사람을 가리키는 것일까? 라틴어 politus는 이 두 가지 의미를 모두 포함하고 있다. 사람이든 말馬이든 다루기 어려울 때 쓰는 말이 recalcitrant이다. 라틴어 *re-* 'back'과 *calcitro* 'kick with the heel' 이란 말에서 유래한다. 즉, 말의 경우 훈련을 거부하고 뒷다리로 차버린다는 뜻이다. 고집불통인 사람의 경우도 이와 마찬가지가 아닐까.

매일 쏟아져 나오는 신문 기사를 모두 읽는다는 것은 현대인에게는 매우 힘든 일이다. 바쁜 일상생활 속에서 중요한 신문 기사만 골라 대충 읽어보기에도 벅찬 것이 현실이니까. cursory란 말은 이런 경우에 적당한 말이다. 문자 그대로의 의미는 '물 흐르듯running 빠르게 (기사)를 훑어내려간다'는 뜻이다. 원래 이 말은 '주자走者, runner'를 뜻하는 라틴어 cursor에서 유래한다.

인도人道에 있는 카페 한군데에서 점심을 먹어본 경험이 있을 것이다. 야외에서*al fresco* 먹는 셈이 되는데, 이 표현은 이탈리아어에서 온 것으로 영어로는 in the open air가 된다. 집 밖에서out of doors 먹는 것이 되는 것이다.

《캔터베리이야기》를 쓴 중세 영국의 작가로 영시의 아버지로도 불리우는 제프리 초서는 상스러운 말foul language을 의미하는 표현으로 ordure란 어휘를 사용하였다. 이 말은 라틴어 horridus에서 유래하여 프랑스어 ord '상스러운 더러운'를 거쳐 영어에 들어왔다. 오늘날 ordure는 '분뇨, 배설물*dung*'이란 의미로 쓰이나 흔히 offal '찌꺼기'와 혼동되어 쓰이기도 한다. offal은 off와 fall이 합쳐진 것으로 '떨어지다falls off'란 뜻이다. 이 말이 처음에는 푸줏간에서 도살되어 '떨어져fell off' 내다 버리는 식용 동물의 사체의 일부를 언급하는 의미로 쓰였다. 오늘날에 와서는 쓰레기refuse나 잡동사니rubbish가 되는 것은 거의 모든 것을 지

엘스미어 필사본(초서)

1인용 의자

쿠페(1936)

리무진(1915)

칭하는 의미로 쓰이고 있다.

우리가 도시에서 흔히 볼 수 있는 리무진 버스를 기억할 것이다. limousine이란 말은 한 때 프랑스의 어느 옛 지방의 명칭인 리무쟁Le Limousin을 따서 생겨난 말이다. 세단sedan이란 말은 17~18세기에 두 사람이 나르던 일인용 의자sedan chair에서 그 명칭을 따와서 생겨났다. 그러나 쿠페coupé 라고 하는 (2인승 지붕이 있는) 마차(또는 2도어식 자동차)는 '자르다cut' 라는 프랑스어 *couper*에서 온 별칭이다. sedan이나 limousine에 비해 쿠페는 길이가 짧기 때문이다.

3 영국의 왕과 여왕 이야기

영어의 역사는 이래저래 영국의 역사와 인연이 깊다. 영국의 역사는 영국의 왕과 여왕의 이야기를 통해 그 진면목을 이해할 수 있다. 영국의 왕과 여왕은 어떤 인물들이었으며 어떤 생활을 하였을까? 영어의 역사는 곧 영국의 역사다. 영국의 역사에는 영어의 흥망성쇠와 왕과 왕비 그리고 여왕으로 대표되는 영국 왕실의 부침(浮沈)이 아로 새겨져 있다. 이처럼 1500여 년간 그 맥을 이어온 영국의 왕과 여왕에 얽힌 역사와 이들의 사생활을 들여다보는 일은 영어를 이해하는 데에도 도움이 될 것이다.

01

A Story of British Monarchy

'대왕' 이란 칭호를 받은 색슨 왕, 앨프레드

• • 영국의 모든 왕 가운데 '대왕the Great' 이란 칭호를 가진 유일한 왕으로서 영국을 외침外侵으로부터 지켜내고 오늘의 영국이 있게 한 왕은 앵글로색슨족의 왕으로서 당시 서색슨 왕국의 왕이었던 앨프레드 왕King Alfred(871~899)이다.

앨프레드는 버크셔 주의 원티지Wantage라는 마을에서 태어나서 어릴 때 두 번씩이나 로마를 여행한 적이 있을 뿐만 아니라, 교황 레오 4세Pope Leo IV의 영예로운 손님으로 초대를 받은 적도 있었다. 이 시기에 앨프레드는 전임자들에 비해 유럽 문화에 대해 더 넓은 시야를 갖추게 된다. 그는 가족 중 가장 나이가 어렸는데, 형제들 중 위로 세 명은 그보다 앞서 색슨 족의 왕이었다. 앨프레드는 그의 형 에셀레드 왕Ethelred을 도와 덴마크 인들과의 여덟 번에 걸친 전투에 참가하기도 하였다. 앨프레드는 에셀레드 왕이 머튼 전투Battle of Merton에서 상처를 입고 죽어가는 모습을 바라보는 아픔을 겪기도 하였다. 그 후 앨프레드는 에셀레드의 뒤를 이어 왕위에 올랐다.

앨프레드왕

앨프레드가 왕위에 올랐을 당시의 영국은 각기 다른 여러 왕국으로 나뉘어 있던 때여서 각 왕국의 왕들이 서로 간에 세력 다툼을 하느라고 싸우고 있었으며 외국에서 쳐들어온 침략자들과도 전투를 벌이고 있을 때였다. 특히, 훗날 바이킹족으로 불리게 된 덴마크 인들은 영국 서부로 깊숙이 이동하여 웨섹스 인들을 몰아내었다. 이들은 878년 습격을 감행하여 더 많은 영토를 차지하였다. 앨프레드는 이 전투에서 패배하여 서머셋의 습지와 삼림으로 우거진 애슬니Athelney 섬으로 피신한 채 때를 기다렸다. 이것이 '앨프레드와 과자Alfred and the cakes'라는 에피소드로 전해 내려오는 이야기다. 즉, 앨프레드가 나그네로 위장하고 양돈을 치는 농가에 잠시 은거해 있었는데, 부인의 부탁을 잊은 채 전투 생각에 몰두하다가 과자를 태우는 바람에 부인의 호된 꾸중을 듣게 되었다는 것이다. 물론 농가의 부인은 앨프레드가 누구였는지 전혀 눈치 채지 못했다. 아이러니컬하게도, 과자 이야기는 꾸며낸 이야기임에도 후세에 내려오면서 앨프레드의 치적보다도 더 널리 알려졌다.

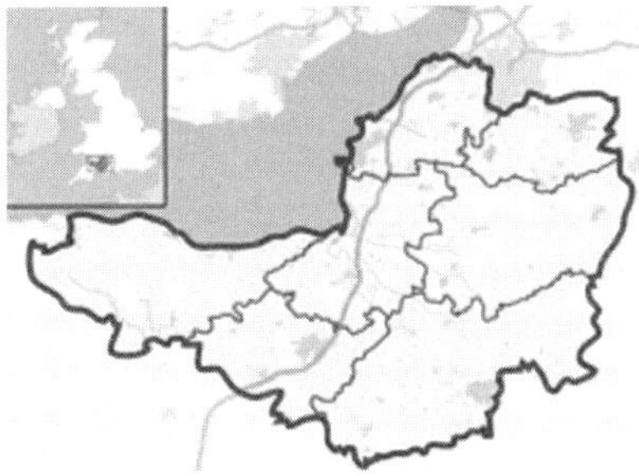
서머셋 구역에 있는 애슬니

앨프레드 왕은 군대를 다시 집결시켜 영국 역사상 가장 중요한 전투의 하나인 에딩튼 전투Battle of Edington에서 큰 승리를 거두어 당시 강력한 힘으로 쳐들어온 덴마크 군대를 무찌르고 영국을 위기에서 구해 내었다.

윈체스터 성당

그 후 앨프레드는 웨섹스 왕국의 방위군을 다시 편성하고 군복무를 위한 윤번제rota-system를 도입하여 평화시에는 남자들이 농업이나 다른 일에 종사하다가도 일단 유사시에는 항상 상비군으로 동원될 수 있도록 하였다. 그는 웨섹스 왕국 도처에 요새를 복구하고 새로운 요새를 세워 마을을 조성하였다. 이들 마을이 보로borough라고 하는 것으로서 '요새'를 의미하는 색슨어 브르흐burh에서 온 말이다. 당시 보로 중 규모가 가장 큰 것은 웨섹스 왕국의 수도였던 윈체스터Winchester이었다.

앨프레드 왕은 덴마크인들이 다시 쳐들어 올 것을 예견하고 빠른 속력을 지닌 커다란 배를 많이 건조하였으며, 여러 해전에서 성공적인 임무를 완수하기도 하였다. 오늘날 영국인들은 그를 '영국 해군의 아버지'로 부르고 있다.

앨프레드 왕은 영국의 법을 수정하고 새로운 법을 많이 만들었으며, 외국의 학자들을 궁정으로 초청하여 영국의 학문과 예술을 장려하였다. 그는 라틴어를 독학하고 보에시우스, 비드, 그레고리 교황, 오로시우스, 성 어거스틴의 책을 고대영어로 번역하였다. 그 중에는 도덕성이 부족한 성직자의 교본으로 쓴 그레고리 교황의 《사목지침서》, 로마의 철학자 보에시우스가 쓴 기원 5세기의 고전인 《철학의 위안》, 그리고 성 어거스틴의 《대화록》 등이 있었다.

옥스퍼드셔의 원티지에 있는 앨프레드 동상

그러나 무엇보다도 앨프레드가 고대영어로 쓴 산문의 발달에 크게 공헌한 것은 영국의 역사를 상세하게 기술한 〈앵글로색슨연대기*Anglo-Saxon Chronicle*〉를 당시 토착 영어인 고대영어로 집필하도록 한 데 있었다. 연대기 집필자들은 정확하면서도 유려한 문체로 앨프레드 사후 1154년까지의 역사상 사건들을 250년간에 걸쳐 기록하였다. 앨프레드를 영국 산문의 창시자로, 영국 교육의 아버지로 보는 것은 바로 이런 점을 높이 평가한 것이다.

899년 앨프레드 왕이 윈체스터에서 사망했을 때 그의 나이는 불과 50세였다. 그의 사후 천년이 흐른 뒤, 그의 위대한 통치를 기념하기 위해 웨섹스 왕국의 수도였던 윈체스터에 앨프레드의 거대한 동상이 세워졌다.

02

A Story of British Monarchy

영국의 수호성인이 된 증성왕證聖王 에드워드

• • 영국의 왕실 역사에서 색슨계 왕들은 앨프레드 왕을 제외하고 대부분 사람들의 기억에서 분명치 않거나 그림자와 같은 인물들이다. 그러나 이들 중 마지막 왕인 에드워드(1042~1066)는 영국의 역사에서 매우 중요한 인물이다.

에드워드는 왕실 대관식이 거행되는 웨스트민스터 사원을 세웠을 뿐만 아니라, 현재 영국 정부의 자리가 들어 선 웨스트민스터 궁을 세운 장본인이다. 오늘날 영국 의회 건물은 에드워드가 자신의 런던 거주지로 택한 바로 그 장소에 세워진 '웨스트민스터 궁' 으로 알려진 곳에서 만난다.

에드워드는 다양한 문화를 지닌 채 성장하였다. 그의 부친인 에셀레드 Ethelred(840~871)는 색슨계였으나, 그의 모친 에마Emma는 노르만계로 에셀레드 왕이 죽자 포악한 덴마크계의 카누트 왕King Canute과 재혼하였다. 에마는 약삭빠르게 어린 에드워드를 노르만디의 친척들에게 보내 그곳에서 성장하게 하였다. 그리하여, 에드워드는 색슨계였음에도 불구하고 기본적으로는 노르만계통의 교육을 받으며 자랐다. 훗날 그가 영국의 왕이 되었을 때 노르만계 친구들과 자문을 영국으로 함께 데려올 수 있

에셀레드 왕을 새긴 동전

었던 것은 이런 이유 때문이었다. 노르만계로 영국의 왕이 된 윌리엄은 에드워드의 사촌이며 친구였다. 에드워드는 윌리엄에게 후사後嗣를 약속했는데, 이것이 후에 윌리엄이 영국을 침공하는 빌미가 되었다.

에드워드 왕은 어떤 사람이었을까? 그는 좀 괴짜였던 것 같다. 사람들은 그가 예외적으로 붉은 얼굴에 눈처럼 흰 피부와 은빛을 띤 금색의 머리칼 그리고 턱수염을 하고 있었기 때문에 백색종이라고 불렀다. 그는 사실 왕이라기보다 수도승 생활에 더 알맞은 세상물정에 어두운 성인으로 더 여겨졌다. 사람들이 그에게 붙여준 명칭 곧 '증성왕Confessor' 에서 알 수 있듯이 그는 왕이라기보다는 성직자로 여겨질 만큼 믿음이 두터웠다.

젊은 시절 에드워드는 순결 서약을 하고 웨섹스의 백작인 고드윈Godwin의 딸 이디스Edith와 신방을 차리는 것을 거절한 것으로 알려졌다. 당연히 그는 후계자가 없었다. 그는 수도승이나 성직자들과 얘기하기를 즐겼으며 특히 성스러운 미사에서는 양과 같은 연약함과 평온한 마음으로 자리에 서 있곤 했다. 그러나 그는 한편으로는 사냥에 열광하였으며 사냥개들을 내몰고 다니며 이들이 짖어대는 소리에 즐거워하기도 하였다.

이처럼 에드워드는 정치에는 관심이 없고 런던 근처에 있는 사원이나 궁전에 더 관심이 많았다. 그가 세운 '웨스트민스터' 는 흥미롭게도 '서쪽에 위치한 수도원monastery in the west' 이란 뜻이다. 그는 이 사원이 완성될 때까지 살았으나, 중병에 걸려 1065년 12월 28일에 열린 개원식에 참석치 못하고 불과 며칠 뒤인 이듬해 초(1066년 1월 5일)에 세상을 떠났다. 에드워드 왕은 생전에 지독할 만큼 경건한 신앙심을 지니고 사람들의 병을 치유하는 능력을 지녀 백성들의 지지와 명성을얻었다. 그뿐만 아니라, 그는 '왕의 악령the King's Evil' 으로 불리는 피부병을 앓고 있는 사람들을 만져 치유하는 왕실 관습을 시작했는데, 셰익스피어의 비극 《맥베스*Macbeth*》에도 묘사된 이 관습은 18세기까지 지속되었다. 앤 여왕은 이 관습을 실행한 마지막 군주였다.

그의 사후 거의 백 년이 지난 1163년 에드워드는 성인saint의 반열에 올랐으며, 1269년에 그의 유골은 당시 서방 세계에서 가장 화려하게 장식된 성소인 웨스트민스터 사원에 안치되었다. 사 백년이 넘는 세월동안 에드워드 왕은 영국의 수호성인이 되어 해마다 수 천 명의 순례자들이 그의 성소를 찾아와서 무릎을 꿇고 그의 유골에 가까이 다가가려고 애쓴다. 병든 순례자들은 치유의 능력을 믿고 성소 옆에서 밤을 지새우기도 하였다. 그러나 에드워드 왕에 대한 숭배는 종교개혁 시기에 사원들이 파괴되면서 사라졌다.

증성왕 에드워드의 유골은 오늘날까지도 웨스트민스터 사원의 상단에 높이 위치해 있다. 어떤 의미에서는 이 사원에 안치된 유골들은 영국 역사에서 '만남의 장소a meeting point'를 상징적으로 나타낸다. 즉, 에드워드는 색슨계 왕인 앨프레드 왕의 증손이었을 뿐만 아니라, 덴마크계인 카누트 왕의 의붓아들stepson이며 노르만계의 첫 번째 왕인 윌리엄 정복왕의 종조부great uncle가 되었기 때문이다.

증성왕 에드워드

03

A Story of British Monarchy

색슨계 마지막 왕인 해럴드 2세

• • 증성왕 에드워드가 죽고 장례식을 치른 지 얼마 되지 않아 고드윈 백작의 아들인 해럴드 2세가 에드워드의 뒤를 이어 웨스트민스터 사원에서 스스로 왕위에 올랐다.

사실, 해럴드는 에드워드의 처남인 고드윈 백작(이디스(Edith) 왕비의 부친)의 아들이라는 것을 제외하고는 왕위를 주장할 근거가 전혀 없었으며, 실제로 왕위를 주장할 사람은 따로 있었다. 적어도 3명이나 되었다.

그 중 한사람은 에셀레드 왕의 후손으로 왕족인 에드거Edgar였는데, 그는 당시 어린 아이로 남의 말에 잘 속아 넘어가는 어린애에 불과하였다. 왕위를 주장하는 다른 한 사람은 노르웨이의 왕 하르드라다Hardrada였다. 그런데 그는 영국에서 멀리 떨어져 있는데다가 말썽을 일으킬 소지가 있기는 했으나 해럴드는 그가 왕위를 주장하려면 적어도 한두 달은 걸릴 것으로 생각했다. 마지막으로 영국의 왕위를 주장한 사람은 다름 아닌 후에 잉글랜드의 왕이 된 노르망디의 윌리엄 공작이었다.

해럴드 2세

윌리엄이 잉글랜드의 왕위에 관심을 갖게 된 것은 다소 당황스러운 데가 있다. 덴마크인들이 잉글랜드를 점령한 후 에셀레드 왕이 노르망디로 피신한 적이 있었는데, 그의 아들 에드워드도 함께 그곳에 남아서 생활하였다. 윌리엄과 에드워드는 혈통으로 보아 서로 사촌뻘 되는 사이였다.

에드워드는 후에 윌리엄이 그의 후계자가 될 것을 약속했다고 전해지는데, 이보다 더 잊혀지기 힘든 또 다른 약속으로 널리 전해 내려오는 것은 해럴드 자신이 윌리엄에게 사적, 공적으로 잉글랜드 왕위계승을 약속했다는 것이다. 오래전에 해럴드를 태운 배가 난파되어 노르망디 해안으로 들어간 적이 있었는데, 윌리엄의 궁전에 머무는 동안 해럴드가 윌리엄을 에드워드 왕의 후계자로 지지할 것을 맹서하였다고 한다. 그러나 해럴드는 후에 자신의 맹서가 협박에 의해 이루어진 것이므로 앨프레드의 법에 따라 무효임을 주장하였다는 이야기가 바외 융단Bayeux Tapestry에 묘사된 일화로 남아 전해진다.

바외융단에 묘사된 헤이스팅스전투

해럴드가 왕이 된 해인 1066년에 두 가지 전투가 일어났다. 그 하나는 노섬브리아를 침략한 하랄드 하르드라다(마그누스의 삼촌)가 이끄는 노르웨이 군을 무찌르기 위해 말을 몰아 북쪽으로 진격하여 스템퍼드 다리 근처에서 대전투를 벌이는 일이었고, 다른 하나는 잉글랜드 남동부에 위치한 헤이스팅스 근처에서 벌어진 전투이다. 스템퍼드 전투는 해럴드 군의 승리로 끝났으나, 헤이스팅스 전투에서는 해럴드가 적의 화살에 눈을 맞고 머리에 칼을 맞은 채 쓰러지면서 윌리엄 군에 크게 패하였다. 특히, 헤이스팅스 전투는 영국사에서 전환점을 가져다 준 사건으로 전투의 전모가 바외 융단에 화려한 그림으로 상세하게 묘사되어 있다. 해럴드를 물리친 정복자 윌리엄의 눈에는 해럴드가 한낱 자신의 왕위를 찬탈한 사람에 지나지 않았으며 왕실 묘지에 묻힐 자격이 없었다. 그리하여 해럴드의 무덤은 자신이 쓰러진 곳 근처 해안 절벽 꼭대기의 돌무더기 밑에 놓이는 신세가 되었다.

영어를 한마디도 못한 윌리엄 왕

• • 지금으로부터 약 940여 년 전 영국의 왕이 된 윌리엄은 노르망디Normandy라고 하는 프랑스 북부에 있는 한 지방을 다스리는 통치자에 지나지 않았다. 그는 우연히도 후에 영국의 왕이 된 에드워드 3세의 사촌이었는데, 당시 에드워드는 자신이 죽은 뒤에 윌리엄에게 왕위를 넘겨주겠다고 약속을 한 것으로 알려지고 있다. 그러나 에드워드가 죽자, 영국에서 가장 부유한 귀족이었던 고드윈 백작의 아들인 해럴드Harold가 윌리엄 대신 영국의 왕위를 차지하게 되었다. 바다 건너 프랑스에서 이 소식을 듣게 된 윌리엄은 매우 분노한 나머지 대군을 이끌고 영국으로 쳐들어와서 헤이스팅스Hastings에서 헤럴드 군을 무찌르고 영국을 정복하여 영국의 왕이 되었다. 그리하여 윌리엄을 우리는 정복왕 윌리엄William, the Conqueror이라고 부르게 된 것이다.

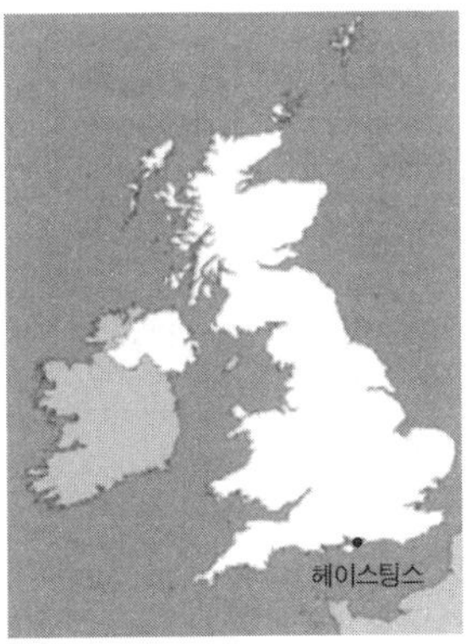

헤이스팅스 위치

윌리엄은 노르망디 공이었던 로버트와 팔레Falaise라는 프랑스의 작은 마을 출신의 무두장이의 딸 아를레트Arlette 사이에서 출생한 서자庶子였다. 로버트는 당시 17세였다. 이들 사이에서 태어난 윌리엄은 아를레트가 길렀는데, 어느 날 로버트가 순례의 길을 떠난 후 영영 돌아오지 않게 되자 윌리엄이 7세의 어린 나이로 노르망디 공이 되었고, 경호원 3명이 모두 살해되었지만 윌리엄은 강인한 체력과 굴하지 않는 성격 덕분에 살아남아 스스로 노르망디를 통치하는 법을 배워 나갔다.

헤이스팅스 타운홀

그 후 윌리엄은 그의 사촌인 플랜더즈의 마틸다Matilda of Flanders와 결혼하여 4남 5녀를 두었다. 1083년 마틸다가 죽었을 때 51세의 윌리엄은 슬픔에 잠긴 나머지 자신이 좋아했던 사냥을 단념하기로 맹세하고 이 약속을 지켰다.

윌리엄은 헤이스팅스에서의 승리를 축하하기 위하여 윌리엄의 이복형제인 바외의 주교 명령으로 화려한 수공예품이 만들어지게 되었는데, 이것이 곧 바외 융단Bayeux Tapestry이다. 길이가 무려 230피트(약 69 미터)가 되는 이 융단은 헤이스팅스 전투와 그 뒤를 이어서 일어난 모든 사건을 낱낱이 기록하고 있는 놀라운 걸작으로 꼽힌다.

윌리엄은 영국 전체의 토지와 건물을 낱낱이 조사하도록 하였는데, 이 조사의 결과가 후에 유명한 〈둠즈데이 북*Domesday Book*〉으로 불리어진 토지대장이다. 여기에는 토지의 소유자와 경작자, 토지의 면적과 가치, 가축과 쟁기의 수는 물론, 심지어 수소 한 마리, 암소 한 마리, 그리고 돼지 한 마리 수까지 조사에 포함시켰다고 한다.

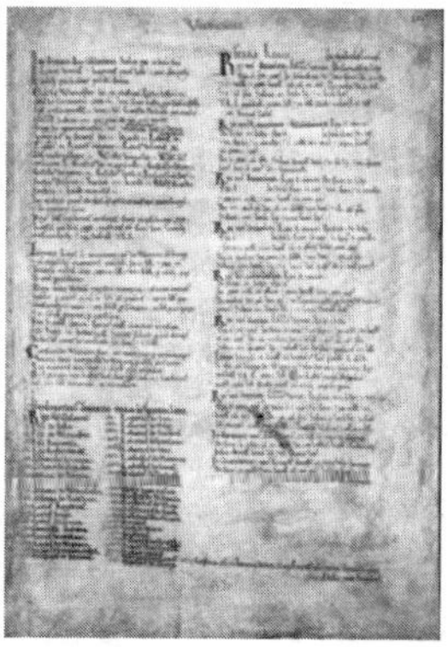
둠즈데이북

노르만 인들은 당대 가장 위대한 건축가들이었다. 윌리엄 또한 잉글랜드 정복 후 영국 전체에 걸쳐 런던탑을 비롯하여 왕실 거처인 윈저 성Windsor Castle 등 많은 성(城, castle)을 지었는데, 그 중 가장 유명한 것이 가장 크고 웅장한 성으로 이름난 런던탑Tower of London이었다. 이 탑은 12개의 탑으로 이루어진 복합 건물로서 이들 탑 중 19개는 중앙에 위치한 핵심 요새인 화이트 타워White Tower 주위로 거대한 원을 그리며 세워졌다. 화이트 타워는 1078년에 세워진 탑으로 높이가 30미터로 11세기에는 런던에서 가장 높은 건물이었다.

화이트 타워

이 탑은 왕의 거처이자 왕명을 거역한 죄를 지은 사람들을 고문하고 교수형에 처한 감옥이기도 하였다. 12세에 왕위에 오른 에드워드 5세와 동생, 앤 불린Anne Boleyn을 포함하여 헨리 8세의 두 부인, 그리고 딸 제인 그레이Jane Grey 등 왕족을 비롯한 많은 귀족들이 이곳에서 처형되었다. 오랜 세월에 걸쳐 많은 왕과 여왕이 이곳에 왕실 보물 저장고와 화폐 주조국을 만들고, 동물원을 세우며, 왕관을 지키기 위한 안전한 장소로 사용하였다. 헨리 8세가 이곳에 동물원을 짓고 표범, 북극 곰, 코끼리, 사자와 같은 동물을 기른 것은 유명한 이야기로 전해 내려온다.

윌리엄 왕은 영어를 한마디도 못하는 왕이었다. 43세의 늦은 나이에 영어를 배우려고 애썼으나 국사國事에 바쁜 나머지 제대로 배우지 못하였다. 실제로 윌리엄뿐만 아니라 앵글로 노르만계 왕들은 영어를 전혀 하지 못하였으며, 그나마 에드워드 3세가 영어로 맹세하는 말을 할 수 있을 뿐이었다.

윌리엄 왕의 말년은 장남인 로버트의 반란으로 얼룩졌다. 윌리엄 왕은 로버트에게는 노르망디를, 작은 아들 루퍼스Rufus에게는 방대한 잉글랜드 영토를 물려주었다. 그러나 설상가상으로 그의 충실한 아내였던 마틸다마저 윌리엄을 등지고 로버트를 지지하고 나섰다. 윌리엄의 저주를 뒤로 하고 멀리 떠난 로버트는 요절하였다. 마틸다는 노르망디로 건너가 칩거하다가 그곳에서 세상을 떠났다.

전쟁과 반란, 가족 간의 불화 그리고 아내의 죽음으로 인해 윌리엄 왕 생애의 마지막 4년은 고독하고 우울했다. 그는 영국의 왕이자 여전히 노르망디의 공으로 그가 차지한 영토는 광대하였다.

바외 주단에 새겨진 윌리엄 1세

그는 무자비하고 성격이 불같은 왕이었으나, 법과 질서에 대한 열정을 지닌 왕이기도 하였다. 어느 날 프랑스 왕 필립Philip과 사소한 일로 다투게 되었는데, 그것은 윌리엄이 뚱뚱해졌다는 것과, 그의 병사들이 노르만 인들의 땅을 끊임없이 약탈하고 있다는 얘기였다. 불같이 화가 난 윌리엄은 즉시 파리에 진군하여 센 강 옆에 위치한 몽뜨Mantes라는 작은 마을을 황폐화시키고 마을 전체를 화염에 휩싸이게 하였다. 의기양양한 그의 병사들은 약탈과 방화에 정신이 없었다. 승리에 취한 윌리엄이 말을 타고 잿더미를 지나 달릴 때 말이 불에 타고 있는 재를 밟더니 앞발을 들어 올리다가 땅바닥으로 쓰러지고 말았다. 60세의 윌리엄은 말안장의 쇠뿔 위로 넘어지면서 회복할 수 없는 상처를 입었다. 고통 속에서 신음하던 그는 6주 후 그의 고향 노르망디에서 숨을 거두었다.

05

A Story of British Monarchy

붉은 머리칼과 얼굴색을 지닌 윌리엄 2세

• • 윌리엄 왕은 4명의 아들을 두었는데, 장남인 로버트Robert에게는 노르망디 공국을 넘겨주었다. 차남 리처드Richard는 사냥을 나갔다가 죽음을 맞이했다. 윌리엄 왕의 뒤를 이어 영국의 왕이 된 윌리엄 2세는 윌리엄 왕의 세 번째 아들로 불타오르는 붉은 머리칼과 붉은 얼굴색으로 인해 루퍼스Rufus란 별명을 얻었다. 그리고 막내 아들인 헨리(후에 헨리 1세가 됨)는 부친으로부터 은화 5000파운드 정도를 상속받았을 뿐이었다.

윌리엄 2세가 영국을 통치하던 시기(1087~1100)는 귀족들의 반란과 사소한 전투, 사기, 약속의 파기, 야만스러운 폭력으로 얼룩졌다. 게다가, 팔 다리와 같은 신체의 일부를 잘라내는 일들이 소름이 끼칠 정도로 흔하게 일어났다. 한번은 어떤 귀족이 배신으로 기소되자 루퍼스는 그의 두 눈을 떼어내게 하고 고환을 잘라 버렸다. 그리하여 루퍼스가 통치하던 기간이나 그 이후를 막론하고 그에 대해 좋게 말하는 사람은 아무도 없을 정도였다.

안젤름 대주교

윌리엄 2세는 기독교를 비웃었다. 교회의 자리가 비었을 때 그는 그 자리를 채우기를 거절하고 스스로 자금을 압수해 버렸다. 후에 캔터베리 대주교가 된 안젤름

Anselm. 신앙심이 깊었던 그도 루퍼스의 동성애 생활방식을 맹렬하게 비난하는 설교를 하였는데, 루퍼스는 공개적으로 모욕을 당하게 되면서 대주교의 생활은 매우 힘들게 되었고 마침내 가난하고 나이가 든 대주교 안젤름은 잉글랜드를 떠나 로마에서 생활하게 되었다. 루퍼스는 그가 떠난 즉시 그의 재산을 몰수하였다.

루퍼스의 죽음

루퍼스가 이룩한 업적이 있다면, 웨스트민스터 홀이다. 그는 이 역사적인 건물을 건축하는데 직접 책임이 있었기 때문이다. 길이가 거의 240피트나 되고 너비가 68피트인 이 거대한 홀은 루퍼스의 통치 기간인 1097~1099년에 세워졌으며 왕실의 화려한 장면을 수없이 보여 주었다. 이곳에 (매장 전에 고별을 위해) 안치된 마지막 왕은 엘리자베스 2세의 부친인 조지 6세 George VI였으며 윈스턴 처칠도 1965년에 사망했을 때 이곳에 안치된 적이 있었다. 루퍼스는 웨스트민스터 홀은 침실 정도에 지나지 않다고 여기고 그 옆에 또 하나의 궁전을 세울 계획이었다. 그러나 그는 새 궁전을 짓기도 전에 사냥을 나갔다가 죽음을 맞이하였다.

왕실 소유의 사냥터인 뉴 포리스트New Forest에서 화살에 맞아 최후를 맞이한 윌리엄 루퍼스의 죽음이 사고에 의한 것이었는지, 혹은 의도적인 살인이었는지는 아직도 풀리지 않은 채 수수께끼로 남아있다.

퍼키스Purkiss라는 이름을 가진 어느 숯 굽는 남자가 루퍼스의 시체를 나뭇잎이 덮인 숲속의 빈터에서 찾아냈으며 루퍼스를 수행한 사냥 동료들은 모두 도망쳤다.(루퍼스의 죽음에 관련된 사람으로 가장 의심을 받던 월터 티릴 경(Sir Walter Tyrell)은 그 후 잉글랜드로 돌아오지 않고 성지에서 세상을 떠났다.) 퍼키스는 아직 화살이 꽂혀있는 왕의 시신을 거두어 마차에 싣고 윈체스터로 향하였다. 그곳에 있는 대성당의 수도승들은 왕의 시신을 보고 몹시 두려워하였다. 이들은 교회의 의식을 거치지 않고 재빨리 대성당의 탑 한 군데 밑에 묻어 버렸다. 몇 년 후 그 탑이 무너져 내렸을 때 사람들은 루퍼스와 같은 사악한 왕이 그곳에 묻혔어야만 했다는 것에 대해 불쾌감을 나타내면서 탑의 붕괴는 하나님의 뜻임을 확신하였다.

윌리엄 2세

숯 굽는 일을 하던 퍼키스는 이 일로 인해 뉴 포리스트에 1~2 에이커의 토지를 하사받았으며 그의 후손들은 19세기까지 그것에서 생활하였다. 18세기에도 뉴 포리스트에는 주목(朱木, yew)으로 만든 바퀴가 달린 예전의 마차를 이용하여 생활하는 퍼키스와 같은 이들이 그 옛날 죽은 루퍼스를 우연히 발견한 숯 굽는 퍼키스의 후손임을 주장하면서 여전히 생활하고 있는 것으로 전해진다. 루퍼스가 발견된 그 곳에는 오늘날 루퍼스 석Rufus Stone이라는 기념물을 세워놓아 이곳을 지나는 사람들의 눈에 쉽게 띠게 되어 있다. 그러나 루퍼스를 애도하는 사람은 아무도 없다.

06

A Story of British Monarchy

'뛰어난 학자' 라는 별명을 얻은 헨리 1세

• • 헨리 1세는 윌리엄 정복 왕의 아들 중에서 가장 젊고 가장 영리한 왕이었다. 그는 다른 형제들에 비해 교육을 잘 받은 덕분에 '뛰어난 학자Beauclerc' 라는 별명을 얻었다. 한편으로, 그는 법과 질서를 준수하여 '정의의 사자Lion of Justice' 라고 불리기도 하였다. 그는 35년간 잉글랜드를 다스렸으나, 사실 헨리는 왕이 될 권리가 없었다. 루퍼스가 왕실 소유 사냥터(뉴 포리스트)에서 죽자, 왕위는 당연히 장남인 로버트Robert Curthose에게 돌아갔어야 했고 헨리 자신도 이 사실을 너무나 잘 알고 있었을 것이다. Curthose란 별명이 붙은 것은 그가 굵고 작은 다리를 지니고 있었기 때문이다.

그러나 헨리는 대단한 기회주의자였다. 루퍼스가 사냥터에서 죽음을 당하던 날, 헨리 또한 그 곳에 있었는데, 루퍼스의 사망 소식을 듣자 시간을 지체하지 않고 말을 몰아 윈체스터에 있는 왕궁으로 가서 옥쇄를 요구하였다. 로버트의 친구들은 헨리의 행동을 말리려고 했으나 허사였다. 헨리는 60마일을 달려 런던으로 가서 3일 후 스스로 왕위에 올랐다. 그의 나이 31세로 미혼이었다.

이 시기에 노르망디 공작인 로버트는 십자군 원정차 예루살렘 순례의 길에 올라 있었다. 그는 4년간 잉글랜드를 떠나 있었으며 그동안 성공적인 순례자가 되어 있었다. 기독교계의 지도자들은 로버트에게 예루살렘의 왕King of Jerusalem

이 되라고 제의하였으나 로버트는 이 제의를 거절하고 동생 헨리가 스스로 잉글랜드의 왕이 되려고 할 때 고향인 노르망디 공국으로 돌아가려고 결심하였다.

헨리는 형인 로버트와의 한 판 대결이 불가피하다는 것을 알고 있었다. 그래서 로버트가 돌아오기 전에 왕권을 확고하게 해 두기 위한 모든 조치를 다하였다. 그는 3개월도 되지 않아 앨프레드 왕의 가계인 스코틀랜드의 마틸다 공주Princess of Matilda of Scotland와 결혼하였다. 이것은 매우 영리한 정략결혼이었다. 스코틀랜드 인과 색슨계 영국인들을 모두 기쁘게 해 주었기 때문이다. 헨리는 정복자의 법을 재확립하고 루퍼스가 만든 평판이 좋지 않은 법을 폐지하는 한편, 탐탁지 않은 귀족들을 제거하였다. 그는 또한 루퍼스 곧 윌리엄 2세가 추방한 안젤름Anselm을 프랑스에서 불러들여 캔터베리 대주교로 재임명하였다.

헨리는 십자군 원정에서 돌아 온 로버트와 잠시 화해하는 듯 했으나, 몇 년 뒤 노르망디로 쳐들어갔으며 아브랑쉬에서 40마일 떨어진 탱슈브레Tinchebray 전투에서 로버트에게 승리를 거두며 노르망디를 다시 손에 넣고 그의 부친이 그랬듯이 잉글랜드의 왕과 노르망디 공작이 되어 잉글랜드와 노르망디를 통합하였다.

헨리의 말년은 그의 두 아들 윌리엄과 리처드가 노르망디 해안에서 조금 떨어진 곳에서 익사하면서 실망과 비탄으로 이어졌다. 이 두 왕자가 탄 배The White Ship가 침몰하면서 300명의 승객 중 남자 한 명만이 살아남아 비통한 소식을 전해주었기 때문이다. 그는 루앙Rouen에서 온 푸줏간 주인이었다. 헨리는 후계자를 얻기 위해 루뱅의 아델라Adela of Louvain와 결혼하였는데, 헨리의 나이 53세, 그녀의 나이 18세였다. 이들 사이에 세자는 없었다. 결국 헨리는 아들을 얻으

헨리 1세

레딩 수도원 내부

려는 것을 포기하고 그의 사후 왕위를 그의 딸인 또 다른 마틸다에게 넘겨 주려는 계획을 세웠다. 헨리는 15년을 더 살았으며, 죽은 뒤 그가 생전에 세운 레딩 수도원Reading Abbey에 묻혔다.

07

A Story of British Monarchy

최초의 책벌레였던 헨리 2세

• • 헨리 2세는 항상 그의 손에서 책이나 활ㅋ을 놓지 않았다. 그는 책 읽기를 좋아해서 잠자리에 들기 전에 책을 읽은 최초의 영국 군주였다. 영어를 한마디도 읽을 수 없었으며 심지어 자신의 이름으로 서명조차 할 수 없었던 윌리엄 왕에 비하면 그동안 얼마나 커다란 변화가 일어났는가!

헨리 2세는 비록 영국의 왕이기는 했으나, 부모로부터는 프랑스 북부에 있는 안주Anjou의 비옥한 땅을, 그리고 그의 프랑스 아내인 아뀌텐느의 엘리노어 Eleanor of Aquitaine로부터는 프랑스 남부에 있는 아뀌텐느Auitaine의 땅을 물려받아 21세에 영국 왕위에 올랐을 때 유럽에서 가장 큰 제국을 소유한 왕이 되었다.

안주의 위치

헨리 2세는 34년간 영국을 통치하는 동안 영국에서 보낸 기간은 고작 13년에 불과하였다. 그의 아내 엘리노어는 유럽의 어느 다른 여성보다도 더 많은 땅을 지니고 부유하면서도 강력한 힘을 과시하여 사업도 하면서 헨리가 출장 중에는 그를 대신하여 영국을 다스리기도 하였다. 엘리노어 시기에 여왕은 자녀를 갖는 것이 중요한 일 중의 하나이기도 하였다.

헨리 왕은 법제도를 강화하고 세금을 부과하는 한편, 그를 인정하지 않는 귀족들의 성城을 빼앗아 그 수를 줄여 나갔다. 교회도 자신의 법을 따르도록 하였는데, 캔터베리 대주교인 토마스 베케트Thomas Becket는 교회가 헨리가 만든 법 위에 있다고 하여 왕과 대주교 사이에 충돌이 일어났다. 급한 성격이었던 헨리가 "누가 이 불쌍한 성직자를 처리하겠는가?"라는 불같은 호령을 내리자 그 자리에서 4명의 기사가 말을 몰아 캔터베리로 가서 베케트의 두개골을 부수고 뇌를 끄집어내어 차디찬 성당 마루에 던져 버렸다. 유럽은 경악을 금치 못하였다.

헨리 2세

13세기 필사본.
성 토마스 베케트의 살인을 묘사하고 있음.

헨리 왕은 베케트가 죽었으나 순교자가 된 그가 승리했음을 직감했다. 속죄가 필요했다. 헨리 왕은 신을 벗고 셔츠만 걸친 채 맨 몸으로 성당으로 걸어 들어가 성당 현관에 무릎을 꿇었다. 그런 다음 피 흐르는 발로 살인이 일어난 곳으로 걸아가 대주교가 쓰러진 돌에 입을 맞추었다. 속죄와 참회의식이 있은 후, 헨리는 자신이 패배했음을 인정하였다. 헨리는 금식하고 기도하면서 감기에 걸려 죽을 고비를 넘기면서 다음날 밤을 몽땅 어두운 성당 지하실에서 보냈다.

헨리 2세의 통치시기에 로빈 후드Robin Hood라는 사람이 나타나서 부자들로부터 재산을 빼앗아 가난한 사람들에게 나누어주는 일이 일어났다. 왕의 대신들이 가난한 사람들의 돈을 빼앗아 착복했기 때문이었다. 로빈 후드가 실제 인물이었는지는 아직 확인되지 않고 있다.

08

A Story of British Monarchy

런던탑에 동물을 키운 헨리 3세

• • 헨리 3세(1207~1272)는 유럽에서 가장 뛰어난 동물 사육사였다. 그는 낙타는 물론, 노르웨이 왕으로부터 받은 북극 곰, 프로이센 황제로부터 받은 표범 세 마리, 프랑스 왕으로부터 받은 사자 그리고 영국인들이 생전 처음 구경한 코끼리 등을 런던탑에 있는 동물원에서 키웠다. 이 동물원에 있던 동물들은 1834년 이후에 리전트 공원에 있는 동물원으로 옮겨졌다.

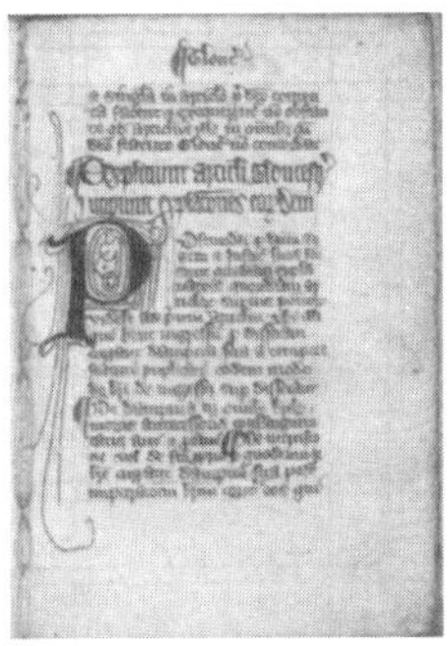

마그나 카르타

서명하는 존 왕

헨리 3세의 아버지는 존 왕King John으로, 욕심이 지나치게 많았던 탓에 많은 토지와 권력을 지닌 부유한 귀족들의 위세에 눌려 대헌장*Magna Carta*에 서명을 하는 일이 벌어졌다. 왕이 제멋대로 국민을 구속하거나 세금을 거둘 수 없게 만든 문서였다. 대헌장인 마그나 카르타는 1215년에 서명되었는데, 이것으로 인해 존 왕이나 그의 아들인 헨리 3세가 이 문서에 나타난 내용을 그대로 항상 따라야 한다는 것을 뜻하는 것은 아니었다. 실제로, 1265년에 시몽 드 몽포르Simon de Montfort라는 귀족이 다른 귀족들과 합세하여 개혁위원회를 조직하고 단호하게 왕이 자기 분수를 지키도록 하였는데, 이 영국 귀족들의 모임이야말로 본질적으로는 오늘날 영국 의회*Parliament* 의 모습이었다.

런던탑에 동물원을 키운 헨리 3세

09

A Story of British Monarchy

다리가 길기로 이름난 에드워드 1세

• • 헨리 3세의 아들로 왕위에 오른 에드워드 1세는 긴 다리와 큰 키로 *Longshanks*란 별명을 얻은 왕으로도 유명하다. 오늘날과는 달리, 당시에는 사람들의 키가 그리 크지 않았기 때문이었다. 에드워드는 강력하고 유능한 왕으로 무서울 정도의 놀라운 전투능력과 결단력을 지닌 인물이었다. 그의 통치시기에 웨일즈Wales를 성공적으로 정복하여 웨일즈의 절반을 포함하는 공국을 이루었다. 후에 그는 웨일즈와의 친선을 회복하기 위해 화해의 표시로 그의 어린 아들 에드워드에게 '웨일즈 공Prince of Wales' 이란 칭호를 주었다. 이 칭호는 오늘날까지도 계속되어오고 있다.

미국 하원에 걸려있는 에드워드 1세.
영국의 의회제도를 처음 만듦.

에드워드 1세는 뛰어난 군인이기도 하였는데, 믿을 수 없을 만큼 행운이 따른 왕이기도 하였다. 번개가 그의 어깨를 지나치면서 그의 뒤에 있던 신하 두 명을 죽게 한 사건이 있었고, 체스 놀이를 하던 중, 에드워드가 자리에서 일어나 그 자리를 떠나자마자 그가

아내를 사랑한 에드워드 1세

머물던 성벽의 한 거대한 돌이 떨어지면서 왕이 앉아 있던 자리에서 오른쪽으로 내려앉는 사건이 벌어지기도 하였다.

에드워드 1세는 그의 아내인 엘리노어를 유달리 사랑했는데, 당시 왕족간의 결혼이 대체로 사랑으로 맺어지는 관계가 아니라, 사업이나 권력관계로 맺어지는 관습에 비추어 볼 때 매우 드문 일이었다.

10

A Story of British Monarchy

'아서왕과 원탁의 기사이야기' 를 좋아한 에드워드 3세

•• 에드워드 3세는 아서왕King Arthur의 이야기를 매우 좋아하였다. 아서왕은 앵글로색슨족이 영국에 정착하기 오래 전 영국에 살던 부족인 켈트족의 전설에 속하는 전설적인 인물로서 약 6세기 초 켈트족을 위하여 색슨족의 침입에 대항하여 싸운 영웅적인 지도자이다.

아서왕의 전설에 나오는 마술사 멀린(Merlin)이 13세기 프랑스 책에서 아서왕의 생애를 받아쓰고 있는 장면

우리는 이 지도자의 이름이 아서Arthur이었는지 알 길이 없다. 다만, 그가 살았던 것으로 여겨지는 당시로부터 약 500년이 지난 후까지도 기사나 성城에 관한 이야기가 전혀 없었기 때문에 아서왕의 기사 이야기가 만들어졌을 것이라는 얘기가 전해지고 있다. 15세기에 토마스 말로리Sir Thomas Marlory (1408~1471)라는 작가가 《아서왕의 죽음*Le Morte D'arthur*》이라는 작품을 써서 중세 로망스 문학의 길을

터놓았다.

에드워드 3세는 빛나는 투구를 쓴 기사들의 멋진 마상시합tournaments이 일어나던 중세시기에 살았으므로, 아서왕처럼 에드워드 3세도 명예와 용기 및 공평성, 여성의 보호 그리고 왕에 대한 충성이라는 기사도적인 가치를 믿었다.

에드워드 3세와 흑태자(Black Prince)

당시 중세 기사들이 입던 갑옷의 무게는 어느 정도였을까? 정도의 차이는 있었으나 갑옷의 무게는 백 파운드나 되었다. 어떤 때에는 이보다 무게가 더 나가는 경우도 있었기 때문에 장대나 멜빵, 그리고 로프를 이용하여 말 위로 끌어 올리지 않으면 안 되었다. 기사가 말 위에서 땅으로 떨어지면 마치 딱정벌레처럼 등을 땅바닥에 대고 누워 있는 수밖에는 별 도리가 없었다.

기사騎士가 살던 당시의 신분은 어떠했을까

오늘날에는 기사의 신분이 영국을 위해 훌륭한 일을 수행한 데 대해 주어지는 명예의 작위로 과학자에서 학교 교사, 배우, 그리고 미국 대통령에 이르기까지 모든 부류의 사람들이 기사 작위를 받을 수 있다. 영국 여왕은 해마다 약 3,500명의 기사 작위를 수여하며 기사에게는 Sir라는 칭호를, 그의 부인에게는 Lady라는 칭호가 허용된다. 이러한 명예를 얻는 여성에게는 Dame이라는 칭호가 주어진다.

그러면 에드워드 3세 시기에는 기사의 생활이 어떠했을까?

이 시기에 기사가 되기 위해서는 여러 해에 걸쳐 무술과 예절 훈련을 받고 갑옷을 구입하는데 필요한 막대한 비용을 지니고 있어야 한다. 우선, 7세가 되면 기사의 집에 거주하면서 기사의 시종(侍從, *page*)이 된다. 현대영어에 쓰이는

*pager*란 말은 여기서 유래한다. 갑옷을 깨끗이 손질하며 궁술과 창술을 익히고 노래와 춤을 배워야 한다. 기사로서의 예절 특히, 여성에 대한 예절을 배우며, 식탁에서는 급사給仕처럼 기사와 여성에게 식사 시중을 드는 법도 배워야 한다.

중세 영국의 기사. 무장하는 모습

14세나 15세가 되면 기사 후보생*squire*이 되어 1시간씩이나 걸리는 기사의 옷 입는 것을 도와주고, 그를 따라 다니며 마상시합에도 참가한다. 때로는 전투에도 참가해야 한다.

21세가 되면 드디어 기사가 되는 절차를 밟게 되는데, 왕이 그 의식을 행하는 경우가 흔하기는 하나, 어느 기사라도 기사 후보생의 어깨에 검劍을 얹고 기사임을 선언하면 곧바로 그는 기사가 된다.

흑사병黑死病이란 어떤 병이었을까?

현대에도 에이즈라는 죽음의 병이 있지만, 의학이 발달하지 못했던 중세 유럽에 퍼진 선腺 페스트bubonic plague라고 불리는 흑사병은 모든 재앙 가운데 가장 끔찍한 전염병이었다. 대륙에서 시작된 이 병은 1348년 도버 해협을 건너 런던에 상륙하여 향후 10년에 걸쳐 영국 전체 인구 중 3명 당 한 명꼴로 흑사병에 걸려 죽게 하였다. 가족 전체나 한 마을 전체가 흑사병으로 목숨을 잃는 경우도 많았다.

의사들은 흑사병 치료법으로 희한한 방법을 제안하였는데, 그 중에는 잘게 부순 에메랄드(취옥, 翠玉)를 가루로 만들어서 삼킨다든가, 살아있는 병아리의 둔부를 엷게 잘라서 이것을 환부患部에다 붙이는 것 등이었다. 그러나 그 어느 치료법도 흑사병을 낫게 할 수는 없었다. 그로부터 수백 년이 지난 후에야 의사들은 흑사병이 벼룩fleas에 기생하는 박테리아에서 전염되는 병이라는 사실을 알게 되었다. 벼룩은 감염된 쥐에게서 이 병을 옮기고, 사람을 물게 되면 이 병이 인간에게 전염되는 것이다.

토겐부르크 성서(Toggenburg Bible, 1411)에 나오는 흑사병 묘사

11

A Story of British Monarchy

손수건을 손에 쥔 리처드 2세

• • 리처드 2세Richard II(1377~1399)는 에드워드 3세Edward III(1312~1377)의 뒤를 이어 불과 10세의 나이로 왕위에 올랐다. 그는 오랫동안 계속된 전쟁으로 텅빈 국고를 채우기 위해 가난한 사람들에게조차 너무 많은 돈을 요구하였다. 당시 이들 가난한 농민은 식량을 구입할 만큼 충분한 돈이 없었다. 그러자, 왓 타일러Wat Tyler라는 사람이 런던에서 농민반란*Peasants' Revolt*(Tyler's Rebellion, Great Rising이라고 함)을 일으켜서 굶주린 농민들이 건물을 불태우고 당시 불만의 대상이었던 랭커스터 공작 곤트의 존John of Gaunt(1340~1399)의 저택을 파괴하는 등, 왕의 신하 중 2명을 살해하였다. 리차드 왕은 마지못해 일종의 노예제도*serfdom*를 폐지하겠다고 했으나, 약속을 지키지는 못하였다. 그러나 이 제도는 그 후 점차 저절로 없어졌다.

농민반란(1381)을 주도한 왓타일러를 처형하는 장면

1389년 리처드 왕이 성년이 되어 섭정에서 벗어나 독자적인 통치를 할 수 있

곤트의 존

게 되자 자신의 반대파들을 반역죄로 처형하거나, 투옥, 살해하였다. 그러나 반대파의 한 사람인 곤트의 존의 아들 헨리 볼링브루크Henry (of) Bolingbroke(후에 헨리 4세가 됨)가 아일랜드를 방문한 사이에 잉글랜드로 쳐들어와서 왕위를 찬탈하고 리처드의 뒤를 이어 왕위에 올랐다. 리처드 왕은 전임前任 왕들이 가지지 못했던 것을 가지고 있었는데, 그것은 다름 아닌 손수건handkerchief이었다. 이것은 왕의 예절을 나타내는 징표이기도 하였다. 왕은 그림과, 시詩, 고급 의상 그리고 음악을 노래하고 연주하는 음유 시인들minstrels에 둘러싸여 궁정 연회를 베풀었다. 군주를 둘러싼 원로들과 하인, 가족 그리고 친구들이 있는 궁중royal court은 이제 리처드 왕이 맛있는 음식을 즐기며 돈과 권력을 한껏 과시하는 장소가 되었다.

손수건을 손에 쥔 리처드 2세

표준영어 철자가 없던 리차드 2세 시기

리처드 왕 시대에는 오늘날과 같은 표준영어가 없었으므로 사람들은 제각기 원하는 대로 철자를 표기하였고 학교에서도 철자시험 같은 것은 없었다. 영어 day는 당시에는 daed로, month는 monath로, mother는 modor로, go는 gan으로 표기하였다. 영어는 1362년 이후 영국의 공식 언어가 되었으나, 왕과 궁정의 신하들을 위시하여 사람들은 윌리엄 왕이 사용한 프랑스어를 여전히 썼으며, 프랑스어와 라틴어로 된 책이 여전히 사용되었다. 그러다가, 후세에 영시의 아버지라고 불리는 제프리 초서의 《캔터베리이야기》가 등장하였는데, 이것은 오늘날 쓰이는 영어가 아닌 중세영어로 쓰인 작품이다.

12

A Story of British Monarchy

백년전쟁과 헨리 5세

1989년 상연된 〈헨리 5세〉

• • 헨리 5세(1386~1422)는 셰익스피어 덕분에 영국의 어느 다른 왕보다도 우리에게 더 잘 알려진 왕이다. 32세의 신예 감독인 케네스 브래너Kenneth Branagh가 감독, 주연, 각색을 맡고 1989년 영국 전역에서 상영된 영화 〈헨리 5세〉에서 헨리 5세는 유년기 시절의 망나니 모습에서 영국민의 사랑과 존경을 받는 덕망 높은 왕으로 변신한다. 그는 에드워드 3세의 직계 후손임에도 프랑스에 대해 아무런 권리를 행사할 수 없는데 분노를 느끼고 프랑스에 전쟁을 선포하기에 이른다. 헨리 5세는 아젱쿠르 전투Battle of Agincourt에서 대승을 거두고 프랑스 왕 샤를 6세의 아름다운 공주인 19세의 발로아의 카트린느Catherine of Valois와 결혼하였다. 당시 헨리 5세의 나이는 33세였다.

아젱쿠르 전투

로렌스 올리비에가 주연을 맡은 동명 영화인 〈헨리 5세〉는 원제인 〈아젱쿠르 전투에 참전

헨리 5세

한 헨리 왕의 연대사The Chronicle of King Henry the Fift with His Battell Fought at Agincourt in France〉에서 알 수 있듯이, 아젱쿠르 전투에 초점을 맞춘 그의 일생을 조명한 영화다. 이 영화는 영국의 사기를 북돋우기 위해 2차 세계대전이 끝나가는 1944년에 제작되었다. 영국 정부의 일부 자금 지원으로 만들어진 이 영화는 원래 글로브 극장 무대Globe Theatre에 올린 연극 〈헨리 5세〉를 스크린에 옮긴 올리비에의 배우, 제작자, 감독으로서의 뛰어난 업적으로 그에게 아카데미 명예의 상Academy Honorary Award을 안겨 주었다.

글로브 극장 무대에 올린 〈헨리 5세〉 포스터

프랑스와 영국 간에 일어난 백년전쟁Hundred Years' War은 1337년부터 1453년까지 무려 116년에 걸쳐 진행되었다. 프랑스의 왕위 계승문제가 이 전쟁의 원인이었다고 하나, 실제로는 영토 분쟁이 주요 원인이었다. 프랑스와 영국은 서로 전쟁을 하고 있었으나, 두 나라의 왕족들은 윌리엄 왕으로부터 내려오는 똑같은 왕족의 혈통과 똑같은 언어를 공유하고 있었다. 헨리 5세의 부친인 헨리 4세는 영국에서 프랑스어 대신 영어를 모국어로 사용한 첫 번째 왕이었다.

The Old Globe. 1599년에 세워지고 1613년 화재로 소실되었다. 1997년 Shakespeare' s Globe라는 명칭으로 현대식 건물로 지어져 오늘에 이름.

13

A Story of British Monarchy

교육과 예술을 후원한 헨리 6세와 런던탑

• • 116년이라는 오랜 기간에 걸쳐 영국과 프랑스 사이에 일어난 백년전쟁의 최후 승리자는 누구였을까? 그 대답은 '그 어느 쪽도 아니다' 란 것이다. 전쟁이 끝나고 프랑스가 헨리 6세로부터 빼앗긴 땅을 모두 찾기는 하였으나, 전쟁이 끝난 후의 상황은 전쟁이 시작되기 전의 상황과 별다른 변화가 없었다.

백년전쟁은 끝났으나, 영국의 왕위를 향한 왕위쟁탈 전쟁은 여전하였다. 헨리 6세가 왕위에 오른 것은 그가 태어난 지 불과 9개월이 된 해의 일이었다. 이후 그는 우여곡절을 겪으며 왕위를 에드워드 4세에게 빼앗겼다가 다시 찾았으며, 다시금 잃게 되는 수난을 겪게 되었다. 결국 헨리 6세는 리처드 왕의 아들로 헨리 6세와는 먼 사촌이 되는 에드워드 4세의 명령에 의해 런던탑Tower of London에 영원히 갇힌 몸이 되었고 은밀히 살해되었다.

헨리 6세

헨리 6세는 평생에 걸쳐 놀라울 만큼 성격이 예민하고 조용하며 온화하고 세상 물정에 어두운 학자로서의 면모를 지닌 왕이었다. 왕으로서의 유약함과 정신쇠약으로 명성을 얻기는 하였으나, 헨리는 교육과 예술을 후원하였으며, 베네딕트 수도회의 후원자가 되기도 하였다.

런던탑. 유네스코 지정 세계문화유산

에드워드 4세가 갑작스럽고 예기치 않게 1483년에 폐렴으로 죽자, 그의 12세 아들인 에드워드 5세가 왕위를 계승하기 위해 루드로 성Ludlow Castle에서 런던으로 오던 중 그의 삼촌 리처드(후에 리처드 3세가 됨)의 음모로 체포되어 런던탑에 갇히고 말았다. 후에 에드워드의 9세 된 어린 동생 요크공 리처드 또한 신비스럽게도 왕족의 자녀로, 그리고 죄수 신분으로 런던탑 안으로 사라져 버린 신세가 되었다. 이들의 유골은 2백년이 지난 1674년에 런던탑에서 발견되었는데, 찰스 2세의 명령에 의해 웨스트민스터 사원으로 옮겨져 매장되었다.

14

A Story of British Monarchy

헨리 7세와 뉴펀들랜드를 발견한 존 카보트

• • 영국이 프랑스와의 백년전쟁을 막 끝낼 무렵 영국 내부에서 또 다른 전쟁이 일어났으니, 다름 아닌 장미전쟁Wars of the Roses이다. 이 전쟁은 꽃 때문에 일어난 전쟁이 아니라, 왕위를 쟁탈하기 위해 벌어진 두 가문을 상징하는 문장紋章에서 붙여진 명칭이다. 즉, 흰 장미를 상징하는 요크 가문과 붉은 장미를 상징하는 랑카스터 가문에서 유래한다.

장미전쟁은 1455년에서 1485년까지 밀고 당기며 진행되다가 요크가의 리처드 3세가 1485년 보즈워스 전투Battle of Bosworth에서 살해됨으로써 30년에 걸친 전쟁은 끝났다. 이 전투에서 승리한 랑카스터 가문의 리치먼드 백작 헨리는 대륙에서 보낸 14년간의 브르따뉴 망명생활을 청산하고 헨리 7세로 영국 왕에 등극하여 튜더 왕조를 열었다.

존 카보트

헨리 7세의 통치시기(1485~1509)에 유럽의 무역업자들은 차茶와 향신료를 구입하기 위해 배를 타고 아시아로 진출하기 시작하였다. 헨리는 1496년 존 카보트John Cabot라는 탐험가에게 서쪽으로 항해하여 동쪽으로 가는 빠르고 짧은 항로를 찾을 것을 명령하였다. 카보트는 항해에서 돌아와 아시아에 상륙했다고 보고하였으나, 실제로 그가 상륙한 곳은 북아메리카였고 오늘날 캐나다의 일부인 뉴펀들랜드Newfoundland인 것으로 밝혀지게 되었다. 이로부터 100여 년이 지난 후 청교도들이 신세계를 찾아서 이곳으로 들어오게 되었다.

존 카보트 우표

존 카보트

헨리 7세의 아내는 요크가의 상속녀heiress이기도 한 엘리자베스 공주였는데, 헨리는 자신보다 10년이나 젊은 엘리자베스 왕비를 지극히 사랑하였다. 엘리자베스 왕비는 사랑의 왕비Queen of Hearts라고도 불리는데, 서양카드놀이를 할 때마다 등장하기 때문이다. 엘리자베스 왕비는 랑카스터 가문의 헨리와는 적대관계인 요크 가문이었기 때문에 그의 마음을 얻는데 능숙한 솜씨를 발휘했던 것으로 보인다.

15

A Story of British Monarchy

붉은 머리털의 당당한 체구를 지녔던 헨리 8세

• • 18세의 어린 나이로 왕위에 오른 헨리 8세는 당당한 풍채에다 멋진 붉은 머리털을 지니고 있었다. 사람들은 Big Red라는 별명을 그에게 붙여 주었다. 헨리 왕은 씩씩하고 당당한 체구에 걸맞게 품성 또한 뛰어났다.

영국 역사상 헨리 8세 만큼 강력한 왕권을 휘두른 이름난 왕이나 왕비 또는 여왕은 없었다. 그는 영국 해군을 강화하고 웨일즈를 영국에 포함시키는가 하면, 아일랜드를 왕국으로 만들어 스스로 아일랜드 왕임을 선언하였으며 프랑스 및 스코틀랜드와 전쟁을 치렀고, 당시의 종교 분쟁에 스스로를 깊숙이 개입시켰다.

그뿐만 아니라, 그는 여섯 명의 아내 중에서 두 명을 처형하는가 하면, 적어도 50명이나 되는 자신의 비판세력을 처형하였는데, 그 중에는 그가 가장 신임한 토마스 모어 경Sir Thomas More과 토마스 크롬웰Thomas Cromwell도 포함되어 있었다. 이처럼 헨리 8세는 절대 왕권을 행사한 왕이었다. 울지 추기경Cardinal Wolsey만이 처형의 위기에서 피할 수 있었다.

울지 추기경

헨리 8세는 손님들을 궁정에 초대하여 환상적인 연회를 베풀고 당시로서는 아무도 일찍이 본 적이 없는 가장 큰 배를 건조하도록 하여 자신의 별명인 해리를 따서 '그레이트 해리Great Harry' 란 이름을 붙이는 등, 막대한 비용을 낭비하여 자신이 부유하고 강력하다는 것을 사람들에게 과시하였다.

헨리 8세는 매우 강력한 군주였을 뿐만 아니라, 다재다능한 군주이기도 하였다. 춤은 물론, 하프와 파이프 오르간 연주솜씨 또한 수준급이었다. 한편, 헨리 8세는 연회를 베풀 때 사람들을 즐겁게 해주려고 했을 뿐만 아니라, 자신도 대접을 받기 위해 궁정의 어릿광대들fools에게 우스꽝스러운 옷과 발끝이 소용돌이 모양으로 올라온 신을 신게 하고 옷 색깔에 맞게 머리를 물들이게 하고는 왕 자신을 웃기게 하였다. 어릿광대는 대머리가 되어야하는 경우도 자주 있었다. 왕의 명령에 따라 어릿광대들은 농담이나 이야기를 하거나, 때로는 재주넘기somersault나 심술궂은 장난을 하였다.

여섯 명의 아내를 둔 헨리 8세

헨리 8세에게는 여섯 명이나 되는 아내가 있었다. 이들의 운명은 어떻게 되었을까?

그의 첫 번째 아내는 스페인 왕의 딸이었던 아라곤가문의 캐서린 공주Catherine of Aragon였는데, 헨리 왕은 대관식이 열리기 며칠 전에 이미 23세의 캐서린과 결혼한 상태였다. 캐서린 공주는 1502년에 죽은 헨리의 형 아서Arthur의 아내였다. 헨리는 캔터베리 대주교가 될 것으로 예정되어 있었는데, 형이 갑자기 죽자, 예기치 않게 왕위에 오르게 된 것이다. 캐서린이 왕위를 계승할 아들을 낳지 못하자, 헨리는 캐서린과 이혼하려고 했으나, 가톨릭 교회 지도자들은 이혼을 허용하지 않았다.

아라곤의 캐서린

헨리 8세는 두 번째 아내로 시녀였던 앤 불린Ann Boleyn과 비밀리에 결혼하였다. 캐서린과 이혼할 수가 없었기 때문이었다. 이혼 신청은 로마 교황의 권한아래 있었다. 앤이 아들 대신 딸 엘리자베스를 낳고 세 번에 걸쳐 임신에 실패하자, 헨리는 그 해 여름 근친상간과 간음죄로 왕비를 런던탑에 가두어 처형해 버렸다.

앤 불린

제인 시모어

헨리 왕의 세 번째 아내인 제인 시모어Jane Seymore는 마침내 아들 에드워드Edward 왕자를 낳았으나, 출산 후 12일 만에 죽었다.

헨리 8세는 헨리 왕의 고문들이 왕의 네 번째 결혼을 주선하여 독일과의 친선을 위해 무뚝뚝한 독일 여성인 클리브즈 공작의 누이인 앤 공주Anne of Cleves를 왕비로 맞았으나, 헨리는 앤 공주를 맨 처음 본 순간 너무 못생겼다고 생각하여 몇 개월 후 이혼을 해버리고, 다섯 번째로 17세의 캐서린 하워드Catherine Howard를 왕비로 맞았다. 캐서린 왕비는 1년 간 헨리 왕과 활기차게 지냈으나, 헨리 왕의 고문과 간음한 것이 들통이 나서 두 번째 아내였던 앤과 마찬가지로 런던탑에서 참수를 당하였다.

클리브즈의 앤

캐서린 하워드

헨리 8세는 이제 병들고, 뚱뚱해지고 궤양에 걸린 다리로 고통을 받는 외로운 몸이 되었다. 그는 허리둘레가 무려 54인치나 되어 두 팔을 뒤로 돌리기조차 힘들었다. 그러나 그는 여섯 번째 아내로 두 번씩이나 과부가 된 적이 있는 32세의 캐서린 파아Catherine Parr와 결혼하였다. 캐서린 왕비는 헨리 왕이 55세의 나이로 죽을 때까지 헨리가 낳은 이복 자녀들과 헨리를 잘 보살폈다.

캐서린 파아

헨리 8세 시기에 탄생한 영국의 성공회

헨리 8세

헨리 8세가 두 번째 아내인 앤 불린과 결혼하기 위해 첫 번째 아내인 캐서린 왕비와 이혼하려고 하자, 로마 교황은 그의 결혼을 거절하였다. 당시 영국 왕의 이혼 신청은 로마 교황의 권한 아래 있었기 때문이다. 헨리 8세는 앤 불린과의 결혼을 성공시키기 위해 로마 가톨릭과 단절을 선언하고 영국의 성공회Church of England를 탄생시켰다. 당시 국민들은 가톨릭 교회의 방식에 대해 항의하던 시기였다. 이들 신교도들*Protestants*은 가톨릭 성직자들의 상당수가 정직하지 못하다고 생각하였고, 교황의 권위를 믿으려 하지 않았다.

영국 성공회 로고

헨리 8세의 아들인 에드워드 6세Edward VI는 강력한 신교도였다. 그는 영국의 성공회를 신교Protestant로 만들기로 결심하여 오늘에 이르게 하였다.

헨리 8세 시기에는 사람들이 자신들의 죄를 자백하도록 강요하기 위해 고문 도구가 사용되었다. 이 도구 중에 가장 무서운 것은 치아teeth를 밖으로 뽑아내는 고문대(拷問臺, *brake*)라는 것과, 사람의 몸을 잡아 당겨서 관절joints을 산산조각 내는 갈퀴 모양의 도구 *rake*라는 것이 있었다.

런던탑에 갇힌 죄수들은 조그만 보트를 타고 독방에 들어가게 되어 있었다. 런던탑 지하를 통해 흐르는 템스 강the River Thames 위로는 무시무시한 철문이 있었으며, 철문 입구는 일명 '반역자의 문Traitor's Gate' 이라고 알려지게 되었다.

고문대

16

A Story of British Monarchy

문법학교를 많이 세운 에드워드 6세

• • 헨리 8세의 아들인 에드워드 6세는 불과 9세의 나이로 1547년에 왕위에 올랐으며 15세라는 짧은 나이에 생을 마감한 조숙하고 냉정을 잃지 않았던 왕이었다. 그의 모친인 제인 시모어Jane Seymour는 헨리 8세의 세 번째 부인으로 에드워드를 낳은 지 2주 후에 세상을 떠났다. 에드워드의 첫 번째 계모인 앤Anne of Cleves은 에드워드가 세 살이 되기 전 부친과 이혼하였다. 그의 두 번째 계모인 캐서린 하워드는 그가 네 살 때 다른 남자들과 간통을 한 혐의로 참수되었다. 매독에 걸린 그의 부친은 그가 9세 때 세상을 떠났다.

존 체크경

에드워드는 당대에 명성 있는 리처드 콕스Richard Cox(1500~1581)와 존 체크 경Sir John Cheke(1514~1557)에게서 광범위한 고전 교육을 받았다. 특히, 체크 경은 영어학의 아버지로 불리는 16세기의 위대한 학자 중의 한 사람으로 그리스어의 발음에 관한 저서를 남긴 것으로도 유명하였다. 그는 또한 당시 복잡한 영어철자 개혁에 앞장서기도 하였다.

체크경은 비록 케임브리지 대학의 그리스어 교수이기는 하였으나, 그리스어를 영어에 과도하게 들여

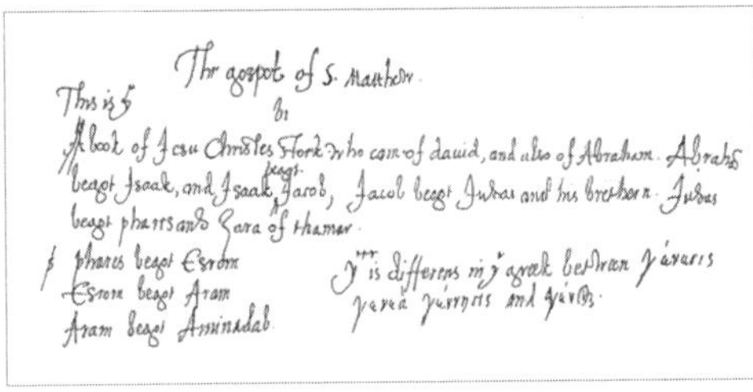

체크 경의 필체(마태복음 성서의 일부)

와 쓰는 것을 반대하였으며 다른 언어에서 차용어가 영어에 들어와 쓰임으로서 영어의 순수성이 훼손되는 것을 매우 못마땅하게 생각하였다. 모친의 남동생인 서머셋 공작 시모어 Edward Seymour는 어린 나이에 왕위에 오른 에드워드의 섭정인이 되어 섭정 왕Lord of Protector의 칭호를 지니게 되었다. 그러나 에드워드가 12세가 되자 권력 투쟁이 일어나서 섭정인의 역할은 노섬벌랜드 공작인 로버트 더들리Robert Dudley에게 돌아갔다. 서머셋 공작은 처형되었다.

에드워드는 매우 영특하고 총명하였으며, 당대의 모든 종교 상의 논쟁에 대단한 관심을 보였다. 그는 또한 새로운 개신교리의 열렬한 지지자였고 주교들과 신학 문제에 관해 논쟁을 벌이는 것을 무엇보다도 좋아하였다. 그와 논쟁을 벌인 궁정 신학자들 중에는 존 녹스, 리들리, 크랜머, 래티머 그리고 후퍼와 같은 성직자들이 있었다. 이들 중 리들리와 크랜머는 후에 왕위에 오른 메리 1세에 의해 화형에 처해지게 된다.

중세 영국에서는 일반 대중이 규모가 큰 교회나 성당에 돈을 기부하고 사후에 이들 후원자의 명복을 비는 미사곡을 불러주기 위해 교회 내 여러 개의 아름다운 소예배당chantry을 가지고 있었다. 소예배당은 연옥의 존재와 진혼미사곡의 효력에 대한 믿음을 부추겼는데, 이런 교리를 개신교도들은 더 이상 받아들이지 않았다.

에드워드는 집권한 후 개신교를 지지한 세력의 지도자였던 섭정인 서머셋 공Duke of Somerset은 성직자에 대한 훈령을 공포하고 종교적인 이유를 근거로 교회 내 소예배당을 철거해 버렸다. 이 시기에는 큰 교회와 성당에는 아름다운 기도실 또는 소예배당이 있었다. 이들 예배당의 많은 성직자들은 각 지역의 교육을 담당

에드워드 6세의 초상화

하는데 상당 부분 기여해 왔는데, 소예배당이 없어지자 대중들은 교육의 어려움을 겪게 되었다. 에드워드는 이러한 손실을 보완하기 위해 문법학교를 여러 곳에 세웠는데, 오늘날까지도 잉글랜드에는 에드워드 6세 King Edward VI란 명칭이 붙은 학교가 여러 곳에 남아 있다.

에드워드는 폐결핵에 걸려 여러 달을 고생하다가 죽었다. 많은 사람들이 에드워드의 결혼 계획을 세웠으나 포기하여야만 했다. 그의 섭정인인 사악한 노섬벌랜드 공은 에드워드의 죽음을 며칠 동안 공포하지 않았다. 이렇게 함으로써 그는 후계자를 세울 계략까지 가지고 있었다.

에드워드는 훗날 스페인 아라곤가문의 캐서린 왕비의 맏딸로서 가톨릭 교도였던 메리가 그의 뒤를 이어 왕위를 차지한 것을 알았더라면 아마도 혼비백산했을 것이다. 에드워드가 남긴 마지막 말은 '오 주여! 이 땅을 로마 가톨릭의 교리에서 구해 주시옵소서.' 라는 것이었다. 그는 사후 웨스트민스터 사원에 묻혔다.

A Story of British Monarchy

17

그리스어로 플라톤을 읽은 비운의 제인 그레이

• • 영국의 왕과 여왕의 계보에서 제인 그레이Lady Jane Grey만큼 비극적이고 불운한 인물은 찾아보기 어려울 것이다. 헨리 7세의 증손녀인 제인 그레이는 에드워드의 이복누이인 메리와 엘리자베스가 있었음에도 불과 15세의 나이에 여왕의 자리에 올랐으나 권력다툼의 희생이 되어 다음 해 참수되었다.

흔히 '9일의 여왕Nine Days Queen'으로 불리는 금발 머리에 죽은 깨가 있는 아름답고 영리한 제인 그레이는 에드워드 6세가 죽자, 당시의 권력자였던 노섬벌랜드 공작에 의해 왕위계승 서열 1순위인 메리(후에 메리 1세)를 제치고 왕위에 올랐다.

16세기 익명의 화가가 그린 제인 그레이 초상

제인 그레이는 헨리 7세의 증손녀였던 관계로 왕족들 사이에서 자랐다. 에드워드가 살아 있었더라면 아마 제인과 결혼했을는지도 모른다. 두 사람의 나이가 똑같아졌기 때문이다. 헨리 8세의 여섯 번째 아내로 과부가 된 캐서린 파아는 제인의 교육뿐만 아니라, 장차 왕위에 오를 두 여왕인 메리와 엘리자베스도 도와주었다. 캐서린은 제인에게 친절하고 마치 어린 동생처럼 대해 주었다. 엘리자베스는 제인보다 불과 다섯 살 위였다. 영리하고 총명한 제인은 레스터 근처에 있는 부친의 방대한 사유지에서 사냥을 하는 대신 그리스어로 플라톤을 읽기를 좋아했다.

헨리 8세의 사후 왕위 계승은 우선 그의 아들 에드워드와 이어서 그의 딸들인 메리와 엘리자베스에게 돌아가게 되어 있었다. 열렬한 가톨릭 교도였던 메리가 왕위에 오르면 모든 개신교 개혁을 바꾸어 놓지 않을까 매우 걱정하는 대중들도 있었으나, 당시의 대다수 일반 대중은 메리와 그녀의 모친인 아라곤의 캐서린이 부당한 대우를 받고 있다고 여겼으므로 메리에 대해 애정을 갖고 있었다.

에드워드가 어린 나이로 왕위에 올라 통치하는 동안 잉글랜드의 사실상의 독재자였던 노섬벌랜드 공작인 로버트 더들리는 제인의 부모를 설득해 그의 아들 길포드 더들리와 제인이 결혼하도록 종용하였다. 그러고 나서, 개신교 신앙을 믿는 에드워드를 설득하여 왕위를 제인에게 넘겨주려고 하였다. 제인 또한 믿음이 견실한 개신교도였기 때문이다. 노섬벌랜드 공작은 이런 식으로 메리가 잉글랜드를 다시 가톨릭으로 바꾸지 않게 함은 물론 그의 아들을 왕족으로 만들어 권력을 오래도록 행사하려는 야심을 품었다.

그러나 자신의 위치를 분명히 알고 레이디 제인 Lady Jane으로 남으려는 제인의 희망과는 달리, 대중의 압도적인 지지를 받은 메리가 재빠르게 왕위에 올랐다. 일반 대중은 제인이 누구인지 알지 못했고 노섬벌랜드 공작을 증오하였다. 음모는 드러나고 공작은 곧 처형되었다. 제인은 6개월간 런던탑에 죄수로 갇혀 지냈다. 그녀는 10대 남편인 더들리가 손수레에 실려서 지나가는 것을 창밖으로 바라보았다. 불상한 제인은 몇 분후면 자신도 참수당할 차례라는 것을 알고 있었다. 제인이 남긴 마지막 말은 '하나님 앞에서 무죄임으로 내 손을 씻고 싶다' 이었다.

18

A Story of British Monarchy

국교를 성공회에서 가톨릭으로 바꾼 메리 여왕

• • 헨리 8세와 아라곤의 캐서린 왕비 사이에서 태어난 맏딸, 메리Mary는 왕관을 물려받은 영국 최초의 여성으로 메리 여왕Queen Mary이 되었다. 메리가 여왕이 되기 전에 여왕이 된 제인 그레이Lady Jane Grey가 있었으나, 제인은 왕위에 오르지는 못하였다. 제인은 영국 역사상 가장 짧은 9일간의 통치로 막을 내리고 런던탑에서 처형되었다.

영국 국민 대다수는 여성은 약하기 때문에 영국을 통치해서는 안 된다고 생각하였다. 그러나 스페인인 유모의 손에서 자란 메리 여왕은 억울하게 이혼당한 여왕의 어머니로 철저한 가톨릭 교도였던 캐서린 왕비와 마찬가지로 그녀 자신도 열렬한 가톨릭 교도였으며, 여왕의 모든 신하들*subjects*과 영국 국민은 가톨릭 교도Catholic가 되어야 한다고 생각하였다.

헨리 8세는 국교를 가톨릭에서 성공회로 바꾸었고, 메리 여왕은 다시 가톨릭으로 국교를 바꾸었으며 스페인 황태자인 필립Philip과 결혼하여 성공회의 반발을 샀으며 나라 안은 크게 시끄러웠다. 드디어 반란과 폭동이 일어나자 메리 여왕은 무자비하게 반란한 사람들을 화형에 처했다. 대주교를 포함하여 주교에서부터 일반 시민, 직조공, 구두제조업자, 수레 목수에 이르기까지, 그리고 심지어는 불구자와 어린 맹인들까지도 화형에 처했다. 메리 여왕은 후에 '피의 메리

Bloody Mary' 라는 악명을 가지게 되었다. 결국 그녀도 정신병 환자가 되어 아무도 돌보지 않는 외로운 침대에서 1558년 병으로 세상을 떠났다.

메리 여왕 1세(마드리드 프라도 미술관 소장)

메리 여왕과 그녀의 이복동생인 엘리자베스는 친구가 될 수 없는 사이였다. 한 무리의 사람들이 메리 여왕을 죽이고 엘리자베스를 왕위에 오르게 하는 음모를 꾀하자, 여왕은 이 음모에 엘리자베스가 가담해 있다고 여기고, 동생을 런던탑에 가두었다. 그러나 나중에 동생의 유죄를 입증할 수 없게 되자, 여왕은 엘리자베스를 풀어주고 런던에서 멀리 떨어진 황폐한 성城 안에서 살게 하였다.

A Story of British Monarchy

19

국민을 사랑한 엘리자베스 여왕 1세

• • 비극의 왕비 '앤 불린'의 딸이 곧 엘리자베스 공주로 훗날 세계 제1의 바다의 왕자 영국 함대의 바탕을 이룩한 엘리자베스 1세가 된다. 메리 여왕의 뒤를 이어 영국의 여왕이 된 엘리자베스 1세는 헨리 8세의 딸로서, 국교를 신교 Protestant로 선언하였으나 신하들에게는 종교의 자유를 허락하였다. 영국 국민은 연극과 시 그리고 의상을 즐겼으며 강력한 영국 해군은 전 세계로부터 값지고 놀라운 보물을 가져오는 등, 그녀의 오랜 치세 동안 영국은 절대주의 전성기를 이루었고 여왕은 국민으로부터 '훌륭한 여왕 베스Good Queen Bess'라고 불리며 존경을 받았다. 엘리자베스 1세 시기에 영국은 세계에서 가장 강력하고 부유한 국가가 되었다.

월터 롤리경

미국의 버지니아 주는 엘리자베스 여왕의 애칭인 처녀 여왕Virgin Queen의 앞부분을 따서 붙여진 명칭이다. 오늘날 버지니아 주와 주변의 많은 땅은 미국에 식민지를 개척한 첫 번째 영국인이었던 월터 롤리 경Sir Walter Raleigh에 의해 붙여진 것이다. 전설에 의하면, 엘리자베스 여왕에게 청혼한 사람 중의 한 사람인 롤리경은 한때 외투를

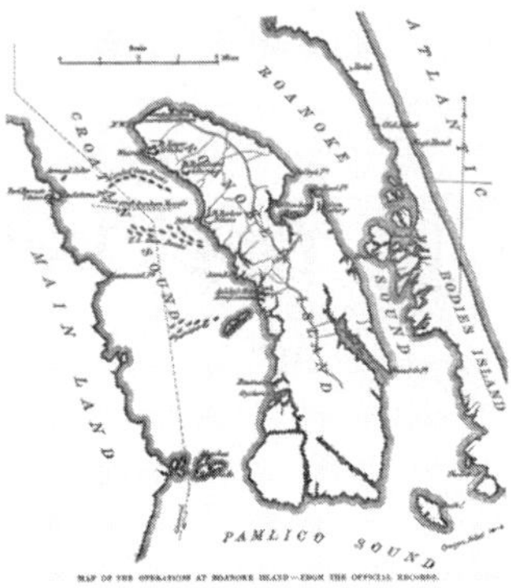

로아노크섬

벗어 진흙탕에 깔아 여왕이 그곳에 빠지지 않도록 했다는 이야기가 전해지고 있다. 롤리경의 미국 식민지 정착은 1587년 오늘날 북캐롤라이나 주의 일부인 로아노크 섬Roanoke Island에서 시작되었으며, 3년이 채 되기도 전에 이 섬에서는 모든 정착민과 이들의 가정이 불가사의하게 사라졌기 때문에 잃어버린 식민지Lost Colony로 알려지게 되었다.

엘리자베스 여왕은 신하들을 무척 사랑했는데, 여왕과 결혼하고자 하는 모든 남성에 대한 그녀의 대답은 간단했다. 즉, 한 남편과 이미 결합을 했노라고. 그리고 그 남편은 다름 아닌 영국이라는 왕국이었노라고. 영국 의회는 여왕이 결혼하기를 원했으며, 여왕도 왕위를 넘겨줄 신교도 후계자를 원하였다. 그러나 그녀는 이로 인해 여왕의 임무를 소홀히 하기를 원치 않았다.

엘리자베스 1세의 뒤를 이어 왕위에 오를 후계자는 엘리자베스 여왕과 가톨릭 사촌간인 스코틀랜드인 왕비 메리Mary Queen of Scots였으나, 여왕은 메리가 자신을 암살하려는 계획에 동조하고 있음을 알고 메리 스튜어트를 처형하였다.

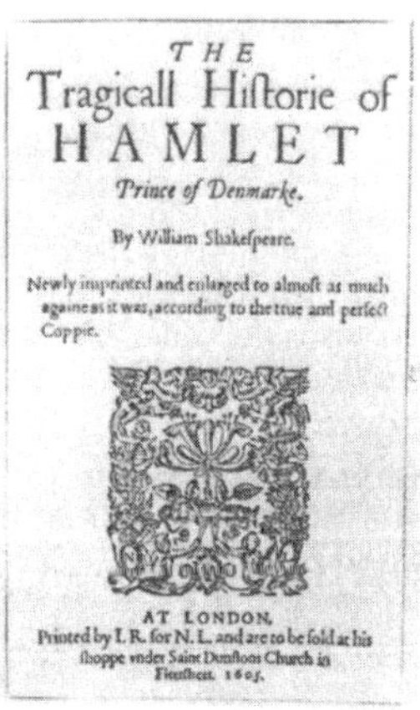
THE
Tragicall Hiſtorie of
HAMLET
Prince of Denmarke.
By William Shakeſpeare.
Newly imprinted and enlarged to almoſt as much againe as it was, according to the true and perfect Coppie.
AT LONDON,
Printed by I. R. for N. L. and are to be ſold at his ſhoppe vnder Saint Dunſtons Church in Fleetſtreet. 1605.

1605년에 나온 셰익스피어의 《햄릿》

당시에는 스페인 무적함대*Spanish Armada*가 전 세계에서 가장 크고 가장 유명하였다. 그러나 엘리자베스 여왕의 아버지인 헨리 8세의 명에 의해 건조한 몇 척의 배와 영국 국민이 보유한 이보다 더 많은 배를 이용하여 1588년 스페인 무적함대를 괴멸시키고 바다를 지배하게 되었다.

엘리자베스 1세는 셰익스피어William Shakespeare의 열렬한 팬이었다. 셰익스피어가 쓴 희곡의 상당수는 여왕의 궁정에서 처음으로 상연되었다. 학문을 좋아하는 엘리자베스 여왕의 치세로 영국은 창조의 기운과 학문의 발달로 나라 전체가 문운文運이 융성하였는데, 이 시기는 셰익스피어가 활발하게 활동했던 영국 르네상스Renaissance의 전성기이기도 하였다. 르네상스는 '재탄생rebirth'을 뜻하는 말이다. 여왕 자신도 라틴어는 물론, 이탈리아어, 프랑스어 등 6개 국어를 구사하였고 음악과 시를 썼으며, 춤에도 놀라운 솜씨를 보였다.

엘리자베스 1세

엘리자베스 여왕은 나이가 들면서 자신의 나이를 감추려고 애썼다. 그리하여 머리가 심하게 빠지는 것을 감추기 위해 밝고 빨간 가발wigs을 쓰고 백악색으로 짙게 화장makeup을 하였다. 그런데 여왕은 자신의 검은 치아(齒牙, teeth)는 숨길 수가 없었다. 사탕이나 캔디 같은 단 것sweets을 많이 먹었기 때문이다. 마침내, 여왕은 궁정의 모든 거울을 치워 버리라고 명령을 내렸다.

엘리자베스 여왕은 아름다운 의상을 좋아하여 당시 유행하는 옷장wardrobe을 엄청나게 가지고 있었다. 보석과 흰색 담비털로 만든 3천벌이나 되는 긴 웃옷garments은 여왕의 부富와 권력을 눈에 띠게 보여주는 징표이기도 하였다. 그러나 이 옷들은 입기에 몹시 거북하고 불편하였다. 그도 그럴 것이, 대부분의 옷들이 너무 무거운데다가 세탁조차 힘들었기 때문이다. 그리하여, 이 옷들은 세탁 대신 향수를 뿌렸다. 또한, 여왕은 무려 8가지 종류의 서로 다른 옷을 입었다. 겉옷smock에서부터 몸통 부분(bodice, 코르셋위에 입는 옷), 속치마(petticoat, 스커트 속에 입는 옷), 쇠테(hoops, 여성의 스커트를 벌어지게 하는데 사용하는 고리), 스커트skirt, 여성용 셔츠(kirtle, 중세시기에 여성들이 입었던 속옷과 겉옷이 분리된 마제(麻製) 셔츠의 일종), 가운gown 그리고 소매sleeves 등, 입고 벗을 때마다 엄청난 도움을 받아야만 하였다.

20

A Story of British Monarchy

흠정역성서의 편찬과 제임스 1세

• • 1603년 엘리자베스 1세의 죽음으로 튜더 왕조는 막을 내렸다. 엘리자베스 여왕은 평생 결혼을 하지 않아 여왕의 뒤를 이을 후계자가 없었다. 그리하여 참수형으로 죽은 스코트인 메리 여왕Mary Queen of Scots의 아들인 스코틀랜드의 제임스 6세James VI가 엘리자베스 1세의 뒤를 이어 영국 왕 제임스 1세James I로 등극함으로써 스튜어트 왕조가 시작되었다.

제임스 1세는 성서학자와 주교들을 소집하여 시대를 초월한 가장 감동적이며 영향을 주는 영역성서를 펴냈으니, 그 성서가 곧 1611년에 간행된 흠정역성서(AV: Authorised Version)이며, 왕의 이름을 따서 제임스 성서King James Version라고도 불린다. 이 성서는 오늘날 영어를 빛낸 가장 위대한 업적의 하나로 평가되고 있다.

그는 통치시기에 잉글랜드와 웨일즈 및 아일랜드를 마침내 하나로 합친 것을 국민들에게 알리기 위해 '위대한 브리튼Great Britain' 이라는 말을 처음으로 만들어낸 왕이며, 영국에 '말달리기horse running' 와 '스코틀랜드식 골프 경기' 등, 두 가지 종류의 스포츠를 영국에 소개한 장본인이기도 하다.

흠정역성서

제임스 왕의 통치 초기는 다행히도 셰익스피어 작품 활동이 가장 왕성하던 시기와 일치하였다. 제임스 왕은 모든 형태의 연극 활동을 열렬히 후원하였고 셰익스피어 극단에는 '왕의 배우들The King's Players'이라는 칭호를 붙여 주었다. 셰익스피어는 제임스 왕과 마술에 대한 그의 관심에 대한 보답으로 스코틀랜드의 비극을 묘사한 맥베스Macbeth를 만들어 헌정하였다.

제임스 1세

그러나 제임스 왕은 약하고 어리석은 왕으로 의회의 권고를 듣지 않고 신의 권리Divine Right에 집착하여 국민의 원성을 샀다. 이 시기에 청교도들의 탄압이 시작되어 월터 롤리경이 이끄는 이주민들이 로아노크 섬에서 흔적도 없이 사라진 지 20년 후인 1607년, 또 다른 이주민들이 버지니아에 상륙하여 제임스 왕의 이름을 따서 제임스타운James Town이라고 명명하고 식민지를 건설하였다. 이곳에서의 생활은 힘들었으나, 이주민들은 머지않아 담배*tobacco*라고 하는 작물을 재배하기 시작하였다.

제임스 1세가 즉위한 지 얼마 되지 않아 의회Parliament를 폭파하려다 발각되는 사건이 일어났는데, 이 사건을 주도한 사람 중 한 사람인 가이 폭스Guy Fawkes는 고문도구의 하나인 갈퀴 모양의 도구rake로 고문을 당해 교수형을 받기 위해 단두대에 섰을 때에는 이미 다리를 절어서 걸을 수조차 없었다고 한다. 오늘날 영국인들은 이 사건이 일어난 11월 5일을 가이 폭스의 날Guy Fawkes Day로 정해 불꽃놀이 등, 다양한 축제를 즐기고 있다.

21

A Story of British Monarchy

참수형을 당한 불쌍한 찰스 1세

•• 찰스 왕 1세의 일생은 마치 뉘우침이 없는 그리스 비극을 보는 것과 같다. 거만스러우면서도 우울하고 외로운 일생을 보낸 불쌍한 찰스 왕, 그는 일생동안 죽음의 그림자가 그의 곁을 떠나지 않았다. 찰스는 왕이 되기 위해 태어나지는 않았으나, 부친인 제임스 1세가 죽자 24세의 나이로 왕위를 계승하였다.

찰스 1세

찰스 왕은 자신이 원하는 것을 하기 위해 스스로 신의 권리를 가지고 있다고 믿었고, 의회를 세 번씩이나 해산시켰으며 11년간 스스로 영국을 통치하려 하였다. 그는 친구인 버킹엄 공 스티니Steenie에게 자문을 구하였으나, 그가 포츠머스Portsmouth에서 죽자, 프랑스 왕 앙리 4세Henri IV의 딸인 그의 아내 앙리에따 마리아Henrietta Maria에게 더욱 의존하였다.

찰스는 독일을 무대로 기독교와 가톨릭교간에 벌어진 30년에 걸친 종교전쟁에서 덴마크에 대한 전쟁 비용제공으로 국고國庫를 탕진하고 국민들에게 혹심한 세금을 부과하는가 하면, 스코틀랜드에 강제로 국교國敎를 시행하려고 하여 일어난 반란의 처리 비용으로 곤경을 겪자 영국 의회가 다시 소집되었을 때 의회 의원 5명을 체포하려고 하면서 의회와 정면 대결하였고, 마침내 청교도혁명을 초래하였다.

찰스 왕은 1646년 붙잡혀 투옥되었다가 1649년 1월의 추운 겨울날, 웨스트민스터 홀에서 다음과 같은 엄숙한 선고를 받았다. 찰스 왕에게는 1월의 몹시 추운 날 그를 따뜻하게 해 주고 추위와 두려움에 떨지 않게 두 장의 속옷shirts을 입도록 하였다.

찰스 1세의 처형 장면

의회와 의회를 대표하는 국민에 대해 선전포고를 한 찰스 스튜어트, 그대는 이 땅의 선량한 국민의 폭군이며, 반역자, 살인자로, 그리고 국민의 공공의 적賊으로 참수형을 선고하여 마땅하리라.

찰스 왕이 의회와 전쟁을 벌이고 있을 때, 양쪽 편에 속한 사람들의 머리 모양hairstyle을 보고 어느 쪽에 속하는 사람들인지를 금방 알 수 있었다고 한다. 즉, 의회 편에 속하는 사람들은 짧게 깎은 머리가 마치 주발 모양을 하고 있다고 해서 원두당원Roundheads이라고 하였고, 찰스 왕의 편에 선 사람들은 왕의 머리 모양을 닮아 긴 머리를 하고 있었으므로 왕당파Cavaliers라고 하였다.

22

A Story of British Monarchy

독재자의 길을 걸어 간 올리버 크롬웰

• • 찰스 1세가 참수당한 후, 그의 왕위 계승후보인 장남 찰스가 왕위에 오르게 되어 있었으나, 영국 왕위는 결국 찰스 1세에 맞선 지도자 중의 한 사람이었던 올리버 크롬웰Oliver Cromwell에게 돌아갔다.

크롬웰은 영국의 보수당 당수였던 존 메이저 수상John Major처럼 헌팅든 출신 하원의원으로 정치를 시작하여 찰스 왕의 통치에 반대하는 열정적인 연설로 널리 알려지게 되고 시민전쟁을 치르는 동안 놀라운 군사능력을 보여 주었다. 찰스 왕이 죽은 후, 크롬웰은 스스로 국무회의Council of State의 위원장이 되었고, 1653년 드디어 친히 호국경Lord Protector임을 선언하여 사실상 독재자가 되어 호국경 정치시대를 열었다.

크롬웰은 매우 엄격해서 국민들에게 춤이나 연극, 또는 카드놀이를 허용하지 않았으며, 찬송가 이외의 어떠한 음악도 허락하지 않았다. 그는 영국의 교육을 진작시키고 스페인과의 전쟁에서 대승을 거두는 훌륭한 일을 했으나, 영국 국민은 크롬웰을 진정으로 좋아하지 않았다.

올리버는 에드워드 1세 이후 거의 400년이나 영국 해안에서 사라져 버린 유태인들을 다시금 영국으로 돌아오게 하는 인내심을 보여 주었다. 마나세 벤Manasseh Ben이라는 유태인이 영국에 들어와서 올리버에게 유태인들이 영국으로 돌아오게 해 달라고 간청하였으며 올리버는 그의 간청을 허락하였다. 그리하여 영국에 맨 처음 들어 온 유태인들 중 일부는 런던에 정착하였다. 유태인 랍비Rabbi는 올리버 크롬웰의 가계도genealogical tree를 연구하기 위해 헌팅든으로 가서 크롬웰이 유다 왕국Judah의 후손임을 입증하려고 하였다. 그러나 크롬웰은 유다 왕국의 후손이 아니었다.

올리버 크롬웰의 초상화

1658년 올리버 크롬웰이 죽은 날 밤, 런던에는 가장 무서운 폭풍이 불어 템스 강이 넘치고 교회의 첨탑이 부러졌으며, 수백 채나 되는 집의 지붕이 날아가 버렸다. 그의 사후 군주제가 다시 부활되었을 때 크롬웰의 시체는 다시 파헤쳐져서 머리는 잘려 나갔으며, 국민들에게 왕에 대한 복종을 경고라도 하듯 잘린 머리는 의회 밖에 있는 막대 위에 무려 20년 동안 매달아 놓았으나, 그 후 강한 바람에 날려 강물에 떨어져 버리고 말았다.

23

A Story of British Monarchy

도망자의 신분에서 영국 왕에 복귀한 찰스 2세

• • 찰스 왕 2세가 가장 좋아하지 않는 게임은 아마도 숨바꼭질hide-and-seek이었을 것이다. 찰스 2세는 그의 부친, 찰스 왕 1세가 참수를 당한 후, 왕위를 지키느니 보다 프랑스에서 생활하는 것이 더 낫겠다는 결심을 하게 되었다. 그의 부친은 왕당파의 상황이 악화되자, 아들 찰스를 파리에 있는 그의 모친 앙리에따 마리아에게 보냈다. 찰스가 부친의 죽음을 알았을 때 그의 나이는 불과 19살이었다. 부친의 사망 소식을 전하러 온 사자(使者, messenger)가 그를 '폐하!Your Majesty!' 라고 부르자 찰스는 왈칵 울음을 터뜨렸다.

1651년 17,000명의 스코틀랜드 병사를 이끌고 벌인 우스터 전투Battle of Worcester에서 크롬웰에게 패하자 찰스는 도망자 신세가 되어 위장을 한 채 영국 해협을 건너 영국 왕위에 복귀할 때까지 9년간 도피 생활을 하였다.

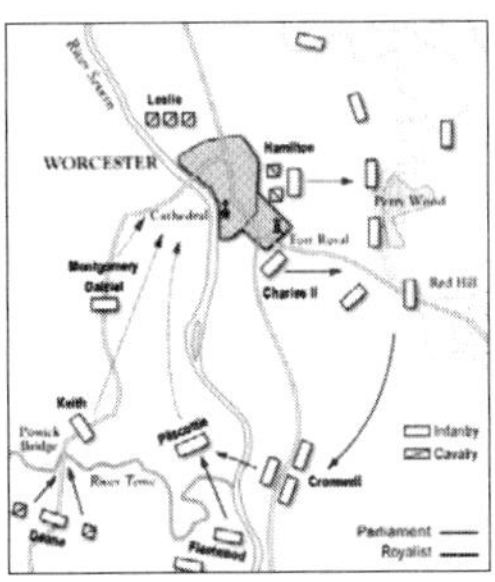

우스터 전투가 벌어진 곳

찰스 2세가 영국 왕위에 올랐을 때 영국 국민은 또 다른 거만한 왕을 원하지 않았다. 그리하여, 의회는 찰스 왕에게 두 가지 약속을 지키도록 하였다. 즉, 의회의 결의에 따라 나라를 다스릴 것과 가톨릭 교도가 아닌 신교도가 될 것 등. 찰스 왕은 이 두 가지 중

왕립학회

그 어느 것도 지키려고 하지 않았다. 그러나 찰스 왕은 의회의 권고에 동의하고 왕이 될 수 있었다.

프랑스에서의 도피 생활로 인해 찰스 2세는 전임 왕들과는 다른 국제적인 감각과 기호嗜好를 가지고 있었다. 크롬웰 통치시기에 중단되었던 연극 상연은 다시 시작되었고, 모든 예술 분야에서 고전적인 기준이 정립되었다. 또한 그는 명망 있는 과학 단체인 왕립 학회 Royal Society를 인정하였다.

찰스 2세

1666년 런던에서 큰 화재가 일어났다. 불은 한 제과점에 있는 아궁이에서 시작되어 때마침 불어 온 바람을 타고 도시 전체로 번져 목재로 만든 집들을 모두 태웠다. 화재는 3일간 계속되어 런던을 거의 불태웠다. 시민들은 템스 강에서 가죽으로 만든 양동이에 물을 길어 와서 화재를 진압하려고 하였다. 찰스 왕 자신도 화재 진압에 뛰어 들었는데, 그 때문에 찰스 왕의 옷과 얼굴은 검게 그을렸다고 한다.

24

A Story of British Monarchy

동성애자였던 윌리엄 3세와 울음보 메리 2세

• • 메리Mary는 제임스 2세의 첫 번째 아내인 앤 하이드Ann Hyde의 딸이며, 윌리엄William은 제임스의 조카였다. 따라서 메리와 윌리엄은 서로 사촌지간이었다. 당시 메리는 불과 15세였는데, 11세인 윌리엄과 결혼하라는 부모의 말을 듣고 며칠 동안 울음을 그치지 않았으며 성 제임스 궁에서 결혼식이 거행되는 날에도 내내 쉬지 않고 눈물을 흘렸다. 메리는 말이 없고 등이 약간 굽은, 자신에 비해 조금 키가 작은 사촌 윌리엄을 존경하고 따랐다. 이후 영국은 이들에 의해 다스려지는 군주국이 되었다.

윌리엄 3세와 메리 2세

1688년 명예혁명Glorious Revolution이 일어났을 때 윌리엄과 메리는 의회와 권력을 나누어 갖고 이후로는 의회와 영국 왕정이 평등한 파트너가 되는데 동의하였다. 그 후, 의회는 법을 제정하고 왕과 여왕을 승인하는 일을 하게 되었다. 메리 여왕은 정치적인 영향력을 발휘하지는 못하였고 대부분 윌리엄 왕의 그늘에 만족하였다. 이들은 예술을 후원하고 또 다른 새로운 예술의 형태인 오페라를 지원하였다. 메리 여왕은 오래 살지 못하고 후계자도 없이 불과 32세의 나이에 천연두smallpox로 세상을 떠났다.

윌리엄 3세는 동성애자homosexual였다. 솔즈베리 주교는 '왕이 악의惡意는 없었으나, (이런 일에 대해) 매우 조심스러웠고 내색을 하지 않았다' 고 썼다. 후에 주교는 한 친구에게 '후세의 역사가歷史家가 세상에 널리 알려진 이 사실을 그냥 놓칠 리가 없을 것' 이라고 말하기도 하였다. 윌리엄 왕은 천식asthma을 매우 심하게 앓았으며 폐렴pneumonia으로 죽었다.

울음보 메리 2세

25

A Story of British Monarchy

잉글랜드와 스코틀랜드를 합병한 앤 여왕 시기

•• 윌리엄 3세가 죽자 제임스 2세의 딸로 왕위에 오른 앤 여왕Queen Anne은 통풍(痛風, gout)으로 고생하였으며, 몸이 뚱뚱하고 무거워서 움직이는데 어려움이 많아 시녀lady-in-waiting의 도움을 받아 움직이지 않으면 안 되었다. 덴마크 왕자Prince George of Denmark를 남편으로 둔 앤 여왕은 생전에 17번이나 임신을 하였으나, 태어난 자녀들이 모두 유년기를 넘기지 못하고 죽고 한 명의 아들 즉, 글로스터 공*Duke of Gloucester*마저도 11세까지 짧게 살다가 죽었다.

앤 여왕 시기에는 성 바오로 성당을 설계한 크리스토퍼 렌Christopher Wren을 비롯하여 디포Defoe 및 스위프트Swift와 같은 작가들, 뉴턴Newton과 버클리Berkeley 같은 과학자들, 화가인 넬러Kneller와 쏜힐Thornhill, 수필가인 애디슨Addison, 스틸Steele, 및 포프Pope 등, 훌륭한 인물들이 많이 활동하였다. 월폴Walpole과 말보로 공(公, Duke of Marlborough)과 같은 정치가와 군사전략가

다니엘 디포

조나단 스위프트

사무엘 존슨

도 이 시기에 활약한 인물이었다.

앤 여왕 시기에 잉글랜드와 스코틀랜드는 1707년 통합법Act of Union에 의해 공식적으로 합병함으로써 잉글랜드, 웨일즈, 및 아일랜드로 이루어진 대영국Great Britain을 탄생시켰다. 이들 각 나라는 학교는 물론, 법정, 교회를 따로 두었으나, 국기國旗, 화폐, 의회 그리고 왕과 여왕은 하나로 통합하도록 하였다.

앤 여왕은 영국 국교회Anglican Church의 든든한 후원자였으며, 가난한 사람들의 병ailments을 치료하는 데에도 헌신적이었다. 후에 영어 사전을 편찬한 학자로 명성을 지녔던 사무엘 존슨Samuel Johnson이 어려서 연주창(連珠瘡, scrofula)으로 고생할 때 앤 여왕이 친히 액땜을 해 준 사람 중의 한 사람이라는 것은 잘 알려져 있다.

메리 2세의 여동생이었던 앤 여왕은 후계자를 걱정하면서 49세의 나이로 1714년에 불행하게 죽었으며 웨스트민스터 사원 묘지에 묻혔다. 그녀의 불안한 마음을 예견하는 마지막 말은 '불쌍한 오빠, 내 오빠여!' 이었는데, 제임스 2세를 가리키는 말이었다. 영국의 왕권은 이제 스튜어트 가家에서 하노버 가家로 넘어가게 되었다.

앤 여왕. 잉글랜드, 스코틀랜드 및 아일랜드의 여왕을 겸함

26

A Story of British Monarchy

'농부 조지' 란 별명을 얻은 조지 3세

• • 조지 3세가 1760년 22세의 젊은 나이로 왕위에 올랐을 때 그는 앤 여왕 이후 영어를 모국어로 사용한 최초의 군주가 되었다. 그의 모친은 조지에게 '얘야, 왕답게 행동해라!George, be a King!' 라고 말한 것으로 알려진다. 그래서 그런지, 조지 왕은 어려서 늘 소심하고 세상을 잘 몰랐음에도 불구하고 왕이 된 이후 스스로 끈질기게 집착하고 결단성있게 행동하게 되어 군주로서의 힘과 영향력을 회복하기 시작하였다.

조지 3세

영국을 자랑스럽게 여겼던 조지 3세는 그의 아버지(조지 2세)와 할아버지(조지 1세)와는 달리, 영국에서 태어나서 자랐으며 영국을 떠나본 적이 없었다. 그의 할아버지는 독일인이었으므로 영어를 한마디도 하지 못하였다. 그리하여 의회는 1701년 영국의 모든 왕과 여왕(또는 왕비)은 개신교도이어야 한다는 결정을 내렸다. 조지 1

세는 영국과 가장 가까운 친척이었다.

조지 1세의 통치시기에 시작된 수상(首相, Prime Minister)이라는 직위는 그가 영국을 통치하기를 참으로 원하지 않았기 때문에 생겨난 것이다. 영어를 전혀 할 줄 몰랐던 조지 1세는 대부분의 시간을 독일에서 보냈으며 왕이 내려야 할 결정의 대부분을 수상에게 넘겼다. 그리하여 영국은 조지 1세부터 수상이 통치하는 내각 중심의 정치가 시작된 것이다.

조지 3세는 일명 '농부 조지' 라는 별명으로도 유명해진 왕이다. 그는 왕궁을 벗어나 시골에 가서 사람들을 만나기를 좋아했으며, 사람들이 농사짓는 일 farming에 크게 매료되어 윈저 성(城, Windsor Castle) 안에 자신의 농장을 차릴 정도였다. 그는 농업에 대한 계획과, 본보기가 되는 농장을 생각하느라고 바쁘게 지내기도 하였다.

조지 3세는 기념비적이라고 할 만큼 거의 60년간 영국을 통치(1760~1820)하였다. 이 시기에 영국의 국력은 튼튼해지고 미국에 있는 영국의 식민지 13개는 잃었으며, 호주는 찾아내고, 프랑스는 무너졌다. 영국은 북아메리카에 있는 13개나 되는 영국의 식민지에 대해 강력하게 통제하려고 하였는데, 이들 식민지는 대서양 건너 멀리 위치한 영국 왕의 통치를 받는 것을 원하지 않았다. 결국 식민지 독립 전쟁이 일어나게 되고 1783년 13개 식민지는 승리하게 되어 영국으로부터 독립하게 되었다.

이러는 사이, 유럽 전체에는 영국의 산업혁명*Industrial Revolution*으로 인해 생활이 하루가 다르게 변모해가고 있었다. 이 시기에 조지 3세는 예술과 인문학의 든든한 후원자가 되었다. 그는 모차르트와 그의 부친이 런던으로 왔을 때 그들을 극진히 환대해 주었다.

조지 3세는 만년이 가까워지면서 정신적인 이상 증세를 보이기 시작하였다. 한번은 그가 궁정에서 감쪽같이 없어져서 왕실 식구들이 그를 찾아 나섰는데, 마침내 윈저 공원 안에 있는 떡갈나무oak tree와 이야기하고 있는 왕을 찾아내기에 이르렀다. 이 나무들이 마치 외국 대사들인 것처럼 말이다. 조지 3세의 마지막

10년은 정신 이상과 착란증세를 보이는 생활의 연속이었고, 만년에는 그의 길고 흰 턱수염과 천사들과 이야기하듯 웅얼대는 말소리는 미친 리어 왕*King Lear*의 모습을 보는 듯 하였다.

떡갈나무와 이야기하고 있는 조지 3세

27

A Story of British Monarchy

해가 지지 않는 대영제국을 만든 빅토리아 여왕

• • 조지 3세의 넷째 아들 켄트 공公인 에드워드의 딸로서 조지 3세의 증손녀이며 조지 4세와 윌리엄 4세의 조카인 빅토리아 여왕은 영국 역사상 가장 긴 63년 216일이라는 오랜 기간에 걸쳐 영국을 다스렸으며 82세까지 살았다. 그녀 다음으로 오랫동안 영국을 통치한 왕은 59년간 영국을 통치하고 81세까지 살다 간 조지 3세이다.

빅토리아 여왕은 불과 18세의 나이로 왕위에 올랐으며 사촌인 독일의 앨버트 왕자Prince Albert of Saxe-Coburg-Gotha와는 두 사람 모두 20세가 되던 해에 결혼하였다. 빅토리아 여왕은 자녀 낳기를 매우 싫어하였으나, 결국 9명의 자녀를 두게 되었으며, 21년에 걸친 결혼 생활 끝에 남편 앨버트가 발진티푸스typhus로 1861년 갑자기 세상을 떠나자 빅토리아 여왕은 망연자실, 깊은 우울증에 빠지고 넋을 잃어버릴 정도가 되어 통치 후반 40년은 가장 두꺼운 상복喪服을 입고 와이트 섬Isle of Wight에 은둔하여 생활하였다. 그녀는 13년간이나 윈저

1854년 빅토리아 여왕이 그린 발모럴 성

성城과 발모럴 성(城, Balmoral)을 오가며 많은 시간을 보냈으므로 버킹엄 궁은 빈집이나 다름없이 텅 비어 있었고, 대신들은 그녀를 만나기 위해 오즈번Osborne까지 찾아가지 않으면 안 되었다.

그러는 동안 영국은 부강해지고 강력한 국가가 되었다. 미지의 세계 여러 나라를 탐험하였고, 산업혁명으로 사회가 달라졌다. 철도, 전화 그리고 많은 발명품으로 인해 국민의 생활방식이 변하게 된 것이다. 이 시기의 세상은 빅토리아 여왕을 둘러싸고 성장하게 된 것이나 다름없었다.

빅토리아 여왕 시기에 영국은 인도India를 포함하여 전 세계 영토의 4분의 1에 해당하는 영토를 통치하였으며 곳곳에 식민지를 두고 막강한 해군력을 자랑하여 한 때 '대영제국에는 결코 해가 지는 적이 없었다.(The sun never set on the British Empire.)' 라는 유명한 말을 남기기도 하였다. 빅토리아 여왕은 자신의 이름을 세계 곳곳에 남겨 군주로서의 위용을 전 세계 사람들에게 영원히 각인刻印시켜 놓았다. 호주에 있는 빅토리아 주州를 비롯하여 아프리카 잠비아Zambia에 있는 빅토리아 폭포, 남태평양의 파푸아 뉴기니Papus New Guinea에 있는 빅토리아 산, 캐나다령 북극에 있는 빅토리아 섬, 그리고 수많은 수도首都와 마을과 도시, 공원, 병원, 철도역 이름, 심지어 스펀지 케이크 이름에 이르기까지 헤아릴 수 없다.

빅토리아 여왕

수정궁 정문

1851년에는 세계 박람회the Great Exhibition가 엄청난 유리구조물로 건축된 수정궁(水晶宮, the Crystal Palace)에서 열렸다. 빅토리아 여왕의 남편 앨버트 공이 조직한 이 박람회는 영국과 전 세계에서 들여 온 10만 개나 되는 건축 재료와 새로운 발명품을 선보인 시연장(試演場, showcase)으로서의 구실을 톡톡히 하였다. 수백만 명의 관람객들은 이곳에서 새로운 기계와 철도 엔진에서부터 화려한 가구와 진기한 보석을 관람하였다. 영국은 이 박람회를 통해 영국의 부富와 과학기술을 전 세계에 과시하였다.

28

A Story of British Monarchy

윈저 왕가를 세운 조지 5세

• • 조지 왕 5세는 윈저 가(家, House of Windsor)를 세운 인물로서, 부친인 에드워드 7세(빅토리아 여왕의 장남)의 뒤를 이어 왕위에 오른 왕이다. 빅토리아 여왕의 남편이 독일의 작센-코부르크-고타 가(家, *Saxe-Coburg-Gotha*) 출신의 앨버트 공이었으므로, 에드워드 7세 또한 이 왕가의 이름을 따랐다. 조지 5세 통치 시기(1910~1936)에 영국은 독일과 전쟁 즉, 제1차 세계대전First World War을 치르고 있던 중이었는데, 영국 국민 중에는 왕이 은밀하게 독일 편에 서 있을지도 모른다고 생각하는 사람들이 있었다. 조지 왕가의 일부가 독일인이었기 때문이었다.

조지 왕 자신 또한 그의 많은 친구들이 독일인이었다. 그럼에도 그는 영국 왕으로서의 의무를 더 중요하게 생각하여 전쟁터를 쉴새 없이 방문하여 이들의 사기morale를 북돋아 주었다. 그는 말에서 떨어져 골반 뼈pelvis가 부러지는 아픔을 겪기도 하였으나, 병상에서조차 사람들과 병사들을 만나 훈장을 수여하기도 하였다. 전쟁 기간 중 영국민 사이에 반反 독일 열병이 최악에 이르고 조지 왕가도 독일과의 연결로 인해 반反 영국 활동으로 의심을 받게 되자, 조지 왕은 극적인 제스쳐를 취하기에 이르렀다. 즉, 그는 독일과의 모든 연결을 끊었음을 나타내기 위해 왕가의 명칭을 영국에서 가장 오래된 왕궁이 위치한 곳의 하나인 마을 이름인 윈저Windsor를 따서 독일 가문의 이름을 윈저 왕가로 바꾸는 극적인 제스쳐를 취하였다. 런던의 서쪽 교외의 템스 강변에 위치한 윈저 성Windsor Castle은 이후 왕실 가족의 거처가 되어 오늘에 이르렀다.

하늘에서 본 윈저 성

전쟁이 끝난 후 영국은 현대식 운송체계, 현대식 오락과 연예, 현대식 의사소통수단, 여성의 선거 참정권 그리고 사회주의 등, 전과는 딴판으로 상황이 변해 있었다. 새로운 세계가 열리게 된 것이다. 그러나 이에 둔감한 조지 왕은 변화를 극히 싫어하였지만, 변화를 전혀 멈추게 할 수는 없었다. 그는 청교도적인 삶의 방식을 고수하였으므로 아내인 메리 왕비Queen Mary에게도 짧은 스커트를 입는 것과 무릎부터 발목까지의 부분을 내놓는 것을 금지하였다. 긴 턱수염을 기른 왕과 긴 스커트를 입고 호기심을 끄는 모자를 쓴 왕비의 모습은 마치 과거에나 존재하는 화석과 같은 모습을 보는 느낌이었으나, 불쾌한 장면은 아니었다. 이러한 왕실의 모습이 영국 국민에게는 오히려 과거의 영광을 상기시켜 주기도 하였다.

조지 5세

조지 5세는 1932년 처음으로 크리스마스 라디오 방송을 통해 국민들에게 연설한 최초의 군주가 되었다. 이로 인해 그의 인기는 치솟았고 국민들은 신문에서 조지 왕에 관한 기사로만 읽던 대신 그의 목소리를 직접 들을 수 있었으므로 왕에게 더 가까이 갈 수 있음을 느끼게 되었다. 조지 왕은 해마다 크리스마스가 되면 영국의 왕이나 여왕이 국민에게 라디오를 통해 연설하는 전통을 세운 왕이 된 셈이다.

조지 왕은 그의 후계자인 아들 에드워드 8세(Edward Ⅷ, 후에 윈저 공이 됨)의 자유분방하고 관습에 얽매이지 않은 행동을 우려하였던 것 같다. 그는 캔터베리 대주교에게 '짐이 죽으면, 에드워드는 12개월 안에 스스로를 망칠 것이요.' 라고 속내를 솔직하게 털어 놓았는데, 그의 예언은 적중했다.

월리스 심슨

에드워드 8세

조지 왕의 사후 에드워드 8세는 1936년 폐위되기 전까지 325일간 왕위계승 없이 영국을 통치하였고, 평민이었던 월리스(Wallis, 이혼녀인 미국인 심슨 부인으로 더 잘 알려짐)와 결혼하였다. 제2차 세계대전이 진행되는 동안 윈저 공 에드워드는 서인도제도에 있는 영국 식민지인 바하마제도the Bahamas의 총독으로 보냈으며 전쟁이 끝난 뒤, 이들 부부는 파리 근교에서 생활하면서 여행과 친구를 만나고 게임을 하면서 무의미하고 공허한 여생을 보냈다. 1972년 엘리자베스 여왕이 프랑스를 방문하여 에드워드를 만났을 때 그는 암으로 죽어가고 있었다.

29

A Story of British Monarchy

지독한 애연가이며 비행기를 조종한 첫 영국 왕 조지 6세

• • 조지 6세로 영국 왕에 즉위한 요크 공(公, Duke of York) 앨버트 조지는 조지 5세의 둘째 아들로 왕위 계승자가 아니었다. 조지 5세가 죽자 그의 장남인 에드워드 8세가 왕이 되었으나, 이혼녀인 평민과의 결혼으로 왕위를 포기하였으므로 1년도 채 안되어 폐위abdicated되고 앨버트가 왕위를 계승하게 된 것이다. 영국 국교회Church of England는 영국의 왕위 계승자가 이혼녀와의 결혼을 인정하지 않았기 때문이었다.

가족들 사이에서 버티Bertie라고 불렀던 조지 6세는 완전히 형의 그늘에 가려져서 비교적 사소한 왕실의 일을 수행하는 것으로 만족하여 왔으나, 왕이 된 지금에는 다양한 자선 행사에 관여하지 않으면 안 되었는데, 특히 젊은 사람들을 위한 행사에는 빠짐없이 참석하였다. 학창 시절 체육을 좋아했던 조지 왕은 테니스와 크리켓 선수cricketer이기도 하였다.

비행기를 조종한 조지 6세

조지 6세는 제1차 세계 대전

중에는 해군에서 활동하면서 유틀란트 해전Battle of Jutland에 참전하기도 하였다. 그는 왕립 해군에 근무하면서 비행기를 조종한 첫 왕실 가족이었다. 전쟁이 끝난 후, 조지는 스코틀랜드 왕실의 엘리자베스 공주(Lady Elizabeth Bowes-Lyon, 엘리자베스 2세의 모친)와 진정한 사랑에 빠졌으며 1923년에 결혼하였다. 영국 역사상 정략적이 아닌 순수한 사랑을 위해 결혼하는 예는 매우 드문 일이었는데, 조지와 엘리자베스의 결혼은 국민들에게 신선한 충격을 던져 주기에 충분하였다.

조지 6세

조지 6세의 대관식(1936)이 있은 후 얼마 되지 않아 제2차 세계대전이 일어났다. 전쟁 중에 조지 왕과 엘리자베스 왕비가 국민들에게 보여준 용기는 영국 국민들에게 오래 기억될 것이다. 독일 비행기가 런던 전역을 폭격하고 왕실 가족이 거처한 버킹엄 궁 또한 아홉 번이나 폭격을 당하는 일이 일어났다. 버킹엄 궁을 떠나지 않았던 왕과 왕비는 이런 위험스러운 상황에도 폭격을 당한 곳을 시찰하고 무너진 잔해 사이로 시민들을 만나 이야기하면서 이들의 사기를 북돋아 주며 위로하였다.

전쟁 초기에는 체임벌린Neville Chamberlain 수상이 이끄는 내각이 궁정과 정부 및 의회를 안전한 곳으로 옮기려는 계획을 세웠으나, 윈스턴 처칠Winston Churchill이 수상이 되면서 이 계획은 실천되지 않았다. 엘리자베스 왕비는 국민들에게 왕실 가족이 런던을 포기하는 것이 불가능함을 다음과 같이 오래 기억될만한 말로 역설하였다.

우리 애들은 내가 없으면 (런던을) 떠나려 하지 않을 거예요. 왕이 없으면 나는 (런던을) 떠나지 않을 거예요. 왕 또한 결코 (런던을) 떠나지 않을 겁니다.

엘리자베스 왕비의 이 말은 영국 국민들에게 왕실에 대한 신임을 확고하게 심어 주는 효과를 가져다 주었다. 조지 6세와 엘리자베스 왕비는 국민들에게 영국 왕실의 의무에 대한 단호한 충성심을 보여 주었다.

조지 6세는 지독한 애연가였다. 흡연과 폐암과의 관계를 알지 못하는 사람은 아무도 없었으나, 조지 왕은 그의 세대의 다른 남성들처럼 흡연을 몹시 즐겨 하였다. 그가 비교적 젊은 나이인 57세에 흡연의 희생자로 1952년에 세상을 떠난 것은 아마도 당연한 일이었을 것이다.

윈스턴 처칠

30

A Story of British Monarchy

윌리엄 1세의 직계 후손 엘리자베스 2세

• • 엘리자베스 2세는 1926년에 태어나서 1952년에 영국의 왕위에 오른 영국 역사상 두 번째 여왕이다. 40년 이상 영국을 통치해 온 엘리자베스 여왕은 지금까지 어느 누구보다도 사진과 영화, 비디오, 풍자만화에 수없이 등장하였고, 가십gossip에 오르내렸으며 찬사를 받은 인물이다. 그러나 역설적이게도 여왕 자신은 놀라우리만큼 개인의 사생활에 여전히 머물러 있다.

여왕의 할머니인 메리 왕비(Queen Mary, 조지 5세의 부인)는 엘리자베스가 어렸을 때부터 박물관이며 연주회, 전시회 등을 데리고 다니며 왕실의 의무가 어떤 것인가를 교육시켰다. 엘리자베스 공주가 13세가 되던 해에 제2차 세계대전이 일어났다. 그녀는 런던에 집중적인 공중폭격이 진행되던 때 버킹엄 궁에서 동생인 마가렛 공주Princess Margaret와 함께 배급으로 생활하였다.

전쟁이 끝나갈 무렵 엘리자베스는 같은 또래의 다른 소녀들이 참가하는 봉사단National Service에서 일하게 해 달라고 부친에게 요청한 끝에 허락을 얻어 이곳에서 일하면서 자유로움과 왕실에서가 아닌 시민들 사이에서의 일상적인 삶을 잠시나마 누릴 수 있었다. 전쟁의 승리를 축하하는 런던 시민들의 축하 행진이 진행되는 동안 엘리자베스와 그녀의 동생은 군중들 사이에서 몰래 빠져 나와 버킹엄 궁의 발코니에서 시민들을 내려다보는 그녀의 부모와 윈스턴 처칠 수상을 바라다볼 수 있었다.

그러는 사이, 엘리자베스는 다른 또래의 소녀들처럼 사랑에 빠지게 되었다. 그녀의 먼 사촌뻘 되는 그리스의 필립 왕자Prince Philip of Greece가 18세, 엘리자베스가 13세였던 때였다. 부친인 조지 6세는 같은 나이의 다른 아버지들과 같이 이들의 결혼을 연기하려고 하였다. 물론, 필립을 싫어해서가 아니라, 이들이 서로의 의중意中을 충분히 알 수 있게 되고, 특히 엘리자베스가 만난 첫 남자에 대해 사랑에 빠진 것에 대해 걱정하였기 때문이었다. 그러나 마침내 조지 왕은 이들의 결혼을 허락하였고 1947년 엘리자베스가 21세가 되던 해에 결혼식을 거행하였다.

엘리자베스와 필립이 아프리카의 케냐Kenya에 있을 때 부친인 조지 6세의 서거 소식을 들었다. 엘리자베스는 즉시 귀국하여 25세의 나이로 영국 왕위에 올랐다. 400년 전 엘리자베스 1세가 왕위에 올랐을 때의 그녀의 나이와 똑같은 나이였으니, 우연의 일치라고 하기에는 놀라운 일이었다.

영국 역사상 엘리자베스 여왕만큼 여행을 많이 한 왕은 없었다. 엘리자베스 시대만큼 빠른 변화가 일어난 시기는 일찍이 없었다. 빠른 의사소통과 편리한 수송수단으로 인해 엘리자베스 여왕은 더 많은 여행이 가능해졌고 더 많은 사람들을 만날 수 있게 된 것이다. 엘리자베스 1세와 똑같은 이름을 갖고 있으면서도 영국을 두루 여행하는 엘리자베스 2세의 통치 스타일은 그녀를 대중적인 인물로서 인기를 얻게 한 비결이었다.

엘리자베스 2세

세계가 지구촌global village으로 점차 변해가고 영국이 유럽 연합공동체와 한층

더 밀접한 관계를 맺어가고 있는 오늘날, 군주제monarchy의 미래는 심각한 문제가 아닐 수 없다. 그러나 영국의 군주제는 색슨 왕 해럴드Harold가 기념비적인 헤이스팅스 전투Battle of Hastings에서 살해된 이후 엄청난 변화를 겪어 왔다. 군주제의 중요성도 변화하였고 그 역할 역시 한층 더 미묘하고 어려워졌다. 영국인 중에는 영국에 왕실을 두는 것은 더 이상 필요하지 않기 때문에 어리석은 일이라고 주장하는 이들도 있다. 그러나 영국인 대부분은 오랜 역사를 지닌 왕실의 전통과 관습을 없애는 것은 상상할 수 없다고 말한다. 엘리자베스 여왕이 940여 년 전 영국에 노르만 왕조를 세운 윌리엄 정복왕William the Conqueror의 직계 후손임을 믿는 사람이 얼마나 될까?

참고문헌

Andrews, Edmond. *A History of Scientific English*. New York: R. R. Smith, 1947.

Ayto, John. *Dictionary of Word Origins. The Histories of More Than 8,000 English-Language Words*. New York: Arcade Publishing, 1990.

Barber, Charles. *The English Language: A Historical Introduction*. Cambridge University Press, 1993.

Barnhard, Robert K. ed. *Chambers Dictionary of Etymology*. Edinburgh: Chambers Harrap Publishing Ltd., 1988.

Baron, Naomi S. *Alphabet to Email. How Written English Evolved and Where It's Heading*. London and New York: Routledge, 2000.

Bauer, Laurie. *An Introduction to International Varieties of English*. Edinburgh University Press, 2002.

Bodmer, Frederick. *The Loom of Language*. New York: W. W. Norton Co., 1944.

Bragg, Melvyn. *The Adventure of English: The Biography of a Language*. London: Hodder and Stoughton, 2003.

Brooke, Christopher. *The Saxon and Norman Kings*. Fontana, 1963.

Burchfield, Robert. *The English Language*. Oxford University Press, 1985.

Bryson, Bill. *Mother Tongue: The English Language*. Penguin Books, 1990.

Bryson, Bill. *Bryson's Dictionary of Troublesome Words*. New York: Broadway Books, 2002.

Cannon, John & Ralph Griffiths. *Oxford Illustrated History of the British Monarchy*. Oxford & New York: Oxford University Press, 1998.

Chantrell, Glynnis ed. *The Oxford Dictionary of Word Histories*. Oxford University Press, 2002.

Crystal, David. *The English Language*. Penguin Books, 1988.

Crystal, David. *English as a Global Language*. Cambridge University Press, 1997.

Crystal, David. *The Stories of English*. Woodstock & New York: The Overlook Press, 2004.

Dixon, R.M.W. *The rise and fall of languages*. Cambridge University Press, 1997.

Funk, Wilfred. *Word Origins: An Exploration and History of Words and Language*. New York: Wings Books, 1950.

Goldwag, A. *-isms and -ologies*. New York: A Division of Random House, Inc., 2007.

Hilliam, David. *Kings, Queens, Bones and Bastards*. Phoenix Mill: Sutton Publishing Ltd., 1999, 2001.

Hughes, Geoffrey. *A History of English Words*. Blackwell, 2000.

Liberman, A. *Word Origins*. Etymology for Everyone. Oxford University Press, 2005.

McArthur, Tom. *The English Languages*. Cambridge Univerversity Press, 1998.

McCrum, Robert *et al. The Story of English*, Third Revised Edition. Penguin Books, 2002.

McDonald, Fred and Julia Cresswell. *The Guinness Book of British Place Names*. London: Guinness Publishing, 1993.

More Word Histories and Mysteries: From Aardvark to Zombie. From the Editors of the *American Heritage Dictionaries*. Boston & New York: Houghton Mifflin Co., 2006.

Pennick, Nigel. *Complete Guide to Runes*. London: Haper-Collins Publishers, 2002.

Quinion, M. *Gallimaufry: A hodgepodge of our vanishing vocabulary*. Oxford University Press, 2006.

Smith, R. R. A *History of Scientific English*. New York, 1947.

Tottie, Gunnel. *An Introduction to American English*. Blackwell, 2002.

寺澤芳雄(Yoshio Terasawa) 編集. 英語語源辭典. *The Kenkyusha Dictionary of English Etymology*. 東京: 研究社, 1997.

찾아보기 INDEX

ㄱ

ㄷ

ㅂ

ㅅ

ㅊ

ㅋ

영어의 세계속으로

역사 · 문화 · 어원 산책

지은이 박영배
펴낸이 박문규
발행처 경문사
펴낸날 2013년 12월 1일 1판1쇄
등 록 1979년 11월 9일 제313-1979-23호
주 소 121-1818, 서울특별시 마포구 와우산로 174
전 화 (02) 332-2004 팩 스 (02) 336-5193
이메일 kyungmoon@kyungmoon.com

값 18,000원

ISBN 978-89-6105-700-4